¡CRISTINA!

¡CRISTINA!

CONFIDENCIAS DE UNA RUBIA

 CRISTINA SARALEGUI

WARNER BOOKS

A Time Warner Company

Copyright © 1998 by Cristina Saralegui Enterprises, Inc.
Todos los derechos reservados

Warner Books, Inc., 1271 Avenue of the Americas, New York, NY 10020

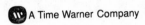 A Time Warner Company

Impreso en los Estados Unidos de América
Primera imprenta: Abril 1998
10 9 8 7 6 5 4 3 2 1

Library of Congress Cataloging-in-Publication Data

Saralegui, Cristina.
    ¡Cristina! : confidencias de una rubia / Cristina Saralegui.
        p.   cm.
    ISBN 0-446-67438-9
    1. Saralegui, Cristina. 2. Television personalities—United States—
        Biography. I. Title.
PN1992.4.S23A3   1998
791.45′028′092—dc21   97-24579
[B]   CIP

Un Libro de K&N Bookworks Inc.
Diseño por Patrice Sheridan

Para Marcos, mi compañero
en todas mis aventuras

INDICE

¡CRISTINA!

INTRODUCCION

¡Ya lo terminé! Me parece increíble que, después de pasar dos años poniendo mi vida en papel, finalmente ahora esté sentada escribiendo la introducción de mi autobiografía que, aunque es lo primero que se lee cuando se abre un libro, es lo último que se escribe.

Nada de lo que yo he hecho en mi vida es normal, y este libro tampoco tenía por qué serlo. Durante dos años se lo dicté a tres personas que transcribieron decenas de casetes con fragmentos de mi vida dictados por mí en los lugares más increíbles, debido a mis constantes viajes. Esas personas también se clavaron de cabeza en una verdadera piscina de papel hecha con todas las entrevistas que he realizado durante mi carrera periodística, y las que me han hecho a mí. Leyeron, espulgaron, preguntaron, y finalmente — como si se tratara de un rompecabezas— organizamos cuarenta y nueve años de mi vida en las páginas de este libro.

Tal vez si hubiera esperado llegar a los setenta para escribir mis memorias, no me hubieran quedado igual. Pienso que lo hice en el momento ideal de mi vida, en mi momento cumbre, meses antes de cumplir mis primeros cincuenta años.

Cuando las mujeres somos jovencitas, nos sentimos invencibles; somos capaces de comernos el mundo a mordiscos. Pero las hormonas se convierten en los baches del feminismo y se nos vuelve el doble de complicado que a un hombre convertirnos en hembras de éxito.

Este libro fue un proyecto hormonal. Mientras estaba involucrada en él, fui entrando en la menopausia, y los calores, mareos, ansiedades y mal genio se volvieron casi como de la familia. Lo curioso fue que Diana Montané —periodista veterana igual que yo, a quien le dicté la mayor parte de este libro y quien me ayudó a organizar todo el material— decidió acompañarme en mi viaje menopáusico, y, juntas, mientras trabajábamos, nos la pasamos comparando síntomas.

Al mismo tiempo, Luz María Doria, la directora de mi revista, quien pertenece a la nueva generación de mujeres periodistas, y a quien yo llamo *mi hija postiza*, quedó embarazada de Dominique, su primera hija. En su último mes de embarazo, y en pleno proceso de gestación de la segunda parte del libro, Luzma desarrolló una alergia que la obligaba a darse baños de avena para poder trabajar.

Así, entre picazones y menopausia, por teléfono, vía fax, por correo y desde habitaciones de hoteles, nosotras —tres mujeres profesionales— fuimos dándole vida a esto que es mi vida en papel.

Cuando ya teníamos la autobiografía casi lista, apareció por obra de la casualidad (que estoy convencida que es el idioma que los ángeles utilizan para comunicarse con nosotros), mi segundo jefe, Frank Calderón. Una noche, mientras cenábamos en casa, él me pidió que le dejara leer el libro, y así fue como Frank entró a formar parte del proyecto, como editor. Frank vive en el estado de Vermont, y los diskettes se iban vía Federal Express al frío del norte, llevándole el calorcito de Miami. Curiosamente, en pleno proceso de edición, Frank tuvo que someterse a una operación de corazón abierto.

A los tres —a Diana, Luzma y Frank— les quiero dar las gracias, desde estas primeras páginas, por las páginas que siguen. A Frank, gracias por enseñarme, cuando yo era joven, a ser periodista; y ahora que no somos tan jóvenes, a darle un empujón a esta nueva etapa de mi carrera.

También quiero agradecer a la jovencísima Diane Stockwell, mi editora de Warner Books, por su paciencia y nervios de acero, y por esperar durante dos años por lo que debí haberle entregado en uno. ¡Gracias Diane por controlar tus hormonas y no enfurecerte ni un solo día, aunque te jugaste el puesto durante un año y medio sin que te llegara una página!

Antes de terminar quiero darles otras gracias muy especiales a cuatro personas que han sido la inspiración total en mi vida para seguir luchando contra viento y marea: Helen Gurley Brown, Gloria y Emilio Estefan, y Celia Cruz.

Y, por supuesto, no podía escribir mi último párrafo sin agradecer a los televidentes todo el apoyo y el cariño que le han dado a *El Show de Cristina*. Los quiero mucho, y aquí les entrego mi vida.

P.D. Y una última recomendación: si ha llegado hasta aquí, y está parado frente al estante de una librería, hojeando este libro, por favor vaya hasta la caja registradora... y ¡cómprelo!

1 | ¡QUERER ES PODER!

De pequeñita yo no veía televisión. No me interesaba, en lo absoluto. Creo que era la única niña entre todas mis amiguitas que no tenía un televisor en mi habitación. Eso sí, leía mucho y lo escribía todo, pero no me llamaba la atención la televisión. ¡Jamás me imaginé que el destino me depararía un espacio dentro de esta cajita mágica!

Siempre tenía a mi lado una libreta que había designado como diario, donde entablaba tremendas conversaciones conmigo misma. Supongo que aquello era el equivalente a ser un poco loca, pero con literatura y poesía. Y es que desde entonces sentía la necesidad imperiosa de escribir todo lo que me sucedía y todo lo que me preocupaba, porque hasta que no lo veía por escrito, y no lo volvía a leer y releer, no era capaz de analizarlo debidamente. Todavía conservo muchas de aquellas libretas de mi niñez... con todo lo dicho y por decir... porque considero que soy, básicamente, una escritora. Actualmente al hacer *Cristina*, el programa de televisión, escribo los temas que se me van ocurriendo, anoto mis pensamientos, esbozo mis ideas, e inclusive preparo listas con todas las cosas que debo hacer para llevar a cabo lo que planifico.

Irónicamente, uno de los precios más altos que he debido pagar por estar presente en esta cajita de sorpresas que es la televisión, ha sido renunciar por completo al tiempo y al espacio que se requieren para escribir. No obstante, debo confesar que siento una constante necesidad física, espiritual y emocional de llevar mis pensamientos al papel. He incorporado a mi vida el proceso de compartamentalizar todo lo que aprendo por el camino, porque sé que voy a terminar mi vida escribiendo otra vez, igual que como la empecé. Y pienso que en todo momento estoy acumulando vivencias y experiencias para narrarlas después.

Esta es la primera vez, desde que comencé *Cristina*, que me dedico a organizar mis pensamientos en papel acerca de todo lo que me ha sucedido en la vida hasta el momento actual. Es un proceso de reflexión y análisis, pero también de orientación. Y lo que quiero comunicarles a ustedes —sobre todo a los jóvenes— es el poder formidable de la voluntad, y las repercusiones a largo plazo de las decisiones y las acciones que tomamos en la vida.

Siempre se nos dice que "Querer es poder", pero nadie nos explica cómo y de qué forma es posible *querer* hasta *poder*. Nadie nos cuenta cómo se hizo rico, cómo llegó a ser famoso, o cómo alcanzó un grado relativo de felicidad en la vida. Yo quiero contarles cómo *yo* lo hice. Y si alguien quiere seguir el camino que ya yo he andado, ¡aquí está!

No solamente está lleno de gloria y de fama, de riquezas y de situaciones bellas.

Está lleno de baches, de espinas y a veces hasta de lodo.

¡Está lleno de temores!

Está lleno... de *todo*.

Pero esa es la vida.

Prepárate para aprender y para cambiar. Y prepárate bien, porque no es fácil lograr las metas que nos trazamos en la vida. ¡Para nadie!

Pero sí te garantizo que vale la pena, tomando en consideración las alternativas. Y lo digo porque yo tuve que *aprender y cambiar...* y hoy quiero comunicarles mis experiencias con toda la comprensión y el amor del mundo.

¡Adelante!

2 | GENERACIONES

DOBLE EQUIPAJE ANCESTRAL

Es difícil ser rico. Todo el mundo quiere que las personas que lleguen arriba hayan empezado desde abajo. Yo no empecé desde abajo, debo admitirlo. Mi abuelo era millonario. En Cuba le llamaban *el zar del papel*, porque era copropietario de las revistas *Bohemia*, *Carteles* y *Vanidades*, que fueron las pioneras y las más importantes de la isla, además de tener el monopolio absoluto de la venta de todo el papel para publicaciones en Cuba.

Nací en Miramar, un suburbio soñoliento, idílico y ricachón de La Habana, donde la mayor preocupación de todos era arrimar los yates al club al que pertenecíamos en época de huracanes. Allí crecí hasta que nos vimos obligados a emigrar a Miami (Estados Unidos), en 1960, poco después de haber triunfado la revolución de Fidel Castro que derrocó a Fulgencio Batista. Desde entonces Miami es Cuba en el exilio, y el corazón del exilio cubano. Yo soy cubana exiliada, y miembro de ese grupo minoritario dentro de una minoría: el 6 por ciento de los hispanos que residen en los Estados Unidos... un grupo con una idiosincrasia muy definida, nacionalista, y — como todos los que nos conocen saben— extremadamente verbal.

Pero si los cubanos somos supernacionalistas, aunque sólo somos nación desde principios del siglo XX, los vascos lo son por tradición milenaria. Yo no provengo directamente de los trópicos ni de la islita paradisíaca de las palmeras, del tabaco y del ron; mi familia es solamente una segunda generación de cubanos. En verdad somos vascos por los cuatro costados, y aunque yo me aferro a mi cubanía, no hay duda que heredé los genes y el carácter de mi casta.

Ser vasco es, de por sí, controvertido, complicado, singular... Y no me refiero únicamente a la época en que estamos viviendo —la época de la ETA (Euskadi ta Askatasuna, o Movimiento Pro-Libertad de la Patria Vasca), el grupo extremista que asesinó al primer ministro español en 1973— sino desde mucho antes. Los vascos constituyen una raza aparte, cuyos orígenes aún se desconocen, que sobrevivieron decenas de invasiones hasta que se afincaron en los Pirineos, la enorme e imponente cordillera que separa España de Francia. Es una sociedad a la inversa, donde los hombres cocinan platos gourmet en sociedades gastronómicas, las mujeres son tercas y duras como las piedras, y donde todo el mundo —hasta las vacas y las ovejas— sobrevive a base de obstinación y pura tenacidad. En esta sociedad *sui generis* existen tres personajes fundamentales: el cura, el practicante (o enfermero) y el maestro; los tres son los que dictan las normas principales de la comunidad.

Con esa herencia vasca nací en el Caribe y vine a radicar en la Florida.

Pero mucho antes de que eso sucediera, mi abuelo preparó el terreno.

ENTRE SALVAJES Y SANTOS

Abuelo, Francisco Saralegui y Arrizubieta, se crió en un caserío vasco, en un pueblito llamado Lizarza, que está enclavado en la falda de los Pirineos. Estos son pueblitos rústicos perdidos en el tiempo, donde la gente venera a los espíritus de la naturaleza (lo mismo que los druidas), donde mezclan la brujería y la superstición con el catolicismo, y donde llaman *lobos* a los extraños. Los vascos son gente muy trabajadora, al punto de que en España se dice que "el Norte trabaja mientras que el Sur baila el chotis", lo que significa que los del Sur de alguna manera *chulean* a los del Norte, una situación muy parecida a la que se presenta en la fábula de la cigarra y la hormiga.

La presión del trabajo y la gravedad de la misma tierra han hecho que los vascos sean firmes, fornidos, recalcitrantes con el tiempo y la temperatura. Hasta las vacas y las ovejas tienen que pararse en seco para poder comer, porque los pueblitos y los caseríos prácticamente cuelgan de las montañas.

En la patria vasca, un caserío es una unidad, una casa grande, compuesta de la vivienda y un almacén-granero en la barbacoa o ático, montado todo sobre un sótano que alberga los animales, y aparte un conjunto de tierras: tierras de madera, de trigo, de vegetales, como pequeñas fincas que pertenecen a esa unidad. Todavía existe el caserío donde se crió mi abuelo, en la parte más alta de los Pirineos, en un pueblito llamado Lizarza cuyo primitivismo se puede calificar como pintoresco, o permanente e imperecedero como la misma montaña de la que cuelga.

En la idiosincrasia de los vascos hay una línea divisoria invisible, pero muy bien trazada, que distingue las faenas apropiadas para hombres y mujeres. Las mujeres preparan la comida diaria en la casa; los hombres trabajan en el campo, aunque las mujeres también los ayudan en estas faenas agrícolas, de la misma manera en que los hombres participan en la cocina. Cocinar, evidentemente, es una actividad fundamental para los vascos. La típica dieta vasca es la ruta del colesterol: angulas y sardinas, todo en aceite; chistorras o salchichas de chorizo, y morcillas. Con esos alimentos me criaron, y es por ello que hoy me cuesta Dios y ayuda hacer dieta y desviarme de la ruta del colesterol que emprendí desde muy pequeña.

Entre los vascos, los hombres son los que rigen e integran —única y exclusivamente— las sociedades gastronómicas, en las que no se permiten mujeres. Cuando mi abuelo era niño, el cura del pueblo (que era como el alcalde) se encargaba de organizar estos festines de hombres solos, los cuales se reunían en un recinto que consistía básicamente de la cocina y un fregadero, con dos o tres criados para que los atendieran. Cuando uno de estos festines ocurría, todos llegaban temprano en la mañana y empezaban a beber vinos y coñac que el cura mismo había elegido para los comensales. Después probaban un plato tras otro, diferentes tipos de vino, y postres de todas clases... hasta que caía la noche y, probablemente, también caían ellos.

En época de mi abuelo y mi padre, el deporte de estos señores —lo mismo que el del santo cura— era cazar alondras cuando a estos infelices pajaritos se les ocurría emigrar en el invierno. La costumbre se mantiene vigente, y también hoy los atrapan con grandes redes, y son llevados a granjas donde se les engorda hasta que desarrollan un dedo de grasa y llega el momento que de la gula no pueden ya volar. ¡Ay, pobres pajaritos gordos!

El pueblo de Cognac se halla en una de las provincias vasco-francesas, y de ahí proviene el potente licor del mismo nombre, que el cura igualmente se encarga de proveer a los pajaritos enjaulados. En ese coñac virgen, aún sin destilar, finalmente ahogan a las alondras. Luego las despluman, y, en un enorme caldero, con salsa de coñac y vino, cocinan las avecitas a fuego lento. Ya cocinadas, los comensales introducen de una vez un pajarito entero en la boca, sacando solamente los huesos. Y en el pueblo de mi abuelo, una vez que devoraban la fuente entera de las alondras que ahogaron en alcohol, ofrecían una misa de acción de gracias a Dios por la deliciosa comida. ¡Era una especie de santa salvajada! Pero así somos los vascos, entre salvajes y santos... gente realmente maravillosa.

MI ABUELO, EL EMIGRANTE

En el país vasco, en la época de mi abuelo, la tradición dictaba que el hijo mayor era el que heredaba el nombre y el patrimonio de la familia. El segundo —ya fuese de crianza o adoptado— debía ser cura. Y el tercero tenía que emigrar a América para enviar fondos a la familia. A los siete años de edad, mi abuelo también emigró a América; hasta aquel momento había sido el monaguillo del cura en el orfelinato en que su padre lo había dejado, a raíz de enviudar, y donde vivió hasta que lo adoptó la familia de Lizarza.

Siguiendo la costumbre arraigada, a mi abuelo —que casi no hablaba español, ni lo leía o escribía— lo mandaron en un barco hacia la Argentina, con unos amigos vascos de la familia, los cuales tenían un almacén de víveres en Buenos Aires; solamente lo acompañaba un bulto con poca ropa. Desde el mismo momento en que desembarcó en tierras americanas, lo pusieron a trabajar como un demonio, de sol a sol.

Mientras tanto, su padre se había establecido en Cuba, y a puro pulmón se había convertido en un hombre muy poderoso y rico, al punto de que llegó a tener dos ingenios azucareros en la provincia de Oriente, al oeste de la isla. Al enterarse que su hijo estaba en la Argentina, lo mandó a buscar para rescatarlo de la miseria en que se encontraba. Habían transcurrido cinco años y ya abuelo tenía doce años de edad cuando su padre le enseñó a leer y a escribir. Sólo que en vez de matricularlo en un colegio, lo puso a trabajar en la bodega de uno de sus ingenios sin preocuparse más por su educación. Entonces abuelo se cansó del abuso de su padre, y se marchó a La Habana donde empezó a trabajar en los muelles. Allí conoció a otro vasco, Jesús Azqueta, y juntos se colocaron como estibadores, cargando sacos de azúcar que pesaban 325 libras cada uno. Por eso fue siempre un hombre fornido como un mulo, y así lo recuerdo, como un Santa Claus... chiquitico, con una sonrisa muy linda e infecciosa, y gordo como mi padre, aunque duro como una piedra. Azqueta llegó a convertirse, con los años, en uno de los industriales azucareros más poderosos de Cuba. Pero en aquellos primeros tiempos en La Habana, por las noches ellos estudiaban en las asociaciones regionales españolas que existían en Cuba (como el Centro Gallego), y abuelo inclusive llegó a graduarse de Perito Mercantil de la Universidad de Boston, por correspondencia.

En un trabajo secundario, abuelo se colocó como mozo de ascensor en un edificio de oficinas, donde conoció a varias personas importantes a las cuales subía y bajaba en ese elevador, incluyendo a varios hombres de negocios. Un día, uno de ellos necesitaba dinero urgentemente y abuelo, con los ahorros que había logrado acumular, le compró su participación en un negocio de representación de compañías extranjeras, dedicado básicamente al papel, a los seguros y a los implementos de ferretería. Los vascos son muy ahorrativos, y abuelo guardaba gran parte del dinero que ganaba; con ese dinero iba comprando acciones. Fue entonces que conoció a mi abuela.

LA ABUELA MOÑOÑA

Abuela también era española; pertenecía a una familia asturiana (de Gijón) que emigró a Cuba cuando ella tenía apenas tres años de edad. Mi bisabuelo, su padre, se estableció en la provincia de Camagüey (adyacente a Oriente), y siempre dispuso de recursos económicos. Abuela se llamaba Amalia Alvarez, pero le decían Amalita. Nosotros, sin embargo, la llamábamos abuela moñoña, mientras que a abuelo, Don Pancho, le decíamos abuelo aitá, que en vasco quiere decir papá.

Cuando llegó el momento, la familia mandó a Amalita como alumna interna al colegio de Mariana Lola Alvarez, en La Habana, exclusivo para señoritas. Fue durante una de esas escapadas de muchachitas que Amalita, la niña rica, se empató con el campesino Saralegui. Mi abuelo, obstinado como de costumbre, quería casarse en seguida, pero la familia de mi abuela no estaba de acuerdo con el matrimonio. No obstante, él insistió hasta que se salió con la suya: se ganó al padre de mi abuela, quien lo admiraba después de todo por lo trabajador que era, y apenas Amalita terminó sus estudios, se casaron celebrando una boda muy bonita. Poco después nació mi tía Panchita, la cual murió de tifus.

Abuela Amalita salía embarazada cada dos años, porque criaba a pecho a sus hijos, y cuando les quitaba la teta quedaba de nuevo en estado. Así, cada dos años, nacía un Saralegui: después de Panchita, siguieron Marta, Bebo (mi papá) y tío Jorge. Los abuelos, ya con una familia numerosa, empezaron a trabajar como fieras, al punto de que cuando nació mi papá ya tenían casa propia. Recuerdo que mi abuela moñoña era la mujer más ahorrativa del universo, capaz de hacer una tortilla española utilizando solamente un huevo... ¡y le quedaba divina! Mientras tanto, ya se sabía que "el vasco siempre tenía dinero", y abuelo continuaba comprando acciones de la empresa hasta que en el año 1929 llegó a ser el accionista mayoritario de la misma.

EL "ZAR DEL PAPEL"

Cuando se comenzó a desarrollar el reparto Miramar en La Habana, abuelo aitá se construyó su primera mansión. No obstante, en el verano de 1930, la familia entera se trasladó a España, en barco, porque abuelo quería que sus hijos aprendieran a hablar vasco. El viaje tardó treinta y un días, y cuando por fin todos arribaron al pueblito de Lizarza, lo primero que hizo abuelo fue llevar a su esposa y a sus hijos a su caserío para que todos los conocieran.

Abuelo decidió que su esposa y sus hijos permanecerían en España, mientras que él se pasaría seis meses en Cuba y seis meses en el país vasco. Esto significaba que estarían separados durante seis meses del año, pero tanto abuelo como abuela eran muy sacrificados, y los dos estaban de acuerdo en preservar las raíces familiares vascas. La familia se mudó a San Sebastián (donde los reyes de España tenían su casa de veraneo, y que en la actualidad es la joya de la costa vasca, frente a la Bahía de Vizcaya), ocupando un piso en la calle Miraconcha 14. Mi papá iba al colegio exclusivo Los Marianistas, al lado del Palacio del Rey y junto a la Playa de la Concha. Y una vez que terminaba el curso, su abuela lo recogía para llevarlo al caserío, donde se pasaba todo el verano. En San Sebastián residió la familia Saralegui desde el año 1930 hasta 1936.

Durante una de las visitas que abuelo hizo a San Sebastián, desde Cuba, llevó consigo a un afrocubano, entrenador de boxeadores —quien había entrenado al famoso Kid Chocolate— y cuando se apareció en el caserío con aquel señor negro, al que exhibió en un automóvil convertible que tenía, mi bisabuela pensó que estaba viendo a un espíritu, ya que nunca antes había tenido contacto con una persona de color. Durante aquellos veranos, abuelo llevaba a sus hijos a recorrer toda Europa, porque él opinaba que no bastaba con leer y estudiar, sino que había que "tocar y probar" lo que se había estudiado durante el año. ¡No quedó un museo por ver, ni un restaurante por conocer, ni una comida sin probar por mi padre y mis tíos en las grandes capitales europeas!

Mientras tanto, la empresa de mi abuelo en Cuba se iba haciendo cada vez más grande, hasta que llegó a convertirse en la número uno en su giro en toda la isla; el papel para imprimir era importado de Canadá, y se lo suplía a todos los periódicos e imprentas del país. Así llegó a tener el monopolio de papel en Cuba, y fue por ese motivo que le apodaron *el zar del papel*.

ESTALLA LA GUERRA CIVIL EN ESPAÑA

En 1936 se desató la guerra civil en España, y el conflicto sorprendió a mi abuela, sola con sus hijos, en España; abuelo aitá estaba en Cuba en esos momentos. Mi bisabuela adoptiva podía hacer poco por la familia, pero se ocupaba de llevarles alimentos del caserío para que pudieran sobrevivir la escasez total que existía en toda España. Abuelo no tuvo otra alternativa que regresar a la frontera española para ayudar a rescatar a su familia, ya que él no podía entrar en el país por su afiliación política. No hay duda de que aquélla fue una época difícil, para todos.

Ya arraigado en el poder, y con el propósito de aplastar la herencia y la evidente hegemonía vasca, el Generalísimo Francisco Franco prohibió el uso del idioma vasco, cerró colegios y periódicos, y arrestó a cientos de intelectuales. Como última medida contra los vascos, Franco recurrió a la Luftwaffe alemana de Adolfo Hitler para acabar con el pueblo vasco y cometió la atrocidad que

Picasso capturó en su famosa pintura *Guernica*. En 1939, bombarderos nazis arrasaron con el histórico pueblecito llamado Guernica, bastión histórico de la supremacía vasca, y mientras que los aviones ametrallaban a la población civil, centenares de mujeres y niños huían aterrorizados.

Mi abuelo no podía entrar en España porque era nacionalista vasco y opuesto a Franco; si hubiese sido sorprendido en su propio país, no hay duda de que cuando menos habría sido encarcelado. Pero tenía a su mujer y a sus tres hijos en San Sebastián, y era preciso sacarlos del país para que pudieran regresar a Cuba con él. En aquel entonces, un hijo del dueño de los tabacos Partagás, en Cuba, quien conocía a mi bisabuelo, estaba estudiando medicina en la Universidad de la Sorbona en París, Francia. Abuelo logró que este hombre viajara hasta la frontera, se infiltrara en España, y rescatara a su familia. La operación rescate resultó un éxito total. Y una de las grandes sorpresas del destino es que este mismo hombre, una vez médico y ejerciendo en Cuba, fue el obstetra de mi madre cuando nací yo.

DE REGRESO A CUBA

Ya de regreso a Cuba, abuelo consideró que sus hijos estaban creciendo, que necesitaban hacer deportes, y decidió construir una nueva residencia, la que yo recuerdo, con dos piscinas y una cancha de tenis. También se le metió en la cabeza que sus tres hijos tenían que aprender inglés. En el caso específico de mi papá, en aquel momento ya tenía doce años, era muy maldito y rebelde, y no le gustaba el inglés. Pero como mi abuelo opinaba que "el que no hablara idiomas era un burro", a la fuerza lo matriculó en el Ruston Academy, un colegio americano en La Habana. Del Ruston lo echaron por incorregible, y después que pasó por una serie de escuelas, abuelo le informó que lo iba a "poner preso" en una academia militar en los Estados Unidos. Así fue cómo Bebo Saralegui llegó a la Academia Battle Ground, en Tennessee, en 1938, donde no sólo aprendió a hablar inglés, como abuelo quería, sino que llegó a graduarse segundo en su clase.

Mientras tanto, abuelo siguió su carrera ascendente como hombre de negocios en Cuba, no sólo en el mundo del papel, la tinta y todo lo relacionado con la impresión de periódicos y revistas, sino que se involucró en su primera actividad política: ocuparse de la colonia vasca en Cuba. Fue en esa época que lo nombraron presidente del Centro de Dependientes (una de las tres grandes instituciones españolas, además del Centro Gallego y el Centro Asturiano), lo cual tenía 90,000 asociados. En estas instituciones, sus miembros pagaban una módica cuota mensual, y entre los muchos beneficios que recibían se hallaban desde la educación de los niños, hasta los servicios médicos para toda la familia, e inclusive el entierro. Sus centros de salud eran excelentes, y en ellos ejercían su profesión cientos de médicos prominentes.

Abuelo se dedicó a mejorar todos los servicios que ofrecía la asociación, y de su propio bolsillo construyó la Escuela Saralegui, la cual llegó a ser muy prestigiosa como centro educacional. La asociación, en agradecimiento, le erigió un busto de bronce... que ya no existe: con esa ironía perversa que es clásica del régimen de Fidel Castro en Cuba, un joven de apellido Ordóñez —a quien mi abuelo protegió desde que se graduó de medicina, al punto de que llegó a ser médico no sólo de la asociación, sino de toda la familia Saralegui— lo destruyó a mandarriazos en un acto de repudio una vez que el gobierno castrista confiscó todos los centros regionales españoles.

LA PELOTERA Y EL NIÑO RICO

La familia de mi mamá nunca tuvo los mismos recursos que la de mi papá; cuando ambos se enamoraron, prácticamente sucedió lo mismo que cuando mi abuela se enamoró de mi abuelo. ¡No hay duda de que en mi familia la historia siempre se repite!

Mi papá asistía a la Universidad de La Habana con un amigo, Julio Paniagua, que era novio de una joven llamada Terina Santamarina. Mientras que Julio era el clásico bonachón, incapaz de serle infiel a su novia, mi padre era un niño bonitillo y rico, muy inquieto en cuestiones de mujeres, por lo que no es de extrañar que a mi abuela la asediaran sus amigas para que el *bebito de oro* escoltara a sus hijas a las grandes fiestas habaneras. Mi padre, por su parte, prefería irse de juerga con sus amigotes a Varadero (la fabulosa playa en la provincia de Matanzas), y siempre lo acompañaba su amigo Julio, cuya familia era menos pudiente. También siempre se les atravesaba en el camino Terina, quien no quería que Julio saliera con mi papá porque consideraba que era una mala influencia.

Terina tenía una hermana mayor, Cristy. Y mi papá hoy recuerda que Julio con frecuencia le decía: "Chico, quisiera presentarte un día a la hermana de mi novia, que es una muchacha muy inteligente y muy preparada". Mi padre le respondía que a él le sobraban las mujeres, y que no necesitaba conocer a nadie más... hasta que un día fueron los dos juntos al Vedado Tenis, un exclusivo club donde mi mamá pertenecía al equipo de *softball*. En aquella ocasión las muchachas jugaban pelota, y de repente mi padre se fijó en una que corría en ese instante:

"Chico, ¿quién es esa culona?", le preguntó a Julio con marcado interés. Evidentemente, como cubano al fin, ésa era la parte de la anatomía femenina que más le llamaba la atención.

"Esa es la hermana de Terina", le respondió Julio con orgullo.

El solterito codiciado quedó inmediatamente fascinado con el atributo de la hermana de Terina, y a partir de ese momento se puso en efecto el plan para presentarle a Bebo la niña del enorme trasero que jugaba tercera base. Se la presentaron. Y ella, que no era nada impresionable, lo miró de arriba abajo, y le dijo:

"¿Tú eres el famoso Bebo Saralegui? ¡Buena porquería!"

Ese fue el primer encuentro de mis padres.

Pero él ya estaba flechado y más empecinado aún con el rechazo criollo. Se buscó un libro de las cartas del emperador francés Napoleón a su amada Josefina, todos los días copiaba un poema diferente y se lo enviaba a mi madre con una orquídea... sin mencionarle, por supuesto, el plagio que estaba cometiendo. Para una niña del Vedado, que le llegara una orquídea diaria de un niño de Miramar, debe haber sido un halago de grandes ligas. No obstante, al principio ella no le prestó mayor atención, al punto de pedirle que no la molestara más... hasta que por fin cayó en las redes de Bebo Saralegui.

Sus encuentros no fueron tan fáciles como habrían podido ser hoy, porque en aquel entonces existía el problema de las chaperonas. Todavía en la época en que yo vivía en Cuba, las muchachas no podían salir solas con un pretendiente. Tenían que ser acompañadas por una persona mayor... tal vez una tía o inclusive un hermano que las protegiera de cualquier eventualidad. La chaperona de mi madre fue su tía Tita, quien —como más adelante les contaré— también fue la chaperona que me engancharon a mí por los siglos de los siglos, amén.

Al fin la familia de mi madre permitió que mi padre la visitara, oficialmente, como novio, y por la noche. Debo mencionar que a mi abuela materna le encantaban los animales, y siempre los dejaba sueltos por toda la casa. Tenía, por ejemplo, un cerdito rechoncho, rosado y retozón, así como una cotorra bastante ordinaria, llamada Chachita, que desarrolló un odio feroz hacia mi papá, tratando de picarlo cada vez que podía. Un día en que mi papá cenaba en la casa de su nueva novia, se sentó a la mesa con toda la familia frente a un plato de espaguetis. De repente, Chachita aterrizó en la mesa y comenzó a sacar todos los espaguetis fuera de la fuente. La familia continuó cenando, sin prestar mayor atención a las travesuras de la cotorra ni al hecho de que el cerdo también se paseaba tranquilamente entre los pies de los comensales como si fuera un perrito.

Cuando mi papá regresó a su casa y contó lo acontecido, abuela moñoña, con esa propiedad que es característica de las españolas, le dijo:

"Esa familia no es de nuestro nivel. Todos los cubanos son así. Siempre tienen animales rondando por las casas".

Cuando finalmente murió Chachita, le echaron la culpa a mi papá de haberla envenenado con perejil.

MI MAMA FUE UNA MUJER FUERA DE
EPOCA

Mi mamá, por su parte, fue también una persona poco usual para
su época, porque cuando era joven —durante la segunda guerra
mundial— las mujeres no trabajaban y no conducían automóviles.
Ella, sin embargo, tenía un carrito Fiat Topolino, que parecía un
huevito, y lo manejaba desde los dieciséis años. En cuanto se graduó
obtuvo un empleo en la Pan American, como anfitriona de personalidades y celebridades que viajaban en la aerolínea. Incluso, una
vez, ya siendo novia de mi papá, se rebeló ante tantos conven-
cionalismos que regían la vida de las cubanas, y decidió dar un viaje
a Miami, con él y con un grupo de amigos... ¡y sin chaperona!

Con todo esto la familia de mi papá ni siquiera quería conocer
a aquella joven en cuya casa cenaban con una cotorra y un cerdito.
Todos insistían en casar a Bebo Saralegui con una joven de
sociedad, o con la hija de uno de los socios de mi abuelo. Pero el
bebito de oro ya tenía veinte años y sabía lo que quería en la vida.
Por lo tanto, les informó que se casaba con "la pinareña"...
porque mi mamá nació en la provincia de Pinar del Río, la más al
este de la isla, donde se fabrican los mejores tabacos del mundo.

Mis abuelos se negaron rotundamente al matrimonio, pero mi
papá les advirtió que tan pronto cumpliera los veintiún años, y
fuera mayor de edad, se casaría. Y en efecto, tan pronto los cumplió,
les envió la invitación de la boda por correo. No es de extrañar que
a abuelo aitá y a abuela moñoña les diera un verdadero arrebato.
Pero una vez que la sorpresa pasó, no les quedó otro remedio que
acceder a la voluntad de mi papá, y entonces les hicieron una boda
por todo lo alto en la iglesia de Santa Rita, en Miramar.

DOS SERES INOLVIDABLES EN MI VIDA:
MAMAMIA Y ABUELO PELUSA

A mi abuelo por parte de madre, José Santamarina, le decían Pepe,
pero nosotros le llamábamos abuelo Pelusa, porque no tenía pelo;

a su esposa, que se llamaba Agueda Díaz, le decíamos Mamamía. Abuelo Pelusa era publicista, el creador de las grandes campañas de publicidad para infinidad de productos que se consumían en Cuba, entre los que se encontraba la famosa Cerveza Cristal, cuya campaña basada en "el meneíto de la Cristal" estremeció a Cuba de un extremo a otro. La mayoría de los lemas publicitarios que pegaban en la isla surgía en la cabeza de mi abuelo, que dormía —como lo hago yo ahora— con una libreta de escribir sobre la mesa de noche para anotar cualquier pensamiento que pudiera surgir en su mente, sin dejar que se le escapara. Abuelo fue un verdadero pionero de la televisión en Cuba, junto a Gaspar Pumarejo, el visionario productor que llevó la televisión a la isla creando infinidades de programas que se anticiparon a su época.

Mamamía era ama de casa, aunque sus hobbys eran jugar al póker y al dominó... además de gritarle a mi abuelo, porque no hay duda de que quien mandaba en casa de Mamamía era Mamamía.

Inmediatamente después de la boda, mis padres se fueron de luna de miel a Argentina y a Brasil; yo fui concebida en Buenos Aires. Años más tarde, cuando asistí al lanzamiento de la revista *Cosmopolitan* en la Argentina, tomé una foto del hotel donde me *fabricaron*, la cual mis padres todavía conservan colgada en una pared de su habitación.

Se me hace ahora curioso comprobar, al hacer este recuento, que yo crecí a la par que la televisión en Cuba, y que aunque de más grandecita la rechacé debido a que mis preferencias eran otras, de bebita me sentaba delante del televisor a mirarlo con curiosidad. Recuerdo que entonces mi mamá me decía: "No mires *eso* tan de cerca, que te va a dar cáncer en los ojos o el cerebro, porque este descubrimiento es demasiado reciente para saber lo que puede producirle a un ser humano". Bueno, mi mamá en ese sentido siempre ha sido un poco peculiar, porque cuando salió al mercado el horno de microondas, yo insistía en comprarle uno para que su vida fuera más fácil, y no llegó a tener uno hasta hace aproximadamente dos años... ¡También tenía el concepto de que toda la comida que fuera preparada en el microondas producía cáncer!

SURGE EL IMPERIO DE LAS REVISTAS

Aunque mi abuelo ya se había convertido en el zar del papel —un apodo que le habían otorgado parte en broma y parte debido al control que ejercía sobre la industria— tenía la idea fija de que un hombre como él no necesitaba asociarse con la parte periodística y editorial en el mundo de los impresos. El era solamente el negociante que suplía el papel, y el administrador de su empresa.

En esa época ya yo había nacido. Mi abuelo había dejado a sus dos hijos —Bebo y Jorge— con poderes totales en Cuba, mientras que él pasaba seis meses del año con mi abuela en España. En aquel entonces, Miguel Angel Quevedo era un periodista joven, único hijo de una familia de periodistas, y se había acercado a mi abuelo para que no sólo le brindara su apoyo moral, sino que financiara el imperio editorial que él anhelaba crear. Su sueño era asociarse con mi abuelo para que éste manejara la parte administrativa de la revista que dirigía, *Bohemia*, que llegó a ser la publicación noticiosa y de interés humano más importante de Cuba, conocida y respetada mundialmente.

Un buen día, durante uno de esos viajes de mi abuelo a España, Miguel Angel Quevedo llamó a mi papá y a mi tío Jorge para decirles que le acababan de proponer la compra de Artes Gráficas, S.A., la empresa propietaria de las revistas *Carteles y Vanidades*, publicaciones de interés general y femenino, respectivamente. La venta incluía también la revista *Bohemia*, además de la parte comercial encargada de la impresión de todas estas publicaciones, la maquinaria e inclusive un edificio que ocupaba una manzana completa. Tanto mi papá como mi tío comprendieron que se trataba de un buen negocio, firmaron los contratos necesarios, buscaron el dinero, y la operación quedó cerrada. Mi abuelo se enteró de la compra una vez que regresó de España. "Algún día se lamentarán", les reprochó a sus hijos. "Una cosa es venderle papel a esta gente, pero ustedes no los conocen como los conozco yo".

Es evidente que mi abuelo se mostraba intransigente a entrar en negocios con periodistas; sencillamente, no quería involucrarse en el aspecto editorial del negocio. Pero como sus hijos ya habían firmado el trato, había que cumplirlo, y sacarle el mejor provecho posible. Fue así como mi abuelo se asoció, en 1954, con la parte editorial de lo que se llamó PUSA, convirtiéndose en condueño de Publicaciones Unidas, S.A. No obstante, reacio aún, mi padre hoy recuerda que abuelo les dijo, a él y a mi tío Jorge: "Como ustedes me metieron en este rollo, ustedes me tienen que sacar"... y los mandó a los dos a trabajar la parte editorial. También fue de esta manera como mi papá se involucró directamente con *Vanidades* y *Carteles*, reorganizando los talleres de impresión, y como mi tío Jorge participó en la parte de edición y de impresión de las tres revistas.

Mi papá, que era ingeniero, emprendió de repente una carrera nueva. Se tuvo que hacer experto en rotativas y en separación de colores, pero también construyó el formidable edificio de *Bohemia* en la Plaza de la República, en La Habana. Viajó a Alemania, y compró la mejor y más moderna planta de huecograbado que existía en aquel entonces, la cual fue la primera en todo el Caribe, y se metió de lleno en el mundo de las publicaciones. Es importante mencionar que cuando mi familia compró *Vanidades*, la revista tenía una circulación de 17,000 ejemplares certificados. Al emigrar de Cuba, en julio de 1960, la circulación sobrepasaba los 170,000 ejemplares por edición. Miguel Angel Quevedo, brillante para el periodismo, terminó suicidándose, lo mismo que años antes había hecho su padre.

Vanidades también emigró de Cuba con mi familia... no como posesión material, ya que Castro no nos permitió sacar nada de nuestro país, sino únicamente como un pequeño papel de registro del nombre y propiedad de la revista, así como con el espíritu y la visión de mi padre y de mi tío, quienes en todo momento estuvieron listos para comenzar de nuevo.

LA CASA DE ABUELO AITA

La casa de abuelo aitá en Cuba era de estilo mediterráneo, frente al mar. Cuando los vecinos construyeron sus primeras piscinas, las mismas eran verdaderos huecos entre los arrecifes, a los que penetraba el agua del mar. Mi abuelo —como hombre revolucionario al fin, y anticipándose a la época— construyó dos piscinas con los sistemas más modernos en aquella casa que hoy sigue viva en mi imaginación: una de dimensiones olímpicas, con trampolín; otra exclusivamente para los niños.

Esa casa formidable en Miramar fue convertida por Fidel Castro en un hotel para turistas. Unieron la planta baja con la de la casa de al lado (que pertenecía al senador de la República José Suárez Rivas), y la abrieron, no al pueblo cubano, sino al extranjero... y por dólares. En diciembre de 1995, mi primo Alvaro Saralegui, que es gerente general de la revista *Sports Illustrated*, regresó a Cuba por primera vez, desde que emigró a los cuatro años de edad. En La Habana, en los archivos de *Bohemia*, encontró una fotografía de mi abuelo cuando tenía veintiocho años, y lo que más le fascinó de la misma era que abuelo aún tenía pelo, porque él lo recuerda ya calvo, a los cincuenta años de edad.

Alvaro y un compañero escritor de la revista, Scott Price, también visitaron la casa de mi abuelo. "Es un desastre", resume mi primo en un recuento que publicó de su viaje en la revista. "Hay escombros en las canchas de tenis". Las dos piscinas (aunque vacías), y la vista al mar, no obstante, le refrescaron la memoria, y recordó cuando a los tres años capturó un pequeño pulpo que empezó a echar tinta sobre las lozas blancas de mi abuelo, mientras mi abuela le gritaba, "¡Dios te libre, niño!" La loza todavía está en el patio de la casa, manchada.

Price, tratando de suavizar una situación dramática, le dijo a mi primo Alvaro: "Te invito a una cerveza en tu propia casa".

Alvaro se rió y aceptó la cerveza, sin evitar pensar que era el colmo que le vendieran un trago en el patio de la casa de su propio abuelo. Aquel patio era un centro de reunión para toda la familia. Mis abuelos daban fiestas todos los domingos en lo que ellos llamaban simplemente "la piscina", un área que incluía un bar donde mi abuelo servía tragos a todos sus invitados: artistas y productores de cine, escritores famosos y cuanta celebridad llegaba a

Cuba. Todo el mundo pasaba por la piscina de mi abuelo, también centro de diversión para él, sus hijos y sus nietos.

Y que conste que mi abuelo era un hombre muy religioso. Todos los domingos se subía a su Cadillac negro cola de pato, con su chófer negro vestido con traje almidonado. Todavía lo recuerdo, se llamaba Prudencio. Entonces iba casa por casa, a recoger a sus nietos para llevarlos a misa en la iglesia de Santa Rita, donde se casaron mis padres. Abuelo nos sentaba a todos con él, y nos entregaba una peseta (veinte centavos cubanos) o un *quarter* americano, para que lo echáramos en el cepillo de la iglesia. Después de misa nos llevaba a todos a una juguetería muy conocida, en el centro comercial La Copa. Allí permitía que cada uno escogiera el juguete que más le gustara, y así nos malcriaba.

Seguidamente almorzábamos en su casa, cada niño con su tata, vestida también con un traje blanco almidonado. El comedor era muy español, con una mesa muy grande con sillas de cuero en las que cabían tres nietos en cada una, lo que permitía que nos sentáramos hasta dieciocho personas a la mesa. Abuelo se sentaba a una de las cabeceras de la mesa; en el otro extremo, mi abuela. Recuerdo que ella insistía en que nos pusiéramos unos baberos que nos había hecho y que decían COME Y CALLA, porque no le gustaba que habláramos durante la comida; decía que "la comida era de Dios". También cada nieto tenía un plato plástico de diferente color, con varios compartimientos y un círculo en el centro, donde invariablemente había un huevo frito.

Yo era la nieta mayor, y mi abuelo me llamaba Tetina; siempre tenía demostraciones insólitas de cariño conmigo. Era un hombre muy elegante, siempre vestido con un traje de dril cien blanco, y con un sombrero Panamá. Fumaba tabacos cubanos, y cuando yo solamente tenía un año, abuelo mojaba en coñac el puro que se estaba fumando, me lo ponía en la boca... ¡y mi madre se ponía histérica! También tomaba su cuchara de sopa, la metía dentro del potaje, y con esa misma cuchara me daba de comer a mí. Así crió a todos sus nietos.

Recuerdo que abuelo aitá tenía un jazmín en el jardín de su casa, y todas las mañanas cortaba cuidadosamente una flor que colocaba en la solapa de su traje de dril cien. Siempre olía a jazmín, y su colonia preferida era la Guerlaine Imperial, con la botella de cristal cortado. Mi papá usaba la misma colonia, y a medida que fui creciendo llegué a desarrollar una verdadera aversión hacia ella. Padecía de migrañas y mi papá insistía en que no me dieran calmantes porque, según él, "a los niños no les podía doler la cabeza". En vez de calmante, me entregaba un pañuelo empapado en esa colonia, la cual hasta el día de hoy me sigue oliendo a migraña.

¿PARA QUE SIRVEN LAS CASTAÑUELAS?

Yo fui la hija mayor de mis padres, la primera nieta de todos mis abuelos y la princesa de la familia. Cuando nacieron mis cuatro hermanos menores y mis primos, como ellos eran más pequeños y no podían pronunciar mi nombre, María Cristina, me decían Matitina, y de ahí lo acortaron a Mati. Todas las personas allegadas a mí, desde amigos hasta empleados que me conocen desde hace mucho tiempo, me dicen Mati. Cuando me convertí en "Cristina, la de la televisión", de repente me surgieron muchas amistades y supuestas familiares que jamás he conocido, y que llaman constantemente a mi oficina tratando de comunicarse personalmente conmigo. Pero todos preguntan por Cristina, una pista que le dice a mi secretaria que no me conocen de verdad. Imagino que a partir de ahora, cambiarán de táctica y de nombre.

Recuerdo que en esa época en que almorzábamos todos los domingos en casa de mi abuelo aitá, a las niñas cubanas nos vestían con ropa de una tienda que se llamaba La Cigüeña de París, que importaba ropa europea (española y francesa), con encajitos y piqué. Asimismo, todas las señoras tenían costureras, y éstas a su vez tenían a su alcance todas las revistas de moda, como *Vogue* y revistas francesas. Cada señora escogía su modelo de una de estas publicaciones, le entregaba su tarjeta personal a la costurera, la costurera compraba la tela, cortaba, hilvanaba el vestido, lo probaba, y lo terminaba. Curiosamente, todas tenían la misma costurera, que se llamaba Olga... y muchas veces llegaban tarde a las fiestas a las que asistían porque o bien estaban con Olga, o esperando a que Olga les entregara el vestido. Pero así era Olga... y Olga tenía las mejores revistas.

El sueño de mi madre era vestir a todas las niñas de la familia iguales, como en el cuadro *Las Meninas*... y mi hermana Vicky y yo fuimos víctimas de esa preferencia, al punto de que todo el mundo pensaba que éramos gemelas, porque teníamos la misma estatura, además de que las dos éramos rubias. A mi pobre prima Maritere, que era trigueña, la vestían igual que a nosotras, con la diferencia que si a Vicky y a mí nos vestían de rosado, a ella le ponían el mismo modelito, pero en amarillo. Vicky siempre ha sido más inteligente y con más chispa que yo, y cuando ya estábamos un poco creciditas, un día me preguntó: "¿Qué vestido te vas a poner tú?"... para ponerse ella uno diferente, y no parecer dos idiotas vestidas de gemelas cuando en verdad no lo éramos. Ese fue el último día que nos vistieron iguales. Gracias a Vicky, Maritere también se salvó de aquella arbitrariedad. ¡Los caprichos de las mujeres de la sociedad cubana con los niños no conocían límites!

En Cuba todo era cíclico, y por temporadas, para evitar el tedio. Durante la época de carnavales, los clubes privados ofrecían fiestas y bailes especiales. En una ocasión a mi mamá se le ocurrió vestirme de holandesa, y me llevó con Olga, la famosa modista, para que me hiciera mi vestido. ¡Mi madre llegó hasta comprarme unos suecos de madera auténticos! Para colmo de males, yo tenía un color de pelo rubio oscuro, y mi mamá tuvo que mandar a hacer unas trenzas especiales, con diferentes tonalidades de rubio, para que fueran iguales al color de mi cerquillo. También las señoras de la sociedad cubana insistían en poner a sus hijas a dar clases de ballet, clases de piano y clases de baile español. Yo di ballet, pero también tomé clases de baile español, y aprendí, bastante bien, a tocar las castañuelas. A fin de año la escuela daba fiestas de fin de curso en las que bailábamos la jota aragonesa y tocábamos las castañuelas. Siempre he pensado que todo lo que se aprende en la vida ha de servir un propósito en el futuro. ¡Pero todavía estoy esperando a ver para qué me van a servir las castañuelas!

LA QUE MATO A GOYA...

Cuando nací, me cuidó una tata que había sido la tata de mi mamá y de mi abuelo Pelusa. Era una señora negra llamada Goya, cuyo padre había sido esclavo de la familia de mi mamá. En aquellos días Goya ya tenía casi cien años de edad, y la familia todavía me acusa de haber causado su muerte, porque como en 1948 aún no había aire acondicionado, y las ventanas de la casa tenían que permanecer abiertas noche y día, Goya se sentaba al lado de mi cuna con una penca de guano para echarme fresco durante toda la noche, para que no me picaran los mosquitos.

Goya formaba parte de nuestra familia. Mi papá me cuenta que cuando enamoraba a mi mamá, Goya le pegaba si él le decía cualquier cosa que a ella le pareciera impropia, y mucho más fuerte si la tocaba. Goya murió por su edad, desde luego, y entonces tuve otra tata más joven, jamaiquina, llamada Lili. Lili se estiraba su pelo con un peine de metal que calentaba sobre un reverbero. Yo vivía prácticamente en la habitación de Lili, y cuando ella se pasaba el peine caliente por el pelo, yo me le ponía delante con mi pelo largo y lacio y le decía: "Lili, ¡ahora yo!"... Y ella me complacía, pasándome el peine... frío.

En Cuba siempre hubo libertad de religión. Existía la religión Yoruba, sincretismo de la que practicaban los esclavos de Nigeria que llevaron los españoles a la isla. Los ñáñigos formaban una secta de hombres brujos con supuestos poderes sobrenaturales que practicaban el abakuá, una religión derivada cuyos ritos eran secretos. Según la leyenda, un tambor abakuá que hablaba contó que el secreto de esa religión residía dentro de un pez... y como una mujer repitió lo que dijo el tambor, a las mujeres se les prohibió volver a entrar en el abakuá.

Los ñáñigos castigaban con sangre, y cortando a la persona que violara los secretos de sus ritos. Supuestamente, durante una época del año, se robaban a un niño blanco y rubio para ofrecerlo en sacrificio a sus dioses africanos. Mi mamá no estaba tan al tanto de estas cuestiones, pero mi tata Lili tenía pánico de salir a la calle durante esa época del año con mi hermana y conmigo, temiendo que nos fuera a robar un ñáñigo. Jamás se supo si estas creencias eran folklore o realidad, pero mi tata estaba convencida de que estábamos en peligro de ser robadas, y pasaba las de Caín tratando de proteger a sus niñas rubias.

Mi hermana Vicky y yo asistíamos a la escuela Las Esclavas del Sagrado Corazón de Jesús, en Miramar, sólo que las "esclavas" éramos nosotras las alumnas, ya que las monjas mantenían una disciplina férrea. Recuerdo que la supervisora de nuestro grupo era una monja que se llamaba Juana María, a quien nosotras en broma llamábamos Guanajería. Había comunión todos los días, y si una no comulgaba, las monjas insistían en saber por qué y qué pecado había sido cometido. Todos los días comenzaban con comunión y un desayuno, y nuestro desayuno consistía en un plato de sopa lleno de mermelada de guayaba con galletas blancas. ¡Qué cantidad de azúcar para empezar el día!

Mi ambición suprema en aquel momento era llegar a ser un día una más de las "niñas mayores". Las "niñas mayores" eran las que se ponían, en vez de escarpines blancos, medias largas color carne y hasta las rodillas. Llevábamos unos uniformes con faldas de tachones grandes, de color marrón, y con blusas blancas y corbaticas también marrón. En el momento en que toda mi familia salió de Cuba, yo pertenecía al equipo de baloncesto de mi escuela. Mi maestra de inglés era Mrs. Rogers, a quien yo le decía *Mom*... ¡me quería muchísimo! Como a mí me encantaban las películas de vaqueros, y los episodios de Hopalong Cassidy eran mis preferidos, y con la influencia de Mrs. Rogers, ya hablaba bastante inglés en aquel entonces.

Mi hermano tenía una tata morenita clara que se llamaba Martina, flaca como una vara de pescar, pero muy enamorada y muy bailadora. Todos los días, a las doce del día, presentaban en televisión *El Show de Benny Moré*, con el legendario cantante, y Martina agarraba a todos los niños, nos plantaba delante del televisor, y nos enseñaba a todos a bailar el cha-cha-chá, de moda en aquella época. Hoy pienso que de mayor nunca hubiese podido aprender a bailar porque la realidad es que no soy muy agraciada en ese aspecto. ¡Gracias a la tata Martina!

VERANOS EN VARADERO Y LOS EPISODIOS
DE *EL LATIGO NEGRO*

En los veranos, las familias cubanas que podían se iban para las playas a pasar los tres meses de vacaciones. A nosotros nos llevaban a Varadero, la favorita de mi padre desde muy joven y sin duda la mejor playa de Cuba. En Varadero el agua del mar era tan transparente que parecía de cristal; se podían ver las estrellas de mar en la arena y tomarlas con la mano. Los peces voladores nos saltaban alrededor, y las sardinitas nos mordisqueaban los dedos de los pies. Eran veranos idílicos aquéllos que pasábamos en Varadero. Allí aprendí a esquiar desde los seis años, en un solo esquí.

Nos quedábamos aquellos meses en un lugar muy lindo que se llamaba Residencial Caguama, en un área de la playa donde esas tortugas gigantescas salían del mar en la noche a depositar sus huevos en la arena, cavando con sus aletitas. De esos huevos salían unas sesenta caguamitas que buscaban otra vez el mar, aunque los niños se llevaban algunas para la casa, en cubos llenos de agua salada, para criarlas como mascotas. No lejos estaban los manglares, a los que mi papá llevaba a todos niños de la familia para enseñarnos a recolectar ostiones con un cuchillo. Luego nosotros mismos los abríamos, los poníamos en una copita, les echábamos salsa picante y catsup, y los comíamos como un coctel...

A los diez años, tuve mi primer novio, Kiki... "un hombre mayor", de doce años. Su familia lo llevaba a otra playa, que quedaba como a una hora de Varadero, pero como nosotros teníamos lancha, yo hacía que el marinero que la manejaba me remolcara en mis esquís hasta esa playa, solamente para decirle adiós al grupito en el que habitualmente estaba mi novio. Esta precocidad, en todo, se manifestó desde bien temprano. Es más, al cumplir mi primer año, ya yo hablaba. Un día, una amiga de mi mamá —llamada Estercita— llegó a casa de mi abuelo, y yo comencé a hablar. "Mamita, ¿cómo se llama esta señora?" le pregunté. Estercita, alarmada, le gritó, "Cristy, ¿es una niña o una enana...?".

A medida que fui creciendo debo admitir que también me fui convirtiendo en marimacho. Me disfrazaba, de pies a cabeza, como un personaje de la televisión americana que se llamaba El Látigo Negro… camisa negra, pantalones de vaquero negros, botas negras y un sombrero de cowboy también negro. Mi mamá tuvo cuatro hijos más, y en aquella etapa en que me creía un cowboy americano, acababa de nacer mi hermana María Eugenia, la cuarta de mis hermanos. Recuerdo que usaba unas camiseticas de algodón que tenían unos botoncitos mínimos en la parte de atrás… y yo me las robaba para usarlas como antifaz. Vestida toda de negro, con un látigo y mi antifaz, yo *era* El Látigo Negro.

Seguí creciendo, y mi sueño más grande se convirtió en manejar una motocicleta. Me imagino que aquel interés se debía al hecho de que mi papá, de joven, tenía una Harley Davidson, y cuando mi hermana Vicky y yo éramos apenas unas bebitas, se lanzaba a la aventura con sus dos niñas en la moto, mientras que a mi madre le daban verdaderos ataques de nervios temiendo por nuestra seguridad. Con el cuento de la motocicleta también me engañaban para que no me chupara más el dedo pulgar de la mano derecha, lo cual hacía desde que nací. Mis padres me prometían que tan pronto me dejara de chupar el dedo me iban a comprar una bicicleta con motor. Nunca me llegaron a comprar esa bicicleta, pero por las noches yo soñaba que manejaba mi propia motocicleta vestida de Látigo Negro.

Desde luego, me seguí chupando el dedo. Me lo chupé tanto que me creció más que el de la mano izquierda. Mi mamá, para que dejara aquel hábito, había tratado todos los medios excepto recurrir a los procedimientos de la Inquisición. Un día decidió comenzar a untarme una sustancia muy amarga en el dedo, alzíbar, y seguidamente me ponía un pequeño guante. No obstante, a media noche, en mi desesperación me quitaba el guante, comenzaba a chuparme el dedo hasta que eliminaba la sustancia amarga, y entonces continuaba chupando tranquilamente. Este proceso continuó hasta que cumplí los diez años y tuve novio. Entonces, mi mamá, muy siniestra, se me aproximó un día y me dijo: "¿Sabes lo que voy a hacer si no dejas de chuparte el dedo…? Se lo voy a decir a tu novio". Me dio tal vergüenza que dejé de hacerlo de la noche a la mañana.

Debido a la costumbre de chuparme el dedo, se me deformaron los dientes, por lo que me tuvieron que poner unos aritos de metal para corregir la situación. Ya a punto de salir de Cuba le pedí a mi mamá que me quitara los aritos, a lo cual se negó porque todo el que se iba de Cuba lo hacía muy secretamente, sin decírselo a nadie; ella prefería que no llamáramos la atención. La situación política ya era difícil en aquellos días; los tiroteos eran frecuentes, y a pesar de nuestra vida fácil y privilegiada, también vivíamos constantemente expuestos al peligro. No obstante, mi obsesión con los aritos no cedía. Y como el ortodoncista siempre le advertía a los niños que con los aritos no se podían comer caramelos, porque se despegaban los aritos de los dientes, comencé a comer unos caramelos que se llamaban pirulí (en forma de cono y sumamente pegajosos), para tratar de quitármelos. Mordí uno de aquellos pirulís con gran fuerza, y cuando logré abrir la boca, con el pirulí también salió el arito de un lado. Repetí el movimiento del otro lado, y también me libré del otro arito. ¡Así salí de Cuba, con mis dientes limpios!

3 | REVOLUCION Y EXILIO

EL CARNAVAL DE LAS DICTADURAS TROPICALES

Mientras que la década de los años cincuenta transcurría apaciblemente para algunos en Cuba, el cambiante clima político iba poco a poco preparando el terreno para que llegara al poder Fidel Castro. Fulgencio Batista y Zaldívar, un sargento del ejército que dio dos golpes de estado durante dos presidencias distintas (la primera en 1933, para derrocar al dictador Gerardo Machado; la segunda en 1952, para derrocar a Carlos Prío Socarrás, el presidente constitucional de la república), llegó a crear un estado policial lleno de injusticias y regido por el terror, hasta que, en 1958, el presidente de los Estados Unidos, Dwight D. Eisenhower, se negó a venderle más tanques para que los utilizara contra su propio pueblo.

Fidel Castro Ruz se educó en escuelas jesuitas; luego estudió en la Universidad de La Habana, se graduó de derecho, y se sumó al creciente Partido Ortodoxo de oposición, bajo el liderazgo del carismático Eduardo R. Chibás. El 26 de julio de 1953 dirigió un ataque al Cuartel Moncada —las barracas principales del ejército en Santiago de Cuba (la capital de la provincia de Oriente)— pero fue derrotado por los soldados de Batista. Castro fue condenado a quince años de cárcel, y desde la prisión escribió su famosa y nefasta crónica *La historia me absolverá*. Dos años más tarde, el propio Batista le otorgó la amnistía, con la condición de que se marchase del país. Fidel fue a residir a México, donde fundó su Movimiento 26 de Julio, día actualmente de duelo para todos los cubanos exiliados, y fecha que se celebra en Cuba obligatoriamente, con bombos y platillos, como se pudiera celebrar el 4 de julio en los Estados Unidos.

El 31 de diciembre de 1959, Batista, desprovisto de la ayuda estadounidense, y previendo su última hora, huyó a la República Dominicana (donde lo recibió el dictador Trujillo), y más tarde a la isla portuguesa de Madeira (donde murió algún tiempo después junto a su familia y sus millones). Fidel Castro y su ejército de *barbudos* bajaron triunfantes de las montañas de la Sierra Maestra, donde habían estado alzados, y recorrieron toda la isla hasta llegar días después a La Habana, en *jeeps* y camiones que, como carrozas, desfilaron ante un pueblo lleno de esperanzas que pensaba que aquel carnaval proseguiría hacia una verdadera democracia.

A las tropas de este ejército libertador les llamaban milicianos, y en aquellos primeros meses de 1959, sus presuntos "mesías" llevaban cruces y rosarios colgados del cuello. El marxismo-leninismo que después trascendió de la revolución, jamás se mencionó. Es más, el propio Fidel Castro negó rotundamente, en público, sostener afiliación alguna con el comunismo internacional, jurando que la revolución era "no roja, sino verde-olivo" y "tan cubana como las palmas". Durante uno de sus primeros discursos en La Habana, una paloma blanca voló hasta posársele en el hombro a Castro. La multitud congregada perdió el aliento, atribuyendo un simbolismo sobrenatural a aquel vuelo inesperado. Pero entonces la paloma se dispuso a defecar... y los cubanos, con ese carácter especialísimo que los lleva a tomar hasta lo más serio por su lado humorístico, se rieron de la gracia del ave. ¡Vaya metáfora!

Durante ese primer año de revolución, tribunales improvisados juzgaron a decenas de personas que de una forma u otra estuvieron involucrados con el régimen de Batista; otros eran simples opositores de Castro y de su revolución, que comenzaba a dejar de ser verde-olivo. Algunos de estos juicios tomaron lugar en estadios, ante las cámaras de televisión, y cientos de cubanos fueron fusilados sin mayor defensa y sin leyes que protegieran sus derechos, como debió haber sucedido con los cristianos que eran arrojados a las fieras en los circos romanos. No hay duda de que el caos se había apoderado de Cuba... y en ese estado de anarquía total, de intervenciones y confiscaciones de bienes, los soviéticos comenzaron a avanzar sus garras sobre mi país.

La empresa privada fue uno de los objetivos iniciales de Fidel Castro; las mayores empresas del país fueron confiscadas y nacionalizadas mediante simples decretos publicados en la Gaceta Oficial. En 1961 la presencia de los soviéticos ya era obvia en Cuba; Fidel Castro se autoproclamó entonces marxista-leninista, confesando que siempre lo había sido, y aliando a la isla al bloque soviético, aboliendo la libertad de prensa y de expresión en el país. Quien no estuviera con la revolución, quien no apoyara a Fidel Castro, sencillamente era un contrarrevolucionario... y las consecuencias podían ser muy serias.

Recuerdo la huida de Batista, el 31 de diciembre de 1958. Al día siguiente, comenzaron a desfilar los tanques con los milicianos por toda La Habana, como un carnaval verde-olivo; se pasmaron todas las actividades hasta que, días más tarde, llegó Fidel Castro, quien recorrió toda la isla en una caravana triunfal. Aquel 31 de diciembre, mis padres estaban celebrando la despedida de año con sus amistades en la casa de mi abuelo; se escucharon tiros, pero todos pensaron que eran fuegos artificiales. Después comprobamos que como el Senador Suárez Rivas era nuestro vecino inmediato, y mantenía una guardia frente a su casa, debió producirse alguna escaramuza con los milicianos. Así fue cómo la imagen de Fidel Castro entró en Miramar, en mi realidad. Porque si bien se trataba de un evento histórico que resultó desastroso para mi país, en aquel momento cobró matices deslumbrantes ante los ojos de los niños: todos los barbudos llevaban bandas en los brazos con los colores rojo y negro de la revolución y el lema del *26 de Julio*, las cuales repartían a los niños. También nos regalaban balas de escopetas y pistolas, sin usar. A veces se caía un niño, o caía una bala, y como eran municiones vivas, se disparaban. Es muy posible que algunos de los niños, muertos o heridos, fueran las primeras víctimas inocentes de la revolución castrista.

No obstante, Fidel y sus secuaces eran, para los niños, como Los Tres Villalobos, los héroes de una conocida serie radial que se trasmitió en toda Cuba con gran éxito. Fidel, la voz cantante; su hermano Raúl, el más feo; el Ché Guevara, un argentino carismático e idealista; y el apuesto Camilo Cienfuegos, quien murió poco después, en condiciones sumamente extrañas, probablemente asesinado por cuestionar órdenes y por robarle la escena al propio Castro. Pero al principio, no hay duda de que los cuatro despertaban el entusiasmo infantil. Inclusive llegó a circular una colección de postalitas con todos estos "héroes" de la revolución, y muchos niños cubanos las coleccionábamos en álbumes, como antes habíamos hecho con series similares de personajes infantiles y de peloteros.

Mi familia vivió un año entero de revolución. Poco a poco nos íbamos dando cuenta cómo se iban alterando hasta las cosas más comunes en nuestra vida cotidiana. Primeramente se acabó la mantequilla; después llegó el día en que no hubo más mermelada de guayaba. Estábamos convencidos de que lo próximo que escasearía sería el azúcar y el café, a pesar de que eran productos netamente cubanos. También surgió el temor, la desconfianza, la envidia, el deseo implacable de venganza de los resentidos.

MI PADRE Y FIDEL CASTRO

Al principio, Fidel Castro engañó no solamente a los niños cubanos, sino a todo el mundo... incluyendo a mi papá, quien era un enemigo mortal de Batista y de todo lo que éste representaba. Batista era un dictador despótico, que había implantado en Cuba un régimen de persecución y tortura, y mi padre era un hombre amante de la libertad y de la democracia. Esta diferencia de opinión política en alguna forma dividió a la familia antes de la llegada de Castro, porque mientras que mis abuelos eran partidarios de Batista, mi papá se convirtió en uno de los organizadores de la clandestinidad en La Habana para derrocar al dictador.

Ya con Fidel Castro en el poder, la revista *Bohemia* se convirtió en la gran propulsora de éste, en Cuba y en muchos países de América, donde también circulaba. Mi abuelo conocía a Fidel desde hacía tiempo, porque le vendía papel cuando todavía estudiaba en la universidad y publicaba un periodiquito político. Por lo tanto, nunca se sintió engañado por los confusos conceptos nacionalistas de Castro; siempre le advirtió a mi papá que era un farsante, comunista, en quien no se podía creer. Pero papá era joven, y como tantos jóvenes de entonces, estaba cegado por su idealismo.

El único líder revolucionario que mi padre aún no conocía personalmente era el Ché Guevara, hasta que fue invitado a la Fortaleza de la Cabaña a un almuerzo con éste. Hablaron de política durante toda una tarde, y mi papá quedó tan impresionado con él en aquel momento, que luego lo describió como "un hombre inteligente, polifacético, suave, sutil, extremadamente culto e impresionante, a pesar de sus veintiocho años de edad". A pesar de ello, aquella reunión también le sirvió para que confirmara el peligro en que se hallaba Cuba. Mi papá estaba consciente de que Ernesto Guevara era fundador y miembro del Partido Comunista Mundial, con sede en Praga, Checoslovaquia. También estaba consciente de que si Guevara tenía voz y voto en las decisiones que tomara la revolución, el futuro del país sería funesto. No se equivocó, desde luego.

Al salir de aquel prolongado almuerzo, papá se dirigió inmediatamente a casa de mi abuelo, quien se mecía en su sillón en el portal. "Quiero que sepas que me equivoqué, viejo", le confesó con tristeza. "Si este tipo tiene algún poder en Cuba, todo lo que he hecho hasta ahora ha sido un error. Así que con la misma fuerza que luché contra Batista voy a luchar contra esto".

Mi abuelo le respondió: "Vete a *Bohemia*, y cuéntale tu experiencia a Miguel Angel Quevedo".

Mi papá arrancó para *Bohemia* para informar al director de la revista acerca de su impresión. "Mira, Miguel Angel, si todo lo que sospecho es cierto de este hombre, esto va a ser un desastre", le advirtió. Quevedo se quedó sin habla.

Los esfuerzos del gobierno revolucionario eran cada vez mayores para convencer al pueblo cubano de que "la revolución no era comunista". Pero ya Castro se reunía abiertamente con los soviéticos, se presentó la primera exposición rusa en La Habana, y les vendieron municiones y armamentos al gobierno cubano.

En noviembre de 1959, Miguel Angel Quevedo llamó a mi papá —que ya conspiraba abiertamente contra Castro, después de haber enviado a mis abuelos a España— para informarle que la gerencia de *Bohemia* iba a tener otro almuerzo con el Ché Guevara. Fue en esa ocasión que le informaron a Quevedo, en su calidad de director de la revista *Bohemia*, que acababan de nombrar al Ché como presidente del Banco Nacional de Cuba. Al escuchar la noticia, Quevedo se desplomó. Después del almuerzo, mi padre le repitió que tanto Fidel Castro como Guevara eran comunistas... "y voy a conspirar contra el régimen, como lo hice contra Batista".

Mi papá conocía a Fidel Castro desde que éste tenía doce años; primeramente en la escuela jesuita de Belén, más tarde en la Universidad de La Habana. Lo recuerda hoy como "un hombre culto, inteligente, muy seguro de sí mismo, y extremadamente peligroso". "Es un tipo que negocia valores", repite hoy al recordar a Castro joven. "La palabra *moral* es negociable para él". No obstante, mi padre también recuerda el potencial de quien hubiese podido haber sido, según él, otro Simón Bolívar, en vez de la ruina total de un país. Cuenta que "Fidel era serio y estudioso, y que mientras era alumno interno en la escuela de Belén, los domingos, en vez de salir de fiesta y conquista, como hacían los demás jóvenes, se encerraba en la biblioteca a leer sobre antropología".

Ya ambos en la universidad, mi papá se batía por los principios en los que creía: el concepto norteamericano de la democracia. Veía a Fidel Castro como un líder popular y populachero, pero también como un hombre con una cierta misión. "No es que el Castro fuese de joven tan comunista como antiamericano", considera hoy mi padre. "Desde pequeño, si se le mencionaban a los americanos, echaba espuma por la boca". También mi padre opina que ese odio ancestral hacia los yanquis lo heredó Fidel de su propio padre, gallego, que era el clásico terrateniente y agricultor explotado por las compañías norteamericanas bananeras en la provincia de Oriente.

DESPEDIDA

No fue hasta la noche anterior que papá nos informó que finalmente nos íbamos de Cuba al día siguiente. No nos dejaron llamar a ninguno de nuestros amigos para despedirnos, porque los teléfonos estaban ya interceptados por el gobierno y los peligros eran muchos.

Cuando mis abuelos huyeron a España, nos dejaron cuidando su casa frente al mar. La última imagen que yo tengo de mi país es, a los doce años de edad, con un batilongo de dormir, salir al balcón del segundo piso de la casa de mi abuelo, mirar al mar hacia la línea del horizonte, y despedirme llorando de todo lo que presentí en aquel momento que nunca más iba a volver a ver. Ese instante lo conservo grabado en mi memoria como si fuese una postal a colores. Lloré mucho mientras mentalmente les decía adiós a todos los recuerdos de mi niñez, a mis amigas, a las monjas del colegio, a mi noviecito y a los veranos en Varadero. Mi mundo estallaba en pedazos.

Papá prefirió que saliéramos mamá, mis tres hermanos y yo (Iñaki, mi hermano más pequeño, nació ya en el exilio), y nuestra tata Idalia rumbo a Trinidad, una islita inglesa al norte de Venezuela, donde tía Terina y tío Julio ya se habían asilado y nos estaban esperando. El nos seguiría más tarde.

Ya en el aeropuerto de La Habana, pasamos a una sala de espera que le llamaban *la pecera*, porque era una verdadera jaula de cristal; todos los cubanos que salían de la isla tenían que pasar por

ella. La última escena que recuerdo de mis años en Cuba es vernos en aquella enorme pecera, aterrados como animalitos de
experimentos, porque era la primera vez que nos separábamos
como familia. Mi papá nos observaba desde afuera, con las manos
pegadas a los cristales y con los ojos anegados de lágrimas, clava-
da la vista en su familia, que se le desaparecía. Ese fue el momento de mayor terror que he pasado en mi vida, incluyendo todas las
situaciones inesperadas que me han ocurrido a lo largo del
camino hasta el día de hoy.

Ya en ese entonces los agentes de la seguridad cubana estaban
vigilando los movimientos de mi padre, porque el gobierno sabía
que pensaba unirse a su familia. Cuando finalmente llegó el
momento de la partida del avión, el entonces jefe del aeropuerto
(Chico Escalona, quien había sido su compañero en la universidad), le advirtió: "¿Bebo, ves a todos ésos...? Están aquí para
joderte, así que no les quites la vista de encima". Después mi papá
nos contó que mientras veía cómo su familia subía la escalinata del
avión, tenía una mano en un bolsillo, rezando el rosario; en la otra
apretaba una pistola. En el momento en que escuchó el llanto de
mi madre al marcharse (ella estaba convencida de que jamás iba a
volver a ver a mi papá), él supo que estaba dispuesto a cualquier
cosa con tal de protegernos a nosotros. Fue una despedida que aún
hoy está viva en mis recuerdos.

En Trinidad permanecimos un mes que a mí se me convirtió en
años. Así y todo, nuestros sufrimientos no fueron nada compara-
dos con los de otros cubanos y otros grupos hispanos que han
tenido que emigrar de sus países. Yo no llegué a este país en balsa,
ni cruzando un río. Nosotros no atravesamos por las vicisitudes a
las que han debido enfrentarse otros después de la travesía. No
obstante, el exilio —desde un inicio— lo cambió todo para nuestra familia.

Las mujeres de cierta posición en Cuba llevaban una vida un
tanto despreocupada, como de adolescentes privilegiadas. De
repente mi mamá se vio sola, sin marido, sin apoyo y sin dinero,
como una desamparada. No fue ella la única. ¡Cuántas mujeres
cubanas se hicieron mujeres de verdad en el exilio! Había que ver

a las señoronas de la sociedad habanera lavando calzoncillos para subsistir, vendiendo zapatos en las tiendas y fregando platos. Los hombres no se quedaron atrás en el esfuerzo por salir adelante. Abogados, médicos, profesionales de todos los campos, se vieron obligados a limpiar inodoros en los hoteles de Miami Beach o vender gasolina en los garajes, o víveres en los mercados. Los inicios de los cubanos en este país que nos acogió fueron difíciles, humillantes en muchos casos.

Cuando mi papá logró salir de Cuba, no obstante, llegó a Miami, a Key Biscayne. Y una vez que encontró casa y colegios para nosotros, fue a recogernos a Trinidad. ¿Qué es Key Biscayne? Miramar. ¡Lo mismitico! El mismo modo de vida y las mismas preocupaciones... sólo que ahora teníamos que levantar cabeza en un nuevo país, un país que no era el nuestro.

¡VOLVER A EMPEZAR!

Al principio, para mi familia, vivir en una casita, de sólo tres dormitorios, no fue necesariamente traumático, pero sí bastante extraño, después de estar acostumbrados al nivel de vida que teníamos en Cuba.

En Miami, mi papá y un pequeño equipo crearon una revistica del tamaño de *Selecciones,* y la llamaron *Bohemia Libre,* imprimiendo 50,000 ejemplares semanales que dejaban caer sobre Cuba desde un avión. Así que cuando Fidel Castro lanzaba su *Bohemia* comunista a la calle, que le había robado a sus legítimos dueños, ellos por su parte sacaban su *Bohemia Libre,* sin censura, en el exilio. Mientras tanto se organizaba el lanzamiento de *Vanidades,* también en el exilio, con Herminia del Portal, la ex directora de *Vanidades* en Cuba, quien ya residía en Nueva York.

En ese lapso —y tras el desastre de la invasión de Bahía de Cochinos— mis padres, como les sucedió a cientos de miles de cubanos más, comprendieron que el exilio era permanente, y que había que empezar a echar verdaderas raíces en los Estados Unidos. Hasta ese momento, los cubanos no querían aceptar que el exilio sería muy largo, porque pensaban que en cualquier momento regresarían a su patria. Con Bahía de Cochinos despertaron a la dura realidad... y también murió la razón de ser de *Bohemia Libre*, que era derrocar a Fidel Castro.

Ya con otra perspectiva de la situación, mi papá viajó a México para hablar con Jordi Sayrols sobre el lanzamiento de *Vanidades*. Jordi era su amigo y socio; además era el distribuidor de *Vanidades* en ese país, y dueño de una empresa multimillonaria. Sin siquiera formular una pregunta, Jordi le firmó un cheque a mi padre, y poco después se instalaron las oficinas editoriales de la revista en el Lincoln Building (en Nueva York). Herminia del Portal y mi tío Jorge se encargarían de la parte editorial; mi padre estaría a cargo de la distribución y la administración de la revista.

Para poder salir adelante en circunstancias difíciles, mi padre y mi tío Jorge fueron creando el concepto de venderles a los anunciantes norteamericanos la idea de América Latina como consumidor de sus productos. Asimismo, establecieron un sistema de publicidad tan novedoso que aún se utiliza en todas las revistas internacionales que circulan en América Latina, como son *Vanidades*, *Cosmopolitan* y *Buenhogar*, entre otras. El concepto —de por sí muy sencillo, aunque a nadie se le había ocurrido hasta ese momento— consistía en vender un anuncio a un precio combinado y reducido en dólares en Madison Avenue, en los Estados Unidos, para que ese mismo anuncio apareciera publicado en las diferentes ediciones de las revistas que circulaban en todos los países de la América Latina donde esos productos también se vendían. El primer cliente de *Vanidades* fue Pan American Airways; luego los productos de bebés Gerber's, y finalmente los *Rosacruces*. También insistieron en certificar el tiraje y la venta neta de la revista, para presentarles a los anunciantes, en blanco y negro, cuántos lectores en todo el continente latinoamericano estaban siendo expuestos a sus anuncios. El éxito no tardó en llegar.

Corín Tellado, la reina de la novela rosa, también fue un descubrimiento de la familia Saralegui, quienes la lanzaron desde España a nivel internacional. Corín empezó a escribir sus novelones de ciento veinte cuartillas, y los vendía en España a los grandes editores. En una ocasión envió a un representante de ventas a La Habana, y mi papá se entrevistó con él. Poco después él mismo viajó a España para llegar a un acuerdo con Corín. Todavía no existía el concepto de la novela rosa incluida en las revistas, así que al principio, la escritora accedió a conceder la publicación de las primeras libre de derechos, con el propósito de darse a conocer. Pero llegó un momento en que era evidente el impacto que tenían dentro del contexto de la revista, y entonces mi padre voló a Madrid para firmar un contrato con ella: diez pesos cubanos por novela inédita, exclusiva para *Vanidades*, y con derecho a convertirla en libro de bolsillo y novela radial. Cuando mi familia emigró de Cuba en 1960, ya a Corín se le pagaba 175 pesos por novela. ¡Qué irónico que unos cubanos hicieran famosa a Corín Tellado a nivel internacional, y que la autora más popular en español hasta este momento en el mundo entero, llegara también a los Estados Unidos con el equipaje de unos exiliados!

Al crear la revista *Vanidades* en los Estados Unidos, en 1960, mi familia le cedió el 25 por ciento de las acciones a Herminia del Portal, la ex directora en Cuba, en compensación por su trabajo previo; otro 25 por ciento pertenecía a Miguel Angel Quevedo, el ex director de *Bohemia*. El 50 por ciento restante pertenecía a mi padre, a mi tío Jorge y a mi abuelo, quien vivía en España, ya enfermo. La estrella italiana de moda entonces, Gina Lollobrígida, fue elegida para la portada del primer número, en junio de 1961. *Vanidades* en el exilio creció, y cambió radicalmente.

En esa época, Miguel Angel Quevedo estaba exiliado en Venezuela; era un hombre bastante atormentado y llevaba una vida desordenada, para la cual necesitaba grandes cantidades de dinero e infusiones constantes de capital. Debido a ello, hipotecó su 25 por ciento de la publicación a Miguel Angel Capriles, uno de los codistribuidores de *Vanidades* en Venezuela, junto al editor Armando de Armas. Mi papá y mi tío Jorge trataron entonces de comprarle el 25 por ciento a Herminia del Portal, porque habían surgido muchos problemas entre la administración y la dirección, básicamente porque ella insistía en un presupuesto irrealista para una publicación que acababa de nacer en el exilio. Sin embargo, después de muchas peleas, Herminia le vendió sus acciones a los mismos distribuidores que tenían las acciones a Quevedo.

De repente mi papá y mi tío se encontraron con que el 50 por ciento de las acciones de la revista estaba en manos de Capriles y de Armas, en Venezuela. Pero entonces mi tío Jorge se enfermó como consecuencia de las muchas presiones del exilio, el esfuerzo para mantener a sus seis hijos y el tener que vivir luchando a brazo partido día tras día para establecer la revista... y la situación cambió drásticamente.

Capriles y de Armas visitaron Miami para exigir ser coadministradores activos de la empresa, debido a que ellos también tenían el 50 por ciento de las acciones. Mi papá se negó rotundamente a vender, pero mi tío Jorge opinaba de otra manera; en realidad no se sentía con las fuerzas necesarias para seguir adelante. Era evidente que mi papá no podía enfrentarse a los demás sin el apoyo de su hermano y su socio de siempre... y finalmente accedió a vender el resto de las acciones. Según su contrato, tenía que quedarse seis meses administrando la revista, lo cual cumplió. Al cabo de ese tiempo, se marchó con su porcentaje del dinero de la venta de *Vanidades* para iniciar otros negocios.

Irónicamente, esa relación entre mi familia y Armando de Armas, que comenzó como el aceite y el vinagre, terminó por ser la que lanzó a Cristina... pero ese capítulo viene más adelante.

MEMORIAS DEL DESARROLLO

Los primeros recuerdos del exilio me vienen a la mente como una secuencia de viñetas, un tanto folklóricas y pintorescas, así como surrealistas y tragicómicas.

Cuando *Vanidades* comenzó a ser publicada nuevamente, mi papá viajaba a Nueva York todos los lunes, trabajaba allí durante la semana y regresaba a Miami los sábados por la mañana para pasarse dos días con nosotros. Esta rutina se repitió por varios años, de manera que no teníamos papá durante la semana.

Mi tío Jorge y su esposa, mi tía Titi, vivían en Nueva York con sus seis hijos. A su vez, tía Terina (la hermana de mi mamá), mi tío Julio y mi prima Maritere seguían en Trinidad. No obstante, lo mismo que han hecho todos los cubanos, fuimos rescatando más y más familiares de Cuba, hasta que llegó un momento en que aquella casa de tres cuartos en que vivíamos se convirtió en una verdadera *cuartería*. Inclusive cuando abuelo Pelusa y abuela Mamamía llegaron de Cuba, vinieron a vivir en la casa con nosotros.

En una habitación dormíamos todos los niños; en la otra mi papá y mi mamá; en la tercera, mis dos abuelos y mi tío Pepito, el hermano más joven de mi mamá, a quien también habíamos sacado de Cuba, conjuntamente con su novia, María Elena. Pepito era quince años más joven que mi mamá, alto, rubio, musculoso, de seis pies de estatura, y tenía a las mujeres locas; una vez que llegó al exilio se tranquilizó.

Con Pepito y María Elena también salió de Cuba la tía de mi mamá, la tía Tita, la hermana más joven de abuelo Pelusa. Tía Tita era la chaperona de Pepito y María Elena, y hasta que se casaron los perseguía por todas partes, sin que ellos pudieran vivir en paz. Ese era su trabajo, y ella se lo tomaba muy en serio. María Elena se fue a vivir a casa de uno de sus familiares en el exilio hasta que se casó con Pepito, pero en total éramos once personas viviendo en una casa de sólo tres cuartos. Debo mencionar que la tata, Idalia, dormía en la sala.

En el exilio, mi mamá se hizo mujer. Nunca ha sido ama de casa, y siempre ha detestado las faenas domésticas, tanto así que esa aversión me la traspasó a mí. De más está decir que llegó al exilio sin saber cocinar absolutamente nada, pero la necesidad la hizo aprender. Al principio lo quemaba todo, y le quedaba la comida salada; por fin fue mejorando, y hoy puedo decir que cocina bastante bien.

Recuerdo que tía Terina tenía un grupo de amigas en Key Biscayne a las cuales les llamaban "las tejedoras", porque se pasaban el día rezando y tejiendo como arañas para contrarrestar el estrés del exilio. Al grupo de mi mamá le decían "las borrachas", porque bebían y jugaban póker. Eran formas diferentes de escapar a tantas tensiones. A mi madre, sobre todo, le encantaba irse de pesca con los hombres, y era la única mujer que ellos permitían en sus pesquerías, porque era tremenda pescadora. Además, les ganaba a todos en el póker; los reventaba. Mi mamá siempre fue una mujer muy de vanguardia. Supongo que lo heredó de Mamamía.

A mi hermana Vicky y a mí, lo mismo que a mi prima Maritere, nos pusieron en seguida a estudiar en un convento. Al igual que en Cuba habíamos estudiado en Las Esclavas del Sagrado Corazón, en Miami nos matricularon en La Academia de la Asunción, de donde nos graduamos las tres. La Asunción contaba con la distinción de que la Princesa Grace de Mónaco se había graduado de su filial, en Filadelfia. La religión, desde luego, era fundamental, y la clase de religión nos la daba un cura, Father Labelle, a quien enloquecíamos preguntándole qué cosas eran pecado, para abochornarlo y ponerlo colorado.

En Miami, mis compañeras de clase eran las hijas de familias latinoamericanas acomodadas, a quienes mandaban a estudiar a los Estados Unidos, internas. Una de ellas, Maritza, era nieta del General Rafael Trujillo, el ex dictador dominicano. Otra compañera de clase, una venezolana hija de una familia petrolera, tenía más zapatos que Imelda Marcos, y no se cansaba de repetirme que "los zapatos baratos echaban a perder los pies"... ¡a esa edad!

Recuerdo que el día que mataron al Presidente John F. Kennedy estábamos todas cantando en la clase de coro, cuando alguien entró llorando para informar sobre el acontecimiento que estremeció la década de los años sesenta. Fue mientras estudiaba en ese convento que nacieron los Beatles. Fue aquélla, también, la época turbulenta de la revolución sexual, cuando se produjo la masacre de los estudiantes de Kent State, surgieron las protestas contra la guerra de Vietnam, y cobró auge el consumo de drogas. Lo vimos todo, y, por supuesto, todo aquello nos tocó e influyó en nosotras, aunque gracias a Dios, mi hermana Vicky y yo pasamos estas etapas difíciles bajo el manto protector de La Asunción; hoy creo que por ello nos salvamos de muchas de las meteduras de pata y de los peligros que afrontó nuestra generación.

PERSONAJES AL BORDE DE KEY BISCAYNE

La vida en Key Biscayne empezó a tornarse pintoresca y surrealista para nosotros, sobre todo porque en Cuba estábamos acostumbrados a que el hombre fuese el pilar más fuerte de la familia y el que administraba la disciplina; nosotros, sin embargo, no teníamos hombre en la familia, ya que mi papá se ausentaba durante toda la semana para trabajar en Nueva York. El pobre abuelo Pelusa era quien cargaba con nosotros, y lo volvíamos loco. El era quien nos chaperoneaba, y quien nos tenía que llevar a las fiestas de la iglesia, ya que mi mamá no nos quería dejar ir solas. No era fácil su función, sobre todo si tomamos en cuenta que en aquella época los americanos bailaban *cheek to cheek* (mejilla con mejilla), pero pegaban mucho más que las mejillas… ¡se pegaban como chicles, desde el pelo hasta la punta de los pies… y el trabajo de mi abuelo era precisamente evitar que esto sucediera! Abuelo Pelusa tenía que cargar con toda la muchachada.

Mamamía era un personaje singular. Jugaba al póker y odiaba a los médicos y a los hospitales. Mamamía se enfermaba de vez en cuando con pulmonía, y en una ocasión le dio una fiebre altísima; se estaba casi muriendo, pero no había forma en que pudiéramos sacarla de la casa para llevarla al hospital. Mi papá, mi tío Cuco (Julio) y abuelo Pelusa trataban de halarla de la cama, pero ella se agarraba a sus pilares mientras gritaba: "¡No voy al hospital porque en los hospitales matan a los viejos!". También se peleaba con todas las sirvientas y las echaba de la casa; llegó el momento en que a mi mamá le costaba mucho trabajo conseguir una nueva debido a la fama de Mamamía. En cuanto una sirvienta nueva comenzaba a trabajar en la casa, y mi mamá se iba en un viaje de negocios con mi papá… ¡Pacatán… Mamamía se la botaba!

También recuerdo que mi abuelo Pelusa tenía un VW chiquitico, y era el encargado de llevarnos al colegio a mi hermana Vicky, a mi prima Maritere y a mí. Para eso teníamos que atravesar un puente muy largo, sobre el mar, que une a Key Biscayne con la ciudad de Miami. El viaje tomaba como unos treinta y cinco minutos, y todas las mañanas, las tres brincábamos en el asiento del carro durante todo el viaje, al extremo que casi se lo poníamos de sombrero a mi pobre abuelo.

Mientras tanto, Mamamía le daba las quejas a mi papá de que nosotras hablábamos inglés delante de ella para que no entendiera lo que decíamos, sin darse cuenta que, simplemente, con los años, cualquier niño que llega pequeño a los Estados Unidos, con el tiempo empieza a hablar *spanglish*. Pero para Mamamía, cada evento era un complot, una conspiración. Con el transcurso de los años, a medida que fue envejeciendo, fue perdiendo la mente debido a una arterioesclerosis avanzada. En aquellos días recurría a su vieja libreta de teléfonos y comenzaba a llamar a todo el mundo, empezando por la letra A y llegando hasta la Z... y una vez que terminaba, volvía a empezar por la A. "¡Ampárame, ampárame, no me dejen sola!", le imploraba a cualquiera. "Yo quiero vivir con ustedes, yo quiero ir para su casa; aquí nadie me quiere". Por supuesto que todo esto era producto del deterioro mental que estaba sufriendo; en verdad vivía con mi abuelo en un apartamento muy bonito.

Cuando abuelo Pelusa murió, tía Terina se llevó a Mamamía para su casa, donde sólo duró una semana: se aburría tanto en la casa cuando tía Terina se iba para el trabajo, que un buen día agarró sus maletas, se escapó en un taxi y volvió a caer en la misma casa de apartamentos donde había vivido con mi abuelo, porque allí tenía a su círculo de amigas del póker; era tan independiente que no quería vivir con nadie.

Con los años, ya siendo yo directora de la revista *Cosmopolitan*, le dio por llamar por teléfono a mi oficina para decirle a mi secretaria que nosotros la teníamos abandonada y que no la queríamos. Al principio yo le hablaba por teléfono para decirle, genuinamente sorprendida: "Mamamía, ¿cómo puedes decir eso si sabes que todos te queremos tanto...?". Finalmente comprendí que su mente estaba más deteriorada de lo que pensábamos. Entonces nos pusimos de acuerdo entre todos en la familia para quitarle la libreta de teléfonos, aunque la llamábamos una vez al día para saber cómo estaba realmente. Mi pobre abuelo Pelusa fue quien más sufrió este deterioro progresivo que Mamamía experimentó.

Mi papá fue un verdadero santo con mis abuelos maternos. Durante muchos años, al principio del exilio, hizo que vivieran en nuestra casa, donde los mantenía. Una vez llevó a mi abuela a Disneyworld (en Orlando), y como ella tenía una pierna fastidiada por la artritis, mi papá empujó una silla de ruedas por todo el parque, por millas y millas, como si fuera una niña en un cochecito. Pero mi abuela también peleaba con mi papá, porque su hábito era pelear... ¡peleaba hasta con su sombra! No obstante, la persona con quien peor se llevaba, al punto de revirar a toda la familia contra ella, era con la pobre tía Tita, quien —como ya he mencionado— era la hermana menor de abuelo Pelusa.

Tía Tita se quedó soltera para cuidar a su mamá hasta que ésta murió. Entonces se fue a vivir con Mamamía y con abuelo Pelusa, en La Habana; aún era muy joven y tenía novio. Eventualmente dejó al novio para ayudar a mi abuela a criar a sus hijos... y como toda solterona, se quedó para cuidar sobrinos. Mamamía, para poder jugar póker y divertirse con sus amigas, hacía que Tita le cuidara a su hijo más pequeño, mi tío Pepito. Pero antes de criar a Pepito, había criado a mi mamá. La tía Tita agarraba siempre al niño mayor de cada generación de nuestra familia, y se adueñaba de ese niño como si fuera su propio hijo. La primera fue mi mamá, el segundo mi tío Pepito, y la tercera fui yo. La última que crió fue María Elenita, la hija mayor de mi tío Pepito.

La pasión de la tía Tita por nosotros era enorme, lo mismo que la pasión de nosotros por ella... en verdad nos consumía. De vez en cuando mi abuela la echaba de la casa por cualquier diferencia sin importancia, y Tita se refugiaba en Pinar del Río, donde tenía familia, hasta que abuela la volviera a llamar. Tita siempre estaba a la disposición de quien la necesitara. Cuando yo tenía fiebre, por ejemplo, agarraba un autobús desde Pinar del Río hasta La Habana para estar a mi lado. Y yo, la había extrañado tanto que apenas llegaba, nada más que de verla, se me quitaba la fiebre. ¡Cómo le agradezco hoy aquella devoción tan especial por nosotros!

LA VIDA SIGUE IGUAL

La vida en el exilio transcurrió con más sacrificio y mucho menos dinero, pero, para nosotros, siguió siendo más o menos igual que lo que había sido en Cuba. En las afueras de La Habana, en la playa de Guanabo, alquilábamos unos *pencos* (o caballos viejos) de un guajiro que se llamaba Julio, y todos los niños nos íbamos con los caballos para la playa con las tatas, a dar vueltas. En Miami también alquilábamos caballos, y hacíamos lo mismo. En Cuba nos peinaban con unas colonias que se llamaban Agua de Portugal y Agua de Violeta. En Miami, en las farmacias cubanas, se conseguían las mismas colonias... y nuestro olor era el mismo. Miami, progresivamente, se fue convirtiendo en Cuba en el exilio; esto nos permitió revivir gradualmente los olores y los sabores que los cubanos empacamos en nuestros subconscientes cuando emigramos de nuestra patria.

A medida que nuestra situación fue mejorando, una vez que mi familia lanzó *Vanidades* y la revista comenzó a tener éxito, mi papá se compró un yate, en el que frecuentemente salía de pesquería con mi mamá y sus amigos. A nosotros nos compraron una lancha, y —lo mismo que en Varadero— el marinero nos llevaba a esquiar. Recuerdo que esquiábamos tan bien que la lancha nos halaba desde el muelle, caíamos directamente en el agua, y ni siquiera nos mojábamos el pelo. ¡Todo volvía a ser igual que en Cuba!

Era evidente la nostalgia que todos los cubanos sentíamos por la patria que habíamos dejado atrás; la música era, también, una forma de alimentar nuestra nostalgia. En esa década de los años sesenta se empezaron a presentar en Miami unos espectáculos musicales para revivir la música cubana, con todo su sabor. Los participantes eran niños y adolescentes cubanos exiliados, los cuales cantaban y bailaban al ritmo de la música cubana de siempre. Al principio se llamaron Nuestra Cuba; después, Añorada Cuba. Recuerdo que yo quería participar en aquellas revistas musicales, pero mi familia no me dejaba, lo cual me hacía sufrir muchísimo. La realidad es que en Cuba estaba mal visto que los niños de una familia bien fueran artistas. Ser artista era equivalente a "ser chusma", y para una niña de buena familia significaba casi lo mismo que ser una mujer barata, tal vez una prostituta. ¡Otra ironía más en mi vida! ¡Yo fui la única de mi grupo que acabó en la televisión, y casada con un músico!

CAOS, DELINCUENCIA Y GUERRA

Como a principios del exilio mi papá pasaba la semana en Nueva York, y sólo los fines de semana estaba en Miami, no teníamos un ancla familiar; las mujeres de la familia estaban jugando a ser amas de casa sin tener la menor idea de cómo hacerlo, y todo el mundo tenía una actitud desconcertante de turista varado. Mi hermano Patxi (se pronuncia *Pachi*, y es el apodo vasco de Francisco; él se llama Francisco Saralegui, como mi abuelo), el mayor de los dos varones, estaba haciendo de las suyas. Su primera aventura en grande se produjo cuando él y un amigo rompieron todos los bombillos de Navidad en el exterior de todas las casas de Key Biscayne, uno por uno, con escopetas de municiones. De ahí en adelante las maldades pasaron a ser casi delincuencia juvenil… y mi hermano tenía solamente trece años.

Después que mi papá vendió *Vanidades*, se dedicó a la construcción en Key Biscayne, y fue el primer contratista que desarrolló el área de Cape Florida, que es en la actualidad una sección muy elegante del Cayo. Un día, mi hermano y unos amiguitos se robaron unas hachas, se fueron por todo Cape Florida, y a hachazos comenzaron a cortar las palmeras enormes que crecían por toda el área. Se morían de la risa al verlas caer, y cuando los policías los agarraron en el acto, en vez de arrestarlos, se los llevaron por las orejas a las casas de sus padres solamente con la advertencia de que no lo hicieran más. Y es que en Key Biscayne todo el mundo se conocía y todo el mundo se protegía. Era un vecindario muy bonito donde existía un elevado sentido de comunidad, algo que todavía echo de menos, y que ya casi no existe en el Miami de hoy.

Como mis padres viajaban tanto y estaban casi siempre fuera, los niños estábamos prácticamente al garete, sueltos en esa casa gigantesca que mi padre había construido. Nos dejaban con la tata, que en aquella época era una negrita de color azabache que se llamaba, supuestamente, Agustina Cruz. La tata Agustina fue la que tomó el lugar de Idalia, quien nos acompañó originalmente al exilio, una vez que ésta decidió regresar a Cuba.

"Agustina" había salido de Cuba con un pasaporte falso de su hermana, quien era la verdadera Agustina; por lo tanto, no tuvo otra alternativa que llamarse también Agustina en los Estados Unidos, porque con ese nombre aparecía oficialmente en todos los papeles de inmigración. Tata comenzó a trabajar en los Estados Unidos con nosotros, con el pasaporte falsificado de su hermana Agustina, y nunca se atrevió a confesar su verdadera situación legal. Hasta el día de hoy desconozco el verdadero nombre de mi tata Agustina, a quien aún queremos tanto, a quien todavía llamamos Agustina, y a quien le tocó la crianza amarga de los niños malcriados del exilio.

Con los años surgió una especie de rivalidad entre mi tata y mi mamá. Mi tata decía que mi mamá era "una guajira con complejo de Jacqueline Kennedy", lo cual me hacía reír mucho. Peleaban constantemente, y era evidente que mi mamá sentía unos celos terribles de ella, ya que mi tata era una alcahueta y tapaba todos los horrores que hacíamos nosotros. A mi hermana Vicky, por ejemplo, le dio por coleccionar reptiles, principalmente culebras y cocodrilos. Estudiaba biología en la Universidad de Miami, y se iba con unos amigos a cazar reptiles en los Everglades, el parque nacional de la Florida. Mi hermana mantenía a todos esos animales en su cuarto, en peceras de cristal, y ni siquiera dejaba que tata entrara a limpiar.

Una vez, una serpiente vivípara tuvo serpienticas, las cuales se escaparon de la pecera y se escondieron por toda la alfombra, bastante profunda. Yo les tenía terror a las culebras y los cocodrilos pequeños que Vicky tenía en su cuarto, justamente al lado del mío. Un dia me metí en la bañadera del baño que compartíamos las dos. Me desnudé, dejé correr el agua... y pisé un cocodrilo bebé que se estaba alimentando con un pedazo de carne. Lancé un grito horripilante y, completamente desnuda, salí corriendo por las escaleras y no me detuve hasta llegar a la calle. ¡Menos mal que tata Agustina me corrió atrás con una toalla grande para cubrirme!

Vicky también tenía de mascota a un puerco bebito que le habían regalado, y al que bautizó como Dugesia, que es el nombre de una bacteria. Cada vez que el puerco se caía en el canal de al lado de la casa, Vicky armaba tremenda gritería para que todos corriéramos a rescatarlo.

Tampoco yo me quedaba muy atrás en estas excentricidades. Tenía un mono que solamente comía pasteles de guayaba que le daban los obreros de construcción que trabajaban en el área. A mi mamá le gustaba caminar por la casa con el mono en el hombro para parecer excéntrica delante de sus amigas, hasta un día que el mono hizo sus necesidades en su vestido.

Fueron días inolvidables aquéllos en Key Biscayne. A mi papá le encantaba cocinar, y en la casa se daban unas fiestas inmensas para todos los amigos. Papi creó un plato al que puso por nombre camarones a la puñeta, consciente de que "puñeta" es una mala palabra en España, ya que quiere decir masturbación. Simplemente lo hizo para que, cuando llegaran las amigas encopetadas de mi mamá a la casa, poder decirles: "Señoras, ¿quieren camarones a la puñeta?". ¡Y joder! Todos los miembros de mi familia, desde la abuela hasta la tata, siempre han sido muy jodedores.

Pero ya mi madre no tenía control sobre la locura que imperaba entre los niños dentro de su propia casa, e inclusive las riñas entre hermanos escalaron hasta la violencia. Hoy somos cinco hermanos: yo soy la mayor, después nacieron Vicky, Patxi, María Eugenia e Iñaki, el más pequeño, *fabricado* en el exilio. Analizando el pasado, no hay duda de que Vicky era muy maldita y abusadora con Patxi cuando eran chiquitos. Vicky era más alta y tenía más fuerza; además, sentía celos porque Patxi era varón y tenía privilegios que a nosotras nos negaban. Como consecuencia, cada vez que podía, lo desbarataba a puñetazos.

En cierto momento, considerando que Patxi se había vuelto incorregible, mi papá lo envió a estudiar a una escuela militar, Valley Forge, en Pennsylvania. Pero sucedió que uno de los veranos en que regresó a casa, ya había crecido; era más grande y más fuerte que Vicky. Cuando ella trató de imponer otra vez su voluntad y pegarle, como había sido su costumbre, Patxi la agarró por las piernas, la viró al revés, y juro que cortó toda la hierba del jardín con la nariz de Vicky. A partir de ese instante, hubo guerra en Key Biscayne.

Una vez, durante una pelea entre Vicky y Patxi que surgió mientras que mis padres no estaban en la casa, Patxi lanzó a Vicky a la piscina, agarró una manguera y se la enredó alrededor del cuello, mientras le empujaba la cabeza debajo del agua gritándole: "¿Te das por vencida?". Y mi pobre tata, que no sabía nadar, se tuvo que tirar a la piscina, con uniforme y todo, para ponerle punto final al incidente. Así eran los encuentros entre Vicky y Patxi. Se batían con las raquetas de tenis, se tiraban cohetes encendidos a la cara... ¡se hacían horrores!

La frustración hizo que mi madre también recurriera a estas tácticas guerrilleras. A mi hermano le daba por escaparse de la casa por las noches para irse con sus amigos. Una noche, mi mamá se dio cuenta de que se había escapado, y lo esperó hasta tarde armada de un paraguas. Cuando mi hermano finalmente regresó y entró sigilosamente a la casa, mi mamá lo agarró a paraguazos y por poco lo mata.

Mi tata nos protegía y nos cuidaba, pero también nos malcriaba impunemente, mintiéndole a mi mamá sobre nuestro comportamiento. Cuando mi mamá viajaba con mi papá por cuestiones de negocios, dejaba a mi tata encargada de la guardería infantil de cinco muchachos adolescentes y toda la pandilla de amigos. Como teníamos una casa grande, una lancha para pasear y pescar, y una piscina enorme, todos los demás niños se refugiaban en mi casa para divertirse. Y cuando les picaba el hambre arrasaban con cuanta cosa digerible había en la casa. A mi papá, por ejemplo, le comían todas las laticas de mariscos españoles y los quesos que él compraba porque eran sus preferidos, y mi primo Jorgito le tomaba toda la leche con chocolate especial que tenía para aliviar su úlcera.

Un verano, mi mamá tuvo la idea descabellada de que le prepararan unos doscientos cincuenta sandwiches cubanos, los cuales congeló después de envolverlos en papel de aluminio, y

guardó en dos refrigeradores. Había idealizado un verano romántico en el que los niños llegaran de esquiar con sus amiguitos, y
cada uno almorzara un sandwich cubano. Pero los niños acabaron
con todos los sandwiches durante las dos primeras semanas... y
continuaron devorando todos los demás alimentos a su alcance,
voraces y despiadados como una plaga de langostas.

La situación con respecto a la comida llegó a ser crítica, y mi
papá se construyó una alacena especial, que guardaba con canda-
do, donde decidió esconder sus mariscos enlatados y quesos especiales para protegerlos. No obstante, mis hermanos descubrieron
que con un destornillador podían quitar las bisagras de la puerta
de la alacena y abrirla, sin tener que conseguir la llave del canda-
do... y así lo hicieron. A pesar de estas travesuras, nunca nos castigaban, porque había tantos niños en la casa que nadie sabía quién
había hecho qué. Para mí, todas estas experiencias de mi niñez son
inolvidables; a veces pienso que crecí protagonizando una comedia
de televisión.

GAJES DEL PREJUICIO

Hoy estoy convencida que lo más difícil del exilio fue tratar de
acoplarnos, de adolescentes, a una idiosincrasia que, en aquella
época, estaba regida por costumbres totalmente ajenas a las que
estábamos acostumbrados en Cuba. En los Estados Unidos, por
primera vez en mi vida, me encontré con una situación que jamás
había experimentado: el prejuicio. En aquellos primeros días en
Miami, eran pocos los latinos. Y aunque yo era rubia y de ojos
claros, el acento y el comportamiento eran irrefutablemente
extranjeros para los "nativos".

Ir a la escuela era someterse a un interrogatorio constante. Mis
nuevos compañeros de clase me preguntaban si en Cuba teníamos
aire acondicionado y refrigeradores, por qué teníamos agujeros en
las orejas (¡para los aretes!), y si los teníamos también en las
narices. Preguntas y comentarios... todos en tono de burla. Hoy
me provoca mucha risa ver todos los hoyos que se hacen ellos,

hasta en el ombligo, la lengua y otros lugares que no fueron diseñados para ese propósito. Hace treinta años, sin embargo, los "salvajes" éramos nosotros.

El impacto más grande que experimenté fue escuchar la palabra *spic*, aplicada a los hispanos como término peyorativo. No entendía por qué me llamaban *spic*, hasta que alguien me explicó que la palabra era derivada de la forma en que el hispano pronuncia el verbo *to speak*, acortando el sonido de la vocal. Específicamente, no entendía por qué me decían, "*Spic*, ¿por qué no regresas al país de donde viniste?", cuando ninguno de los antepasados de aquellos "nativos" eran de aquí tampoco.

A los afroamericanos les apodaban otra palabrita aún más monstruosa, derogatoria de "negro". Asimismo, éstos tenían que sentarse en la parte trasera de los ómnibus, o permanecer de pie, aun cuando hubieran asientos disponibles en el frente. A mi tata Idalia, por ejemplo, no la dejaban sentarse con nosotros en el autobús; se tenía que sentar en el último asiento de atrás, porque a los negros no se les permitía viajar junto a los blancos. Yo no comprendía este tipo de situación, porque en Cuba los blancos y los negros se sentaban juntos. Tampoco entendía el prejuicio que los americanos tenían contra los judíos, porque a mí todos me parecían idénticos, y se llamaban Kevin y John y Stephanie igual que ellos. De nuevo pensaba en Cuba, donde todos éramos cubanos, sin que importara la raza o la religión.

En Miami la discriminación era total en los años sesenta. Cuando la tata Idalia nos llevaba a hacer pipí en los baños públicos, no podía entrar con nosotros, porque tampoco los negros podían entrar a los baños de los blancos. Si tomábamos agua en bebederos públicos, ella no podía beber de la misma agua que nosotros, sino tenía que ir a un bebedero aparte. Y fue así, enfrentándome a la realidad, que comprendí el odio acérrimo que los americanos tenían a los negros. En Cuba no había sido así. Cuba era clasista y elitista, sí... pero no existía el odio que ahora yo percibía a mi alrededor. Puedo asegurar que aprendí lo que es el prejuicio y el odio en los Estados Unidos, en Miami. Por primera vez en mi vida me enfrenté a una situación que jamás pude imaginar que existiera.

Mi abuelo cool. Este señor, elegante y moderno que siempre olía a jazmín, es mi abuelo Francisco Saralegui cuando enamoraba a mi abuela Amalia. *(Album de la familia)*

¡Gracias, Napoleón! Mi papá enamoró a mi mamá copiándose las cartas que Napoleón, el emperador francés, le escribía a su amada Josefina. Mis padres se casaron en la iglesia de Santa Rita, en el reparto de Miramar en La Habana. *(Album de la familia)*

Mi bautizo. Me bautizaron en casa de mis abuelos Francisco y Amalia. *De izquierda a derecha:* mi abuelo José Santamarina, mi bisabuela Lucila Cuesta, mi abuela Nena Díaz, mi otra bisabuela Carmen Iviricu, mi abuela Amalia Alvarez, mi abuelo Francisco Saralegui, mi mamá Cristina Santamarina, el Padre Ezequiel Iñurrieta, mi papá Francisco Saralegui Jr. y mi tía Terina Santamarina. *(Album de la familia)*

Comienzos. Mi abuelo Francisco (Aitá), mi abuela Amalita, mi tía Marta (sentada) y Bebo, mi papá (cargado). Después vendría mi tío Jorge. *(Album de la familia)*

¡Qué sabroso ese dedo! Me lo chupé tanto que creció más que el de la mano izquierda. *(Album de la familia)*

¡Mi primer año! Por supuesto, me hicieron una tremenda fiesta y aquí estoy junta a mi mamá. A su lado está mi tía Terina cargando a mi prima Maritere. *(Album de la familia)*

La bailarina. De niña me pusieron en clases de ballet, piano y danza española, pero hoy en día prefiero bailar salsa y merengue, gracias a las clases que me daba mi nana, una negrita que sabía muy bien cómo mover el esqueleto. *(Album de la familia)*

Los Santamarina. A la izquierda me encuentro junto a mis padres. En el centro está mi abuela Mamamía, cargando a mi hermana Vicky. A su lado están abuelo Pelusa, mi prima Maritere y mi tía Terina. Atrás de ellos están mis tíos Pepito y Julio. *(Album de la familia)*

La última. Esta es la última foto que nos tomaron en Cuba, y para mí es como un tesoro. Estoy en el patio de mi casa de Miramar con mi papá y mis hermanos: Vicky, Patxi y María Eugenia. Mi hermanito, Iñaki, nació en el exilio. *(Album de la familia)*

Como una santa paloma. Así me sentí el día de mi primera comunión. Aquí estoy con Moñoña y Mamamía, mis abuelitas. *(Album de la familia)*

Volver a empezar. Esta es la primera foto de mi vida en USA. Vivíamos en una casita de tres dormitorios en Key Biscayne y aquí estábamos listos para ir a misa. *(Album de la familia)*

Los 15. Mi fiesta de quince fue inolvidable. Mis padres me los celebraron en el Key Biscayne Yacht Club. Ya, para entonces, había mejorado la situación económica. *(Album de la familia)*

Colegio de monjas. Aquí estoy *(a la izquierda)* uniformada junto a mis compañeras de último año de secundaria en la academia de la Asunción. *(Album de la familia)*

Hogar dulce hogar. Todos los hermanos reunidos en nuestra casa de Key Biscayne. *De izquierda a la derecha:* Vicky, mi cuñada Camía, Patxi, María Eugenia, yo, y abajo, Iñaki. *(Album de la familia)*

Mis maestros. Aquí estoy junto a Frank Calderón, primer director de *Cosmopolitan* en español, y Helen Gurley Brown, creadora de *Cosmopolitan* en inglés, durante el lanzamiento de *Cosmo* en México. Ahí conocí a Helen. *(Album de la familia)*

Mi pequeño mundo. En este pequeño cubículo de *Cosmopolitan*, lleno de fotos motivacionales, aprendí a hacer revistas. *(Album de la familia)*

Contacto boricua. A la izquierda, mi amigo Iván Frontera, que fue quien me presentó a Walter Mercado. Ese día entrevisté por primera vez a Walter. *(Album de la familia)*

No fue en Domingo, sino en mi primer viaje a México que entrevisté a Raúl Velasco. Raúl es uno de los amigos que conservo desde mis inicios como periodista. *(Album de la familia)*

"Cristina, me estoy divorciando de Isabel Preysler." Eso me dijo Julio Iglesias cuando me llamó de Argentina, después de que yo lo había entrevistado en Miami. Ya la revista estaba en la planta impresora y nos tocó pararla para colocar la noticia. Ese día supe que Julio era honesto y buen amigo. *(Album de la familia)*

Por ti regresé, John Travolta. Yo me retiré cuando nació mi hija Titi, pero me enamoré tanto de John Travolta que vi *Saturday Night Fever* como veinte veces y me propuse volver al periodismo para entrevistarlo. *(Album de la familia)*

Nuestra señora, la directora. Cuando me nombraron directora de *Cosmopolitan* en español, Helen Gurley Brown, la directora de *Cosmo* en inglés, se convirtió como en mi mamá profesional. *(Album de la familia)*

Aquí empezó todo. Esta es una foto histórica, fue la primera sesión fotográfica del Miami Sound Machine para la revista *Cosmopolitan* y el día de mi primera pelea con Marcos. *(Al Freddy)*

Mi padrino, Gloria Estefan. El día que me casé con Marcos, yo elegí a la madrina y Marcos al padrino. Gloria fue nuestro padrino porque era la mejor amiga de él. En la foto están también Kiki García, Emilio, y mi hija Titi. *(Adolfo Alvarez)*

"Yo quiero vivir debajo de tu buró." Eso me decía Marcos locamente enamorado y se pasaba horas y horas en mi oficina mirándome trabajar. *(Adolfo Alvarez)*

Bye, bye, Conga. En 1987, y después del enorme éxito de "Conga," Marcos decidió retirarse del Miami Sound Machine y abrirse camino como promotor de artistas, fundando MagikCity Media. Aquí con él: Gloria y Emilio Estefan y Kiki García. *(Adolfo Alvarez)*

Su otro amor, el bajo. Aunque hoy sea mi mánager y esté vinculado como empresario a varios proyectos, la gran pasión de Marcos es la música. Desde jovencito comenzó a tocar el bajo. *(Daniel Godoy)*

Cuando yo era vieja… Mírenme al principio de *El Show de Cristina*. ¡Parecía una matrona! Al verme en televisión, fui puliendo mi imagen. *(Adolfo Alvarez)*

Sí, se puede. Con disciplina, sacrificio, ejercicio, dieta, y muchas ganas, logré bajar de peso y desarrollar músculos en mi abdomen. Esta foto siempre me sirve de inspiración cuando me paso de peso. *(Frank Pichardo)*

La mulata de fuego. Así le decían a mi hija Titi en la familia, pues fue la primera trigueña después de un festival interminable de blancos y rubios. *(Album de la familia)*

Mi compañera de trabajo. Como no tenía alguien que cuidara a mi hija, me la llevaba conmigo a todas las entrevistas. Siempre hemos sido muy amigas. *(Adolfo Alvarez)*

Igualita a su papá. Después de ver esta foto de Tony Menéndez, el padre de mi hija, bailando con ella, ya deben saber a quien se parece Titi. ¿Verdad? *(Album de la familia)*

"¡QUE LESBIANA MAS ATREVIDA!"

Aparte de las regulaciones basadas en la discriminación, también habían otros tabúes a los cuales tuvimos que enfrentarnos apenas arribamos a la adolescencia; definitivamente, *nuestras* costumbres en Cuba eran muy diferentes a las de *ellos* en los Estados Unidos.

Recuerdo el día en que asistí a mi primera fiestecita de adolescentes, en casa de una compañera de clase, norteamericana ella. En cuanto me abrió la puerta mi amiguita junto a su mamá, lo primero que hice fue darle un beso. En Cuba —así como en todos nuestros países— uno se saluda con besos en la mejilla. Pero en aquella ocasión, todo el que me vio se quedó atónito, como pensando para sí "¡Qué lesbiana más atrevida esta cubana! Y a los doce años". Y yo, inocentemente, sólo estaba besando a mi amiga y a su mamá, como me habían enseñado a mí a hacer en mi país.

Esas fiestas de norteamericanas eran muy extrañas para mí. Mis padres nos llevaban, y nos dejaban —a mis primas, a mis amiguitas cubanas y a mí— en las casas donde suponían que estaríamos seguras... sólo que en aquellas casas los padres brillaban por su ausencia. No habían chaperonas ni adultos que se responsabilizaran por los menores de edad. Lo primero que hacían los muchachos era subir el volumen de la música, apagar las luces e irse en pareja para las habitaciones de los padres. Aquello, para nosotras las cubanas, era como si nos hubiesen tirado en paracaídas en una orgía romana. Por lo tanto, nos quedábamos aterradas en la sala, con las carteras en la mano, esperando que nos vinieran a buscar. A veces los dueños de la casa llegaban a las once de la noche, y entonces nos echaban para el jardín. ¡Imagínense la besadera y la tocadera de cosas en el jardín! Y nosotras totalmente enajenadas en una esquina.

Una vez que mis padres se enteraron que no habían chaperonas en aquellas fiestas, me asignaron —por tradición— a la tía Tita, quien siempre estaba lista para entrar en acción, con su cartera colgada del brazo y un suéter con botoncitos de perlas, por si sentía frío. Y cuando asistíamos a los bailes de los colegios, a tía Tita no le bastaba con permanecer sentada a una mesa ejerciendo su vigilancia para que no me tocaran. ¡Ella se acercaba a la pista de baile! Y si mi compañero de turno y yo nos escondíamos detrás de las columnas para darnos uno que otro beso furtivo, tía Tita me amenazaba con contárselo a mi papá. ¡De más está decir que estuve cargando con tía Tita hasta los diecinueve o veinte años!

Una vez que me liberé, me zafé las trenzas, solté el lastre y jamás miré hacia atrás ni para ver lo que había dejado. No obstante, no quiero dejar atrás esta época y comenzar un nuevo capítulo, sin recapitular sobre ese fenómeno que fue el exilio cubano en Miami.

4 | LOS CUBANOS EN EL EXILIO

Siempre he repetido que los hispanos son "mi gente", y que los cubanos son "mi tribu". Quiero, en las páginas de este libro, ofrecer un recuento de la evolución de mi tribu en el exilio, y hacer un ligero análisis, afectuoso y jocoso, del carácter especialísimo del cubano.

"EL ULTIMO AMERICANO..."

En 1959, la primera diáspora de exiliados arribó a Miami, donde el gobierno norteamericano los acogió como refugiados políticos. Todos pasaron por la llamada Torre de la Libertad, o Centro de Refugiados, que los cubanos apodaron *el Refugio*, ubicada en el centro de la ciudad. Allí se inscribían para recibir servicios sociales y ayuda económica. Si bien algunos cubanos privilegiados que emigraron de Cuba mantenían cuentas en bancos americanos y suizos, otros muchos salieron solamente con cinco dólares en el bolsillo y la ropa que llevaban puesta. Médicos, abogados, banqueros y maestros aceptaron trabajos de ascensoristas, lavaplatos, meseros y limpiadores de inodoros en los grandes hoteles de Miami Beach. La mayoría permaneció en Miami, aunque muchos otros se recolocaron en Chicago, Nueva York y Nueva Jersey.

Miami sufrió el impacto de aquella primera oleada de cubanos exiliados. Poco a poco se desató un gran resentimiento por parte de los norteamericanos, a quienes les contrariaba ver letreros en español por todas partes, y escuchar el idioma en tiendas y supermercados. Recuerdo que mientras yo estudiaba en la universidad, era frecuente ver una calcomanía que los norteamericanos pegaban a la defensa trasera de sus automóviles, y que decía, en inglés: "El último americano que se marche de Miami, por favor, traiga la bandera". Pero a pesar de ese rechazo, Miami y una de sus arterias principales (el Tamiami Trail, bautizada nuevamente como Calle Ocho) se convirtió en el eje emocional del exilio cubano. Miami fue, y continúa siendo, el epicentro del volcán dormido que se llama "la cubanía". Todos los cubanos en el exilio, inevitablemente, queremos vivir en Miami; si radicamos en otras partes de los Estados Unidos, con el tiempo regresamos, y si no, añoramos las visitas anuales a la capital del exilio.

Poco después del arribo de los cubanos, comenzaron a surgir en la ciudad los rascacielos, los gigantescos centros comerciales, los restaurantes, las tiendas y negocios de todo tipo. El español también se fue convirtiendo en el segundo idioma de la ciudad. Poco a poco, aquellos médicos, maestros y abogados que tanto lucharon por salir adelante, revalidaron sus licencias; los banqueros pasaron a formar parte de las juntas directivas de los bancos, y muchos llegaron a ser sus presidentes. Y una vez que se hicieron ciudadanos norteamericanos, los cubanos comenzaron a ocupar posiciones gubernamentales. Por ejemplo, un sobrino de la ex esposa de Fidel Castro, Lincoln Díaz-Balart, es hoy en día un congresista republicano del estado de la Florida, en Washington, D.C.; Ileana Ros-lehtinen es, también, congresista por el estado de la Florida; y el actual alcalde de Miami, Joe Carollo, es cubano, lo mismo que el alcalde del condado de Dade, el Doctor Alex Penelas.

En 1961, una vez que Fidel Castro nacionalizó la industria extranjera (incluyendo la norteamericana), Estados Unidos rompió relaciones con Cuba y retiró su embajada de La Habana. Todos esperábamos una represalia por parte de los Estados Unidos, y cuando John F. Kennedy fue elegido a la presidencia, el gobierno norteamericano —a través de la C.I.A. (Agencia Central de Inteligencia)— entrenó en países latinoamericanos a unos 1,500 jóvenes cubanos exiliados, que jamás habían agarrado un rifle en sus manos, para invadir a Cuba. Se planificó la fallida invasión de la Bahía de Cochinos, en Playa Girón, ubicada en la costa sur de la isla. Pero el gobierno estadounidense desconocía por completo la topografía de la región, incluso ignoraba que Fidel Castro mantenía una casa de playa en Playa Girón, donde existía una seguridad máxima de tanques y aviones soviéticos.

La operación resultó un desastre. El Presidente Kennedy había asegurado a los invasores el apoyo de la aviación norteamericana, así como el rescate inmediato en caso de que fuesen capturados. El apoyo aéreo de Estados Unidos nunca llegó. Muchos cubanos murieron en el desembarco; la mayoría fue hecha prisionera y llevada a La Habana, donde fue encarcelada. Años más tarde los presos fueron intercambiados por dinero de Washington y de las propias familias. Muchos cubanos jamás perdonaron al Presidente Kennedy por el fracaso de la invasión, considerando que se debió a la alta traición del presidente demócrata. No es de extrañar que la afiliación política de esta primera y segunda generación de cubanos sea tradicionalmente republicana. Ronald Reagan ha sido, probablemente, el presidente norteamericano más popular entre los cubanos; visitó en varias oportunidades la ciudad de Miami, augurando la pronta libertad de Cuba. En varios restaurantes de la Calle Ocho aún cuelgan las fotografías del Presidente Reagan, vistiendo la clásica guayabera cubana, junto a sus propietarios.

En verdad, ha habido una gran desinformación con respecto a la realidad cubana. Durante la década de los sesenta, durante las represiones más fuertes de la entonces Unión Soviética contra las rebeliones de sus naciones satélites, y las medidas crueles de Mao Zedong en la China contra los homosexuales, Fidel Castro estableció campos de concentración en la isla, para no sólo homosexuales, sino todo tipo de disidentes, incluso Testigos de Jehová y jóvenes que llevaban el cabello largo y cuyo único delito era querer escuchar la música de los Beatles. Cineastas surgidos en el propio exilio cubano documentaron estas atrocidades en filmes como

Conducta Impropia (del famoso cineasta Néstor Almendros, ya falle-cido, y Orlando Jiménez-Leal), y *Nadie Escuchaba*, realizada por Jiménez-Leal y Jorge Ulla, quien, por cierto, dirige hoy mis co-merciales para la AT&T (American Telephone and Telegraph Company).

Durante el gobierno del Presidente Jimmy Carter llegó a los Estados Unidos otra oleada de refugiados cubanos, invitados por el propio Presidente Carter, y Miami experimentó otro fenómeno: los Marielitos. Pero el éxodo de Cuba nunca se ha detenido; se ha mantenido constante. En 1980, un numeroso grupo de cubanos trató de asilarse en la Embajada del Perú, en La Habana. El go-bierno cubano insistía en que el embajador peruano los echara a la calle, pero éste insistía en llevarlos a Lima. Fidel Castro, en un gesto desafiante, ordenó que sus fuerzas represivas permitieran que se asilara el que así quisiese... sólo que no contaba con que más de 100,000 personas, de todas las clases sociales, corrieran tam-bién a asilarse para poder salir del país como una manada espan-tada. Entonces, en una jugada demoníaca, Castro abrió las cárceles y los asilos de dementes, y abrió el Puerto de Mariel (en Pinar del Río), para que de allí zarpara la interminable flotilla embarca-ciones con ex presos políticos, disidentes, intelectuales, escritores, académicos... y criminales.

Sin embargo, lo mismo que sucede con la temporada de hura-canes, Miami se adaptó al mal tiempo, y una década más tarde los Marielitos ya estaban asimilados, no necesariamente a la cultura norteamericana dominante, sino a la suya propia ya establecida. Con su equipaje marítimo trajeron una nueva infusión de música y cultura que le añadió todavía más salsa a la cazuela de cubanos en el exilio.

Tres generaciones después de la llegada de los primeros cubanos a Miami, el exilio cultivó un producto casero, pero híbrido: los yuccas. La yucca es un tubérculo cubano que tradicionalmente se come con lechón asado, arroz blanco y frijoles negros. Alguien acuñó la sigla que en inglés significa *Young Up and Coming Cuban Americans*... algo así como "jóvenes cubanos profesionales promi-nentes", el equivalente de los llamados yuppies (jóvenes profesionales urbanos), su contraparte estadounidense. Los yuccas son más flexibles que las generaciones anteriores de cubanos en cuanto a sus puntos de vista. En su mayoría son demócratas liberales, y —a la inversa de sus recientes antepasados— se solidarizan con otras culturas latinas y grupos minoritarios. Hablan con fluidez tanto el español como el inglés, pasando del uno al otro con la mayor naturalidad del mundo. Pero a pesar de su pluralidad, de expresar su desacuerdo con el embargo económico impuesto a la isla por el gobierno de los Estados Unidos, y apoyar en diferentes niveles el diálogo directo con el gobierno de Fidel Castro, esta nueva generación de cubanos en el exilio también se ha responsabilizado en exponer, en forma objetiva y gráfica, la opresión e injusticias de la revolución castrista.

"¿QUE CULPA TENGO YO... DE HABER NACIDO EN CUBA?"

Así canta la cantautora guajira Albita Rodríguez, refiriéndose a esa necesidad que tiene el cubano de salir adelante, de mantener vigente sus costumbres, su música y sus raíces, y de no asimilarse. Quisiera compartir aquí algunas de las idiosincrasias de mi tribu, un grupo integrado por personajes altamente individualistas, hiperbólicos y bastante idiosincrásicos por naturaleza.

El cubano todavía se viste con la clásica guayabera, una camisa de hilo que era el atuendo masculino tradicional en la isla. En el exilio ya hay hasta guayaberas creadas por diseñadores, y muchas mujeres las incluyen también en su vestuario más elegante.

Los cubanos somos gente tropical, cálida y bailadora. Las caderas y los hombros de los cubanos son partes del cuerpo que cobran vida propia. Si un cubano escucha el repicar de un bongó, el sonido de unas maracas o el ritmo de unos tambores, inmediatamente se le desplazan las caderas y éstas se mueven independientemente del resto de su cuerpo. No importa que sea una señora encopetada vestida de hilo de pies a cabeza, el presidente de un banco, un vendedor de flores, una dependienta o un niño. Desde el más rico hasta el más humilde, desde el más viejo hasta el más joven, todo el mundo menea el esqueleto sin poder evitarlo, en cuanto escucha su música.

Para nosotros la *salsa* es un ritmo que se baila y que alegra al espíritu, no algo que se le echa por encima a la comida.

Nosotros no comemos picante, pero le echamos ajo absolutamente a todo. A lo que no le echemos ajo le ponemos azúcar, porque es un postre. Y, por supuesto, le echamos mucho azúcar al café cubano, que es nuestra gasolina, y tan potente como la nitroglicerina. Cuando mi esposo Marcos y yo viajábamos, al principio del programa *Cristina*, notábamos que con frecuencia nos sentíamos cansados. Hasta un día que nos dimos cuenta que nos faltaba el café cubano. Nos tomábamos decenas de tazas de café americano y no nos despertábamos debidamente. Entonces nos compramos una cafetera de café cubano portátil para prepararlo nosotros mismos en los hoteles de las ciudades que visitábamos de gira. No será elegante, ¡pero al menos llegamos a los sitios despiertos!

El hogar típico cubano debe tener siempre por lo menos de doce a quince latas de productos criollos, y estatuas y estampitas de varios santos.

Su nombre deberá incluir por lo menos entre dos y tres segundos nombres y apellidos; por ejemplo, María Cristina de las Nieves Santamarina de Saralegui, que es mi madre.

Hay que amar los pasteles de guayaba; es más, hay que amar todo lo que contenga guayaba.

Todos estamos dominados por un deseo bestial de ver nuestra "tierra natal", aunque no hayamos nacido en ella.

A los comunistas los detestamos como al mismísimo diablo.

Cuando vamos a hacer el examen para obtener nuestra ciudadanía norteamericana, otro amigo cubano por lo general nos consigue un papel con todas las respuestas a las preguntas que nos harán… de antemano.

Los cubanos siempre salimos a todas partes en manadas, o al menos en grupo. ¡Nunca vamos solos! La familia entera sale a los restaurantes o a otros lugares sociales de reunión. Es más, en la mayoría de las familias cubanas, si no viven todos sus miembros juntos, al menos se ubican en el mismo vecindario, y casi siempre en la misma ciudad.

Los abuelos cubanos siempre se involucran en los asuntos de sus hijas e hijos, y les gusta vivir con ellos. Son chismosos, siempre se inmiscuyen en todo, y tienen que saberlo todo. Les encanta que los nietos los prefieran a ellos en vez de a los padres; los compran con regalos, y los engordan con comida.

Los hijos mantienen a sus padres durante la vejez.

Los productos básicos de la dieta cubana son: carne de puerco, frijoles negros, arroz blanco, plátanos, flan y natilla, guayaba y, por supuesto, café... que se sirve en unas tacitas del tamaño de un dedal grande, ¡y es pura gasolina!

La mayor parte de nuestras comidas es muy grasienta, bien sazonada con ajo, y, por supuesto, engorda. Ser gordo en Cuba — ya fuese un bebé o una persona mayor— no era mal visto. Significaba que la persona era saludable y estaba lo suficientemente bien, económicamente, para comprar bastantes alimentos. Cada vez que yo le digo a mi papá, "¡Ay papi, por Dios, qué panza más grande tienes!", él invariablemente me responde: "¡Y el dinero que me costó!"

Cuando asistimos a una fiesta o a cualquier reunión social ofrecida por cubanos, siempre hay que recordar que la hora que está marcada en la invitación es "hora cubana"; se espera que todo el mundo llegue por lo menos una hora después de que empiece la fiesta. Es más, si llegamos con puntualidad, lo más probable es que nos miren mal. Además, nos exponemos a que la anfitriona todavía se encuentre en bata de casa y con rulos en el pelo.

Los cubanos somos muy habladores (nos encanta alzar la voz); además, lo tocamos todo. Siempre estamos tocándonos los unos a los otros y besándonos los unos a los otros... a los niños, a los amigos, a los parientes y hasta a la gente que acabamos de conocer.

Los niños van a todas partes con los padres, incluyendo las fiestas de noche; siempre son el centro de la atención.

Los temas de conversación más populares son, por supuesto, Cuba, el comunismo y Fidel Castro.

Como los cubanos creemos que es mala educación no reconocer la presencia de otro, cuando estamos esperando en el consultorio de un médico, por ejemplo, y entra un desconocido, nos sentimos obligados a saludarlo, pero cariñosamente, como si se tratara de un pariente. Y la gente que espera en la antesala habla entre sí de las cosas más íntimas... ésas que a veces no se discuten ni en *El Show de Cristina*. Las cosas que yo he escuchado en el consultorio de mi ginecólogo, como dos mujeres hablando de las intimidades más profundas, me ponen los pelos de punta. Pero así somos, confianzudos. Por eso, en cualquier supermercado o farmacia, saludamos a la cajera como si se tratara de una vieja amiga. "¿Qué tal?" es el saludo tradicional, el cual de inmediato le da pie a esa cajera para enfrascarse en una conversación completa que casi siempre comienza con un "Imagínate...".

Porque todos, por supuesto, todos nos tratamos de tú. Un cubano se siente incómodo si habla con otro cubano y le tiene que decir "usted". Si alguien discute sobre cualquier tema en público, inclusive los desconocidos meten la cuchareta para dar su opinión. Y si alguien les pregunta el por qué de esa opinión, la respuesta es invariablemente un absoluto "¡Porque sí!".

Los cubanos están por todas partes, hasta en los lugares más insólitos. Por ejemplo, las vacaciones favoritas para nosotros — que somos tan tropicalones, y vivimos todo el año en el calor— es ir a esquiar en la nieve. ¿Qué cosa más norteamericana y más atípica para nosotros que ir a esquiar? Recuerdo que el primer año que yo quise aprender a esquiar en la nieve, me fui con mi marido y mis dos hijos a Beech Mountain, Carolina del Norte. Nos tomó dos días llegar a aquel lugar, un pueblecito que parecía una postal, con la nieve, los arbolitos de Navidad, los lazos rojos y las cerquitas de madera. Alquilamos los esquís, nos montamos en el remonte para subir la montaña, y una vez en la cima, ¡nadie hablaba inglés! ¡Todos eran cubanos! ¡Y nosotros que queríamos ser tan americanos y escaparnos del cubaneo! Resulta que estábamos todos buscando el sueño americano de esquiar en la nieve.

Observamos las tradiciones, cueste lo que cueste. Una vez alguien me contó de unos cubanos que se fueron a Colorado a los esquiar, y casi quemaron el hotel donde estaban hospedados. Como era época de Navidades, y como todos los cubanos en Navidad comemos tradicionalmente el lechón asado, esos cubanos estaban tratando de asar un puerco en la bañadera... ¡y casi incendiaron el hotel completo!

LOS CUBANOS, LOS HOSPITALES Y LOS FUNERALES

Los cubanos, en conjunto, somos casos casi clínicos en todo lo que se refiere a los médicos y a los hospitales. Cuando un cubano se enferma, la familia entera acompaña al paciente al consultorio del médico. Y si no es toda la familia, por lo menos van dos personas más con el enfermo. Y todas las decisiones que deban ser tomadas, que tengan que ver con la enfermedad de la persona, se hacen también en conjunto. Es más, si el enfermo está grave, es él el último en enterarse. Y si se va a morir, lo sabe la familia entera menos la persona que está agonizando, que probablemente es la única que queda con el más mínimo sentido común. Por supuesto, la enfermedad completa y todos los procedimientos médicos son tema de discusión para cualquiera que esté presente en el consultorio del médico.

Cada vez que se reunen dos viejos cubanos, conversan interminablemente de enfermedades, comparando síntomas. El médico americano cita a una hora determinada, y es puntual para recibir a su paciente. El médico cubano, por el contrario, hace esperar a sus pacientes... por lo menos una hora. ¡Menos mal que las salas de espera de los médicos cubanos son tan entretenidas!

Recuerdo la última vez que fui a hacerme una mamografía a un centro de diagnóstico. Siendo cubana, siempre que voy, por supuesto, me acompaña mi amiga Teresita, que es mi asistente personal desde hace diecisiete años; además, ella asegura que vamos juntas porque "nos hacen cuatro senos por el precio de dos". Las enfermeras de ese centro son tan pintorescas, que al aparato que oprime los senos para la mamografía le llaman la tostonera, porque los cubanos tenemos un artefacto similar para aplastar los plátanos y convertirlos en lo que nosotros llamamos tostones. Así que los senos se convierten en *tostones* y la máquina para tomar el mamograma en tostonera. En fin, hacemos cualquier cosa con tal de burlarnos de una situación determinada.

En los hospitales somos peores. Una vez estaba visitando a uno de mis productores, que en paz descanse, cuando se hallaba ingresado en el hospital Jackson Memorial de Miami, ya grave, en sus últimos días con SIDA. Estaban la familia de él, muchos amigos y compañeros de trabajo en su habitación, que se encontraba en el ala de SIDA del hospital. Recuerdo que las enfermeras que lo atendían entraban vestidas como de astronautas, con guantes de goma y máscaras, mientras que todos los cubanos, todos los amigos, toda la familia, todo el mundo, estábamos sentados en la cama del enfermo comiendo galleticas, y llenándole las sábanas de migajas.

Una regla en los hospitales de los Estados Unidos, es que hay horas fijas de visita; y nunca se permiten más de dos personas a la vez en la habitación del enfermo. Por supuesto, los cubanos vamos todos juntos a visitar al enfermo, y convertimos la ocasión en una reunión. Entonces, para que no nos echen del lugar, porque siempre nos pasamos de la hora de visita, todos nos escondemos en el baño del enfermo, y dejamos solamente dos personas a la vista. Cuando las enfermeras entraban al cuarto de mi amigo, y se encontraban a un gentío sentado en la cama del enfermo del SIDA, comiendo galleticas y entrándose a besos, nos armaban tremendo escándalo… pero no nos íbamos.

Muchos cubanos aún practican una religión afrocaribeña que se llama Santería, y cuyos rituales incluyen algunos sacrificios de pollos, chivos u otros animales. Aquella noche, nuestro amigo —que prácticamente estaba agonizando— estaba doblado de la risa haciéndonos el cuento del cubano del cuarto de al lado, que también estaba enfermo de SIDA. Aparentemente había santeros en la familia, porque, según mi amigo, cuando entraron las enfermeras americanas a la habitación al día siguiente, se espantaron al encontrar sangre de pollo en la alfombra. ¡Mi amigo estaba convencido que los cubanos habían practicado un ritual de Santería dentro del pabellón de SIDA del Jackson Memorial! Y también me contó que pudo escuchar el sonido de los tambores durante toda la noche. Quizás las enfermeras no se atrevieron ni a entrar.

Si tuviera que usar una sola palabra para describir el carácter del cubano, eligiría el termino "surrealista". Con ese sentido trágico de la vida que ha sido heredado de los españoles, combinado con su perenne alegría y capacidad para el *choteo* (es decir, la burla a todo), se las arreglan para encontrar momentos de esparcimiento hasta en los funerales.

Los cubanos hacen dos cosas en los funerales: cuentan chistes verdes y comen en todo momento. Todas las funerarias cubanas incluyen una pequeña cafetería al lado, y los dolientes se pasan toda la noche comiendo sandwiches cubanos y tomando café con leche. ¡Y es que los cubanos curan todos los males —ya sean del cuerpo o del espíritu— con una sopa de pollo o con un café con leche! Por supuesto, a los funerales asiste todo el mundo, conozcan o no conozcan al difunto. Quizás conozcan a un pariente lejano, o a alguien que trabajó con él, o que lo conoció durante su infancia o en su juventud, o un amigo que era amigo de un novio de una prima tercera. Nadie ha de faltar, porque los cubanos estamos muy conscientes de la importancia de quedar bien con la familia de todo el mundo. Y, por supuesto, en las funerarias hay numerosos butacones cómodos, porque los dolientes, y muchos de sus amigos, duermen junto al muerto durante toda la noche. Además, los visitantes aterrizan en la funeraria a cualquier hora del día o de la noche.

PROFETAS CON SU TIERRA A CUESTAS

Los cubanos llevan su tierra a cuestas a dondequiera que llegan, como el caracol que carga con su carapacho. Así dice la canción de la cantautora cubana Marisela Verena.

Muchos cubanos se niegan a aprender inglés, sobre todo los cubanos mayores. ¿Por qué? La realidad es que un cubano puede nacer, crecer, desarrollarse y morir en Miami, sin tener que pronunciar una palabra en inglés durante toda su vida. Y aunque los cubanos hablen inglés perfectamente, y utilicen el idioma en el trabajo, una vez que se reúne un grupo de cubanos en una situación social, no toma mucho tiempo para que todos estén hablando en español. Y si hay americanos presentes, usualmente éstos se quedan en Babia, sonriendo beatíficamente en una esquina... con una croqueta y un Cuba Libre en la mano.

Alguien que tiene su cubanía altamente exagerada es considerado un *cubanazo* entre los mismos cubanos. El cubanazo habla con un tono de voz muy alto, vociferando, no tiene buenos modales, y se jacta de que "los cubanos son la mejor raza del mundo". Generalmente usa muchas prendas de oro (reales o de fantasía), ropa imitación de diseñadores y prendas de poliéster... hasta la guayabera. Y cuando le pasa una mujer voluptuosa por el lado, le dice: "Maaami, ¡qué buena estás!", con lo que quiere decir que es agraciada.

Voy a citar algunos comentarios incluidos en un artículo titulado "El profeta", por el conocido escritor cubano Luis Aguilar León, quien es el único hombre que estudió con Fidel Castro, en La Habana, y luego fue profesor del actual Presidente Bill Clinton de historia de Europa e historia de América Latina, en la Universidad de Georgetown (en Washington, D.C.), en 1967 y 1968.

"Los cubanos creen en el Catolicismo, en Changó, en la lotería, en la Santería, y en los horóscopos, sin encontrar contradicción alguna entre estas cosas. No creen en nadie y creen en todo el mundo al mismo tiempo. Como siempre lo saben todo, no tienen necesidad de leer. No tienen necesidad de viajar porque lo han visto todo. Piensan que son la raza elegida... por ellos mismos. Caminan entre los demás como Jesucristo, encima del agua.

"Generalmente son simpáticos, dicharacheros e inteligentes, y se reconocen en grupos porque hablan alto y son muy apasionados.

"Un cubano puede conseguir lo que quiera en este mundo si se lo propone, menos la admiración y el aplauso de los demás cubanos. Cada vez que un cubano triunfa, los demás cubanos lo critican.

pro"Somos los reyes de la exageración, no tenemos medida. Si un cubano te invita a comer, no te invita al mejor restaurante de la ciudad, te invita al 'mejor restaurante del mundo'. Y cuando discuten, no dicen, 'no estoy de acuerdo contigo', sino 'estás completamente equivocado'. ¡Son los únicos poseedores de la verdad!

"Tienen una tendencia hacia el canibalismo verbal. Sus frases favoritas todas contienen el verbo comer. '¡Te la comiste!' es señal de aprobación y admiración. 'Se está comiendo un cable' significa que alguien está atravesando por una situación crítica. Y decirle a alguien que es 'un comemierda' es el máximo insulto de la isla. Y del exilio.

"Los cubanos siempre tienen la solución de todo antes de saber siquiera cuál es el problema. Todos sabemos cómo acabar con el comunismo en el mundo, resolver los problemas de Latinoamérica, erradicar el hambre de Africa, y enseñarle a los Estados Unidos cómo ser el país más poderoso del mundo".

5 | MI VIDA A.C. (ANTES DE *CRISTINA*)

Solamente tenía doce años de edad, y vivía en Key Biscayne, cuando definí mis primeras metas en la vida. Un día, mientras ponía la mesa para la cena (conjuntamente con mi hermana Vicky y mi mamá), pregunté: "¿Y por qué Patxi no tiene que poner la mesa...?" Mi mamá —con esa sabiduría conspiratoria que se traspasa de generación en generación para perpetuar el yugo— me respondió: "Porque en la vida todo el mundo tiene que justificar su existencia trabajando. Los hombres trabajan en la calle y traen el dinero para la casa. Las mujeres trabajamos en la casa, apoyándolos. Lavamos los platos, cocinamos, y hacemos todos los quehaceres de la casa".

¡Eureka! Ese día se me prendió el bombillo, y me di cuenta que mi diseño existencial no incorporaba la palabra "escoba". No la encontraba escrita por ninguna esquina de mi psiquis. Y supe, desde ese mismo instante, que si yo odiaba lavar los platos, poner la mesa, cocinar y hacer todos "los quehaceres de la casa" (como decía mi mamá), iba a tener que trabajar muy duro en la calle, como un hombre, para ganar el dinero para mi familia. De otra manera, me engancharían el cocinado, el fregado y el lavado. ¡Ese instante iluminador de mi adolescencia fue el comienzo de mi batalla! Este es el comienzo de la batalla de todas.

DE "CUBANAZA" A "AVENTURERA"

A los doce años decidí que quería *ser como un hombre.*

A los trece decidí que iba a ser una aventurera.

Ya me venía dando cuenta que cuando a un hombre le llamaban "aventurero", aquello era algo positivo. Significaba que quería ser pirata, o quería ser cowboy, o quería ser policía. Pero cuando decían que una mujer era "una aventurera", se referían a una mujer con una faldita abierta hasta las nalgas, recostada a una pared fumando y levantando hombres. Era *mala*. Quería decir... "prostituta".

Por supuesto, de pequeña no entendía cuál era el problema de semántica entre *aventurero* y *aventurera*. ¿Por qué las cosas cambiaban tanto con una simple vocal... ? Me enojaba y molestaba hasta la peineta con el asunto. Ahora me doy cuenta que desde que tengo uso de razón, tuve un problema con esa situación —un conflicto que definió mi vida entera.

La realidad es que siempre he tenido problemas con la autoridad, y con el concepto que prevalece de que "los hombres son diferentes" y "tienen derechos diferentes". Por mi rebeldía me han echado de las aulas de los colegios donde he estudiado desde pequeña. En La Academia de la Asunción, en Miami, recibí el dudoso honor de haber sido la única alumna que se graduó sin pertenecer a la Asociación de Hijas de María. ¡Y eso que soy muy devota de la Virgen; tengo casi un altar en mi mesa de noche! Pero en la escuela no me dejaron ingresar a las Hijas de María por malcriada.

En mi clase de español, sobre todo, reconozco que era muy mala estudiante. Al llegar al aula los lunes por la mañana, lo primero que hacía era escribir en la pizarra *"I Hate Mondays!"* (Odio los lunes)... y al instante me echaban del aula. La monja que daba la clase de español me repetía que yo no tenía remedio.

Un día, durante un examen en el que no sabía un alpiste sobre la materia en cuestión, le escribí un poema que decía:

Si mi nota dependiera
De mi atención en la clase
donde no paro de hablar,
grandes problemas tuviera...
Ay Madre, ¡hay que inventar!

¡Y me dio una A como calificación! Después me llamó aparte y me dijo: "De todas las estudiantes que han pasado por aquí, la que más imaginación tiene eres tú, y la que mejor escribe eres tú. Pero eres un desastre de indisciplina. Así que vas a tener que componer tu vida, porque tú vas a llegar". ¡Y me dio A!

Pasé el curso de español por ese poema que le escribí a la monja. Pero de ahí en adelante me dediqué a *componer* mi vida.

PARA NO TENER QUE PEDIRLE DINERO A UN HOMBRE

Empecé a trabajar a los dieciséis años, en Jordan Marsh, una tienda por departamentos muy exclusiva, vendiendo cosméticos y maquillando a señoras mayores adineradas. Siempre tuve —y aún conservo— muy buen cutis. Así que no usaba base. No obstante, cuando mis clientas me decían "Yo quiero la misma base que tú tienes puesta", les vendía la más cara, que costaba cincuenta dólares el frasco... para ganarme mi plata, porque trabajaba a comisión.

Mis padres ya estaban bien de posición, ya que *Vanidades* se vendía en toda la América Latina. No obstante, me molestaba mucho cada vez que le pedía dinero a mi papá, porque él invariablemente abría mi closet y se burlaba, diciéndome: "¿Para qué? ¡Mira cómo tienes ropa!".

Entonces, para no tener que decirle a un hombre para qué yo quería aquellos diez dólares, me busqué un trabajo a los dieciséis años. Al graduarme de bachillerato, a los dieciocho años, ya tenía un trabajo *full time*, y asistía a la universidad *full time...* con un papi rico. ¡Para no tener que darle cuentas a nadie de mi dinero, ni de lo que hacía con él!

Como buena pichona de periodista que siempre fui, empecé a escribir desde los siete años. Cuando pasé por mi adolescencia, esa etapa en que se tienen las hormonas revueltas y la cabeza peor, lo escribía absolutamente todo, porque si no lo hacía me sentía que no existía.

Desde muy pequeña, en Cuba, recuerdo el olor de la tinta. Mi papá me llevaba de la mano a los talleres de Artes Gráficas, donde se imprimían nuestras revistas, para ver las imponentes máquinas rotativas de la imprenta, antes de que se diseñaran las nuevas, que son electrónicas. Las oficinas quedaban frente al famoso bar El Floridita, frecuentado por los periodistas, y donde también solía ir a beber y confraternizar el legendario escritor Ernest Hemingway cada vez que estaba en La Habana. Yo me crié entre periodistas.

Ya en Miami, una vez que empecé a estudiar en la universidad y mi papá me preguntó qué carrera iba a escoger, no vacilé en responderle que quería ser escritora. Entonces me explicó —muy pacientemente— que "los escritores se mueren de hambre", que "solamente I por ciento de los escritores que se dedican a escribir libros viven de su trabajo", que "nosotros éramos exiliados y teníamos que aprender a mantenernos". Me aconsejó que fuera periodista, que era como ser escritora, pero con muchas más oportunidades para ganarme la vida. Así fue como me convertí en periodista en vez de escritora.

Curiosamente, casi todos mis primos (los nietos del abuelo Saralegui) y yo, acabamos trabajando en los medios de comunicación, de una forma u otra... una realidad que la revista norteamericana *Electronic Media* menciona en un artículo al decir que los Saralegui jóvenes formamos "una dinastía periodística latinoamericana". Mi primo Jorge, por ejemplo, es vicepresidente de producción para la Twentieth Century Fox; mi prima Maite tiene su propia compañía publicitaria, M.A.S. Communications (en Los Angeles); Alvaro es gerente general de *Sports Illustrated*; Javier es presidente de la cadena hispana de cable Galavisión; y Luli es vicepresidenta ejecutiva de PanAmSat, una compañía de comunicaciones de satélite.

Seguí el consejo de mi papá, aunque siempre pensando que una vez que terminara mi carrera como periodista, trataría de alcanzar mi sueño de ser escritora. Mis pensamientos estaban muy definidos: "Por ahora tengo que ganarme mis frijoles para mantenerme". Con el tiempo también me di cuenta de que, además, tengo que velar por mis padres, mi familia inmediata y mi *familia adoptiva*, que son todas las personas que trabajan en mis proyectos y que dependen de mí. Tengo muchos pericos colgados de mi gajo, y el gajo tiene el deber intrínseco de sostener a los pericos. Una vez que esas responsabilidades lleguen a su debido fin, me sentaré de lleno a escribir.

"ESCRIBA PARA LA BRUTA, SU MERCED..."

Me matriculé en la Universidad de Miami, estudiando comunicaciones, con una segunda especialización —lo que los norteamericanos llaman un *minor*— en redacción creativa (o *creative writing*). Durante el último año de estudios, la universidad requería un internado en alguna publicación: todos mis compañeros decidieron hacer este internado en el diario principal de la ciudad, *The Miami Herald*, pero yo quise hacerlo en *Vanidades*, porque me avergonzaba haber perdido tanto el español. Era capaz de hablarlo en la casa pero no de escribirlo, porque es importante aclarar que mi educación fue en inglés.

Escogí *Vanidades* porque mis lazos sentimentales eran muy profundos con la revista, naturalmente. Mi familia se la acababa de vender en aquellos momentos a Miguel Angel Capriles y a su socio, Armando de Armas, quienes habían sido sus distribuidores en Venezuela durante la época de mi abuelo, en Cuba. Al menos no había ido a parar a manos de un extraño. Se lo informé a mi padre, y éste me dijo: "Yo vendí la revista... pero es tu legado, y me siento orgulloso de que aprendas el giro en ella". Yo pensé para mí:

"Bueno, hago el internado por un año, y después de eso no me ven ni el pelo". ¡Y me quedé veinte años! Ahora pienso que cursé mis estudios en la "universidad de Armas" (con el tiempo Don Armando de Armas llegó a ser el dueño absoluto de la empresa) en vez de la Universidad de Miami, porque en su empresa aprendí todo lo que sé hoy en día.

El conglomerado de publicaciones llamado *Bloque de Armas* publicaba —en aquel entonces— *Vanidades, Buenhogar* y *Mecánica Popular*; tenía su sede en un enorme edificio frente al aeropuerto de Miami que, con el tiempo, llegó a convertirse en mi segunda casa. La directora de *Vanidades* era Elvira Mendoza, una periodista colombiana sumamente inteligente y de un sarcasmo acerbo cuando se trataba de criticar a un empleado.

Elvira me asignó mi primer artículo: la entrevista a un cura para que opinara sobre el control de la natalidad. Así como mi hija adolescente pasó no hace mucho por la etapa de la "telefonitis", yo padecía en aquel entonces de "teléfonofobia"... ¡y Dios y ayuda me costó establecer contacto con el sacerdote! Se me agotaban ya las excusas con la directora debido al retraso con el artículo: "lo llamé y no está", o "lo llamé y está de viaje". Le mentía porque en realidad no me atrevía a llamarlo. Era un hombre sumamente ocupado, Monseñor Bryan Walsh, quien fue responsable por los vuelos llamados Peter Pan, un plan conjunto del Departamento de Estado norteamericano y la Arquidiócesis de Miami, en la década de los sesenta, cuya finalidad era sacar a niños cubanos de la isla, sin sus padres. Pero Elvira no quería que tocara ese tema, sino que le preguntara sobre el control de la natalidad y la postura de la Iglesia católica al respecto, lo cual me ocasionaba todavía más vergüenza. Además, mi fobia al teléfono me provocaba un estado de ansiedad tal que, sencillamente, no podía hacer la llamada, porque prácticamente me ahogaba.

Hasta un día en que se me agotaron las excusas para no entregar mi artículo. Me presenté ante Monseñor Walsh y le hice la entrevista. Pero al instante surgió un pequeño problema: como había cursado todos mis estudios en los Estados Unidos, nunca antes había escrito en español; por lo tanto, escribí mi primera entrevista en inglés. Al entregársela a la directora, ésta me dijo simplemente que la tradujera. ¡Ja! Obviamente no me atrevía a decirle a Elvira que yo no sabía escribir en español, y exponerme a su sorna olímpica. Entonces le pedí a mi papá que la tradujera él... sólo que en su trabajo dejó una pista, con la cual me agarraron con las manos en la masa.

Papi escribía en un español bastante antiguo, y recuerdo que describió, bizantinamente, "los muros *vetustos* de la iglesia". Elvira leyó mi artículo y le dio un ataque. Me gritó "¡Esto no lo escribiste tú!", y arrojó las cuartillas con tal desdén que volaron por toda la redacción. Y yo, por supuesto, me sentí como una niña pequeña cuando la maestra la descubre haciendo trampas en un examen. "¡Esta es la porquería más grande que he leído en mi vida!", me regañó, enfadada. Acto seguido me dijo: "De ahora en adelante escriba para la bruta, su merced, que las demás siempre entienden".

Esa fue la lección más grande de periodismo que he recibido en mi vida, y en ese concepto he basado toda mi carrera.

HONORIS CAUSA

Hoy soy miembro de la Junta Presidencial de la Universidad de Miami, y lo irónico es que nunca llegué a graduarme de esa institución. En 1970, cuando mi hermano Patxi estaba atravesando por su etapa de rebeldía bordeando la delincuencia juvenil, a mi padre no le quedó otro recurso que mandarlo a la escuela militar Valley Forge (en Pennsylvania), cuya matrícula era carísima. Pero no había suficiente dinero para pagarle a Patxi la escuela militar y seguirme costeando a mí los estudios universitarios.

Fue el año en que mi papá se arruinó... una de las muchas veces que se ha arruinado en su vida, porque llegó a ser natural para nosotros que papá se arruinara, que volviera a hacer millones, los perdiera y finalmente los recuperara. En una ocasión se involucró en un proyecto de cinco años en Arabia Saudita que le produjo millones... pero se volvió a arruinar. ¡Siempre ha sido un hombre muy aventurero en los negocios! No obstante, una vez aprobada la "operación Patxi", mi papá me llamó aparte para decirme que aunque lo sentía mucho, no podía pagarme las asignaturas que aún me quedaban pendientes en la universidad; sólo me faltaban nueve créditos para graduarme. Le contesté, sin pensarlo: "*Okay*, no hay problema". Y mi hermano fue a la escuela militar.

Lo que más me chocó de aquella situación fue que tanto mi papá como mi mamá eran personas muy poco convencionales si se las comparaba con las familias patriarcales latinas de los años cincuenta. Mi padre, por ejemplo, sabe tejer; mi madre, en cambio, no sabe cocinar muy bien. En mi casa recuerdo que era él siempre quien cocinaba, dada esa tradición vasca de las sociedades gastronómicas. Por su parte, mi madre fue siempre una mujer liberada a su estilo. Ambos siempre nos enseñaron a aspirar a lo mejor. Si alguno de nosotros hubiese tenido inclinación hacia la medicina, por ejemplo, ellos le habrían dicho que su meta era ser doctor, no enfermero o enfermera. Nunca crecimos con las limitaciones del hogar hispano común y corriente.

Años después, cuando me di cuenta de las enormes implicaciones de aquel breve intercambio de palabras, lo recriminé: "¡Coño, papi, qué machista!" Su defensa fue bondadosa pero simplista. "Es que tu hermano va a tener que cargar con una esposa algún día, y en tu caso alguien va a tener que cargar contigo", me explicó. "Entonces yo, como hombre latino, soy responsable por darle una carrera a tu hermano antes que a ti".

Por lo tanto, Mati Saralegui no se graduó de la universidad porque Patxi Saralegui, el hijo varón, se hizo ingeniero. Debo agregar que, irónicamente, fue su mujer quien le pagó la carrera trabajando durísimo. ¡Esas son las incongruencias del destino!

¡NO SE PUEDE SER CUCA EN CARACAS!

Continué trabajando como periodista. Después de la crisis familiar con la escuela militar de mi hermano Patxi y mi truncada graduación de la universidad, Elvira me ofreció una posición permanente en *Vanidades*, por cuarenta dólares a la semana (un salario ínfimo aun en aquella época), trabajando en los archivos y escribiendo alguno que otro artículo para la revista.

La directora de *Vanidades* hoy en día, Sara Castany, una gran amiga, era la jefa de archivos; yo era su asistenta, y mi trabajo consistía en organizar todas las fotografías que llegaran a la redacción, de todas partes del mundo, y archivarlas bajo el correspondiente nombre de la persona o tema para poder luego utilizarlas en artículos. También había que clasificar los centenares de revistas que llegaban diariamente a la empresa, recortar los artículos de interés, clasificarlos, y archivarlos de la misma manera. Así, cuando a un redactor se le comisionaba una entrevista, iba primeramente al archivo y hacía su tarea inicial de investigación sobre el tema que iba a tratar.

Aunque Elvira había descartado mi primer artículo durante mi internado, mi salvación fue que al menos le gustaba mi estilo y mi manera de formular las preguntas en las entrevistas. Debido a ello, aparte de trabajar en el archivo con Sara Castany, me asignaba algunos artículos para la revista, por los cuales me pagaba una pequeña suma aparte. Por supuesto, yo los escribía en inglés, y ella a su vez se los mandaba a traducir al jefe de redacción. Un buen día se hartó del procedimiento, porque aquello le estaba costando doble. Veredicto: O aprendía a escribir en español, o no podía seguir en *Vanidades*.

Yo tenía veintitrés años cuando eso. Sin otra alternativa, me senté ante una máquina de escribir, con un diccionario de inglés a español y otro de sinónimos para tratar de redactar un artículo de belleza… y lo escribí en español, aunque posiblemente en un español totalmente inventado por mí. Para mi alivio y desagravio, cuando se lo entregué a Elvira, le encantó. ¡Y me quedé en *Vanidades!* De más está decir que tuve que aprender al trote y sobre la marcha con Elvira Mendoza. Pasé los mayores sustos de mi vida durante esos primeros tiempos, pero permanecí veinte años en esa empresa.

Hoy puedo decir que fue en *Vanidades*, en 1970, donde me inicié en el periodismo. Aprendí a redactar todo tipo de artículos, desde temas de belleza y modas, hasta noticias internacionales.

Considero que mi mayor logro durante esa etapa fue la adquisición de un vocabulario panamericano, que fue lo que más me sirvió para conseguir el trabajo que ahora desempeño en la televisión.

Vanidades circula en veintitrés países, y en cada uno se habla un español diferente, sin que necesariamente sea el castellano correcto. Siempre me ha maravillado que en algunos de nuestros países la gente piense que ellos son los únicos poseedores de la verdad gramatical y de vocabulario con respecto a nuestro idioma, cuando al español correcto se lo llevó el viento, y ahora se encuentra en las páginas "vetustas" de un gigantesco mataburros de la Real Academia. Y esto lo menciono para todos los idiotas que se pasan la vida corrigiendo al vecino.

Utilizar un vocabulario panamericano consiste, por ejemplo, en poder escribir una receta de cocina de un plato que se come en toda la América Latina, como los *frijoles* en cubano, y saber que en Puerto Rico se les llama *habichuelas*, que en Venezuela se les dice *caraotas*, que en Chile se les conoce por *porotos*, y que en México se varía su pronunciación a *fríjoles*. ¡Y sólo me refiero a la palabra *frijoles!* Así, durante mis años en *Vanidades* aprendí a expresarme en un español que no se encuentra en ningún lado, pero que tiene la enorme ventaja de que todo el mundo lo entiende. Ahora pienso que ese factor también me ayudó a convertirme en una buena comunicadora en la televisión. Igualmente aprendí —aunque en privado soy bastante mal hablada— a no decir determinadas palabras que son obscenidades en otros países; detrás de mi buró, como si fuese el onceavo mandamiento, colgué la frase NO COGER. A pesar de que los cubanos y los españoles utilizamos el verbo en su acepción correcta (como sinónimo de asir, agarrar, sujetar, tomar), en México significa "tener relaciones sexuales". Los mexicanos utilizan los sinónimos, pero nunca "coger". Ellos no "cogen", y si "cogen", no lo cuentan. Ahora imagínense nuestra expresión cubana "coger la guagua", que quiere decir "tomar el ómnibus". En Chile "guagua" significa "bebé". Así que, entre Chile y México, "coger la guagua" quiere decir "tener relaciones sexuales con un bebé". ¡Y ya bastante se dice de *El Show de Cristina* sin que yo meta la pata debido a todas estas cuestiones idiomáticas!

¿Otro ejemplo? La palabra "bicho", para nosotros los cubanos significa "insecto". Para nuestros vecinos en Puerto Rico es el "órgano sexual masculino". "Concha", ese bello carapacho de moluscos que recogemos en la playa, en la Argentina quiere decir "órgano sexual femenino". Lo mismo significa "cuca" en Venezuela, que es el apodo de infinidad de señoras cubanas de más edad a quienes de jóvenes las llaman Cuqui, o Cuquita, y las cuales tuvieron que cambiarse de inmediato el nombre apenas se exiliaron a ese hermano país. ¡No se puede ser Cuca en Caracas! ¡Mucho menos una Concha en la Argentina! María Conchita Alonso, la actriz cubano-venezolana, cuando va de gira a Argentina, se llama simplemente María. Porque de "conchita", ¡nada!

Hace algunos años pronuncié un discurso durante una conferencia ofrecida por la corporación Hearst (en Nueva York), en la que se reunían los directores de las diecisiete ediciones internacionales de *Cosmopolitan*. Recuerdo que mi discurso se refería a la dificultad de escribir una sola revista, *Cosmopolitan en Español*, que circulara en toda la América Latina, en un castellano no específico, pero que se entendiera en todos los países y que no incluyera palabras que en alguna región pudieran ser consideradas obscenas. La conclusión a la que llegué fue que los latinos vivimos obsesionados con el sexo, ya que todas las llamadas *malas palabras* son precisamente aquéllas que pueden confundirse con nombres para identificar los órganos sexuales, masculinos o femeninos.

6 | CONFESIONES DE COSMO

UNA CHICA COSMO COMO TU...

Cosmopolitan —probablemente la revista que más ha influido a través de los años en la mujer actual, no solamente en los Estados Unidos, donde surgió su concepto, sino en todas las ediciones internacionales que hoy mantiene en diferentes idiomas— lanzó su primera edición extranjera en 1973, para Gran Bretaña; su éxito fue instantáneo. La empresa para la cual trabajaba, Editorial América, S.A., mantenía relaciones muy estrechas con la Hearst Corporation norteamericana, editora no sólo de *Cosmopolitan*, sino de *Popular Mechanics* y *Good Housekeeping*, revistas que publicaba en español con los nombres de *Mecánica Popular* y *Buenhogar* bajo un contrato a base de regalías por la venta de ejemplares y un porcentaje de la venta de anuncios de publicidad. Entusiasmados por el impacto que el *Cosmo* británico había logrado, se proponía realizar una segunda edición para un mercado extranjero en español en ese mismo año, la cual circularía en toda la América Latina.

Frank Calderón, quien era el director de *Buenhogar*, obtuvo la posición de director de *Cosmopolitan en Español*, y lo primero que hizo fue llevarse a Mati Saralegui de *Vanidades* como su primera redactora.

Recuerdo que se sentó frente a mí y me dijo: "Llevo mucho tiempo leyendo tus artículos y me encantan, aunque te quiero enseñar a escribirlos mejor. Pero no quiero que tomes clases de gramática. Prefiero que escribas las cosas como tú las sientes, porque no hay duda de que tienes un modo muy diferente y muy efectivo de comunicarte. Yo voy a editar tus artículos, personalmente. No quiero que nadie te dicte las reglas del juego, ni que te digan lo que puedes o no puedes hacer. Tú te expresas de esa forma porque nadie te ha dicho lo que no se puede hacer, y así es como yo quiero que se escriba *Cosmopolitan*". ¡Así fue cómo me convertí en la primera Chica Cosmo latinoamericana! Lo mismo Frank me lanzó en un crucero por el Caribe para que informara cómo se levantaba a un soltero, y que me fotografiaban en bikini montando a caballo.

No todos los proyectos en que me involucraba eran tan frívolos. Si se planificaba un artículo sobre José Luis Cuevas, el pintor mexicano, me enviaba a México, y entrevistaba al maestro. ¡Era el mejor de los dos mundos! Viajé por toda la América Latina, y así tuve la oportunidad de ver muy de cerca cómo la mujer latina comenzaba a integrarse a la fuerza laboral, y esa perspectiva del mundo latinoamericano me ha ayudado enormemente en el desarrollo de *El Show de Cristina* hasta el día de hoy. Considero que muy pocas personas son capaces de comprender a los hispanos de diferentes países si no han apreciado de cerca su idiosincrasia y su carácter nacional.

Escribí sobre el feminismo cuando apenas se desataba el movimiento, haciendo investigaciones sobre las leyes de todos los países que aplicaban a los derechos de la mujer. Era un trabajo bien de vanguardia en esos tiempos para una mujer joven, latina y soltera. Y recuerdo, como anécdota chistosa, aunque bastante embarazosa en ese momento, cuando tuve que visitar un campo nudista. Yo, por supuesto, me negué rotundamente a quitarme la ropa para entrevistar a aquel grupo de nudistas; ellos, todos desnudos, me miraban con asombro... ¡como si la desvestida fuera yo! No sería la primera ni la última vez que me sentiría así.

¿HABLANDO DE PENES Y VAGINAS? ¡SI!

En 1973, *Cosmopolitan en Español* nació con un punto de vista muy diferente al que yo le di después, una vez que me nombraron su directora. Al principio era una revista muy sexual que requirió una lucha ardua hasta con la terminología que íbamos a utilizar. Aquella situación probablemente sea muy difícil de entender hoy en día, cuando se escucha de todo hasta en las series televisivas de comedia más inocuas. Pero *Cosmopolitan* fue la primera revista que les habló a las mujeres de sexo en español. Ya se publicaba *Playboy* en castellano, por supuesto, para los hombres. Siempre ha sido aceptable hablarles de sexo a los hombres. Pero no existía ninguna revista en español que les hablara a las mujeres de su sexualidad y de cómo disfrutarla. No sólo decir que el sexo no era pecado, sino admitir que existía. Conceder que era un aspecto humano en la vida de toda mujer, y que toda mujer tenía el derecho a desarrollar su sexualidad y aprender a disfrutarla.

La primera edición de *Cosmopolitan*, con ese concepto para las mujeres, armó un tremendo escándalo en toda la América Latina. Cuando las lectoras veían escritas palabras como *pene* o *vagina*, se ruborizaban, porque antes teníamos que utilizar términos como órgano viril, miembro viril, órgano sexual masculino o femenino, pero nunca pene ni vagina. En una ocasión vi a una señora en Colombia leyendo *Cosmopolitan* en el salón de belleza, pero… ¿saben cómo la leía? Volteaba la carátula de manera que no se viera, como si estuviera leyendo *Playgirl*, para que nadie a su alrededor se diera cuenta de lo que ella estaba leyendo.

LA RIFA DEL SOMBRERO

Como buena Chica Cosmo, decidí mudarme de mi casa en Key Biscayne a los veintiséis años para instalarme en un pequeño apartamento, con mi hermana menor, María Eugenia. El hecho de que se le fueran dos de sus hijas de la casa —sin casarse, como "aventureras"— le causó un gran trauma a mi padre. En aquellos momentos estaba arruinado, después de su aventura financiera en Arabia Saudita, y trataba de vender la mansión de Key Biscayne para recortar el presupuesto. Pero antes de que eso sucediera, para independizarme y no convertirme en una carga para ellos, me mudé.

María Eugenia duró seis meses conmigo, y decidió regresar a casa de papi y mami; yo, por supuesto, extrañé mucho no vivir en mi casa de siempre, con ese familión tan grande y tan revoltoso.

Debo admitir, también, que me costó más trabajo que cualquier otra muchacha de mi edad, porque era completamente malcriada e inmadura. A pesar de que me habían facilitado los instrumentos para aprender a ganarme la vida, jamás me habían enseñado nada que tuviera que ver con el manejo de un hogar. Yo no sabía cocinar absolutamente nada (sólo revoltillo de huevos), y me pasaba semanas completas comiendo sardinas de lata y revoltillo de huevo... era lo único que sabía preparar; no sé cómo no me puse amarilla.

Mi papá, que es el rey de los malcriadores, venía a mi casa y me lavaba todos los platos, los cuales yo solamente enjuagaba, porque me daba asco tocarlos. Recuerdo que años más tarde, al caminar juntos por la senda de la iglesia cuando me casé por primera vez, me susurró al oído: "¿Y ahora quién te va a lavar los platos?"

Tampoco sabía limpiar. Mi primera incursión en la limpieza consistió en comprarme dos pomos de espuma limpiadora: uno para limpiar el baño, el otro para limpiar el horno. De vez en cuando me equivocaba, y limpiaba el baño con el producto para el horno, y el horno con el del baño. Lo único que me gustaba era planchar, y por las noches me ponía a planchar, y a planchar, y a planchar... para calmarme los nervios, porque no estaba acostumbrada a vivir sola después de tanto barullo en mi casa, y me sentía completamente desolada al punto que, cada vez que aparecía una familia feliz en la televisión, me echaba a llorar.

En el buzón se desbordaban las cuentas; se me acababa el dinero porque ganaba muy poco, y empecé a perder el crédito. Entonces me acogí a mi propio método de pagos, al cual puse por nombre "la rifa del sombrero". Consistía en echar todas las cuentas

recibidas en un sombrero, y las que elegía al azar eran las que pagaba ese mes; las otras se tenían que quedar para la quincena siguiente. ¡Sencillamente, no me alcanzaba la plata para pagarlas
todas! Y como mi padre estaba arruinado (se habían mudado de la
mansión de Key Biscayne a un apartamento de tres cuartos), tampoco podía ayudarme económicamente. Por mi parte, me mudaba
cada vez para un apartamento más económico.

PARA ATRAS COMO EL CANGREJO

En 1976 el crecimiento de población hispana del sur de la Florida
hizo que *The Miami Herald,* el diario de mayor circulación en el área,
creara un suplemento en castellano que se llamaría *El Herald.*
Planificaron una edición piloto de lanzamiento y el director
entonces, Frank Soler, comenzó a reclutar un equipo de redactores.

En medio de mi vorágine de viajes y entrevistas me ofrecieron
un salario mayor, más beneficios y flexibilidad para que aceptara
una posición en *El Herald.* La acepté, y me despedí de mi jefe, Frank
Calderón, quien me puso la misma cara de desaprobación que mi
padre cuando decidí irme de mi casa. Supongo que estas decisiones
fueron mi forma de cortar ambos cordones umbilicales y
enfrentarme a la vida, sola.

En esos momentos no tenía la menor intención de casarme. Es
más, detestaba la idea de estar amarrada a otra persona. Era joven,
soltera, con buena figura, muchos amigos, un trabajo glamoroso, y
tenía mi propio apartamento. Salía con muchos artistas y me estaba divirtiendo de lo lindo. Sin embargo, después de trabajar seis
meses en *El Herald,* me resultaba aburrido porque sentía que el periódico me quedaba chico. Estaba cubriendo una sola ciudad,
cuando desde los veintidós años mi arena profesional era toda la
América Latina. Había aprendido a desarrollarme en un escenario
mucho más grande, y ahora las limitaciones me causaban un tedio
infinito.

Empecé a darme cuenta de que mi vida era muy vacía. Estaba
viviendo de noche. Cada vez me costaba más llegar a tiempo al tra-

bajo, y ajustarme a la disciplina que exige un departamento de redacción. Llegó un momento en que mi vida se convirtió en una verdadera pachanga, y me di cuenta de que tenía que tranquilizarme. En esos años no existía el SIDA; la pregunta clave cuando conocías a un hombre era "¿Cuál es tu signo astrológico?". Yo salía con varios, y por primera vez pensé en casarme. No reaccioné ni motivada por el miedo, o por el abuso de ninguna sustancia, ni por el estilo de vida que llevaba. Fue, sencillamente, que me topé con el vacío. Desde pequeñita siempre he tenido muchos sueños y muchas ambiciones, y me percaté de que mi vida en ese momento era como un carro que falla y las ruedas dan la vuelta, pero no van en ninguna dirección. Estaba estancada. Me di cuenta de que tenía que controlar el aspecto personal de mi vida para dedicarle toda esa energía que desbordaba a mi trabajo, y seguir adelante.

Uno de los muchachos con quienes estaba saliendo se llamaba Tony Menéndez; era bombero y vendedor de bienes y raíces. Tony era muy atractivo, agradable, tenía una familia muy bonita, y yo me dije a mí misma: "Necesito tranquilizarme y tener un hijo. Este es un buen hombre y sé que será un buen padre". Y, fríamente, lo calculé. Me casé con él, y un año después tuve a mi primera hija, Cristina Amalia Menéndez y Saralegui, a los veintinueve años de edad. Entonces aproveché el nacimiento de mi hija para decirles a mis superiores en *The Miami Herald* que me marchaba porque iba a dar a luz, y pensaba permanecer un año en mi casa con mi hija. Esa fue la primera vez —desde los dieciséis años, cuando empecé a trabajar en la calle vendiendo cosméticos— que me pasé un año completo en la casa.

Cuando nació la niña, Tony y yo nos mudamos para una pequeña casita en Key Biscayne. Estaba locamente enamorada de mi bebita, pero no de mi esposo. Era un hombre bueno y lo quería, pero no estaba enamorada de él. A medida que pasaba el tiempo, y mientras que transcurría mi año de domesticidad, planchando, lavando y engordando, me daba cuenta de que mi marido, aunque trabajara todos los días del año (y que conste que todos los días se encasquetaba su saco y su cuello y corbata y trabajaba) sencillamente no vendía.

Las primeras Navidades que pasamos en aquella casa, no tuvimos dinero ni para comprarnos un arbolito de Navidad. Yo tenía una planta de maíz dentro de la casa. La decoramos con una caja de bolas, y ése fue nuestro arbolito. Esas fueron las primeras Navidades de mi hija. Pero poco a poco me fui acostumbrando a la casa hasta el punto de que llegué a pensar que de allí jamás me iría. Tenía a mi hija, a mi jardín con mi mata de limones y mi perrito salchicha miniatura. Pero no había duda de que estábamos estancados y pobres, porque por mi propia insistencia mi marido había dejado su trabajo de bombero para dedicarse exclusivamente a los bienes y raíces, y no tenía suerte alguna como vendedor.

Tuvimos que mudarnos para el apartamento de tres cuartos de mi padre, con mi perro salchicha, el cual estaba cundido de pulgas y le llenó la alfrombra de los malditos parásitos a mi madre. Un día mi esposo me dijo, "Tienes que trabajar y ayudarme". Yo le miré a los ojos y le respondí: "Yo dejé mi carrera para empezar una familia contigo. Si tú me pides que regrese al trabajo, tienes que entender el lío en que te vas a meter". Y es que yo no soy capaz de permanecer en una oficina de las nueve de la mañana a las cinco de la tarde, marcharme a mi casa como una autómata, y proseguir con mi vida. Eso es *un trabajo*, no es *una carrera*... y yo sólo podía ambicionar una carrera.

CONSEJOS SOBRE LA LIBERACION PROFESIONAL

Me dirigí a *Cosmopolitan* —de donde me había ido para *El Herald*— y regresé a la oficina de mi ex jefe, Frank Calderón, quien había depositado tanta fe en mí. Recuerdo que le dije, "Yo he cambiado mucho en este tiempo... he madurado bastante; además, tengo una hija que mantener. Necesito que me des un trabajo".

"Lo siento", me respondió. "Pero cuando te fuiste de aquí quedaste muy mal conmigo". Tenía razón de estar aún enojado conmigo.

Saliendo del edificio, y tratando de pensar qué iba a hacer en mi desesperación, di media vuelta y me dirigí hacia la oficina de Elvira Mendoza, a quien había dejado plantada en *Vanidades* para irme con Frank Calderón a *Cosmopolitan*.

"Elvira, tengo una niña, mire la foto", le dije. Me respondió con un "Ah, sí, ¡qué bonita!", y entonces no pude más... fui sincera con ella y le confesé que necesitaba trabajo. Su respuesta fue inmediata: "Sí, cómo no, yo se lo doy".

Y así regresé, círculo completo, al punto donde había comenzado, porque me pagaba casi el mismo sueldo que ganaba al principio, el salario más ínfimo que me podía asignar.

Ese fue el gran error de Doña Elvira, y la salvación mía, porque a partir de ese momento me convertí en "la reina de los dieciséis trabajos". Ahí empezó mi manía de siempre de —cuando menos— tener un segundo, y hasta un tercer trabajo... por si acaso. Además, comprendí que nunca se deben poner todos los huevos en la misma canasta, lo cual es un consejo fundamental que les tengo que dar a todas... y a todos: Cuando tengas inseguridad económica, nunca estés a la merced de otra persona. La meta de toda mujer que trabaja, como también debe ser de todo hombre que trabaja, es ser su propio jefe. Controlar tu propio destino, y no que tu destino dependa de que un jefe esté o no esté de acuerdo con lo que tú tienes planificado para ti.

¿Cómo se logra esta meta? Tratando siempre de tener diferentes entradas y que las paguen diferentes compañías, de manera que puedas siempre mantener tu integridad. Así, cuando no te dé la gana de hacer una cosa, no tendrás que hacerla porque necesitas el dinero para comer... porque tienes otra entrada por otro lado. Haz, también, una lista de tus habilidades natas, así como de las cosas que te gustan hacer, desde hacer tortillas hasta tejer; escribir artículos por tu cuenta (si eres escritora o escritor); enseñar a niños a nadar o a practicar un deporte, si te gustan. El caso es siempre tener por lo menos dos entradas diferentes, para poder mandar a tu jefe al diablo el día que se propase, el día que te haga la vida imposible, o el día en que ya no te convenga la situación en que te encuentres.

Mucha gente que es exitosa hoy en día empezó de la nada, y hoy son dueños de sus propias empresas. Esa gente logró convertir un simple *trabajo* en una *carrera*. La diferencia básica entre una carrera y un trabajo fue lo que yo traté de explicarle a mi marido en aquel momento, y es uno de los conceptos básicos que quiero explicarles a ustedes aquí.

Un trabajo es una obligación que cumplimos desde las nueve hasta las cinco, y que casi siempre destestamos; en el mejor de los casos no nos interesa. Lo hacemos contra el reloj, con el deseo apremiante de que den las 5 de la tarde y salimos de esa oficina para llegar a nuestra casa, y entonces proseguir con nuestra vida.

Una carrera *es* tu vida. Tú *vives* para esa carrera.

No tienes horario. No tienes noches ni días; tampoco sábados o domingos. No lo haces por dinero, no lo haces por ambición. Lo haces por puro amor. Por eso yo estudié tanto, y por eso trabajé tanto. Por puro amor a mi carrera.

CAOS EN *VANIDADES*... Y UNA NUEVA OPORTUNIDAD PARA MI

Al día siguiente de haber sido contratada nuevamente por *Vanidades*, cuando llegué a la redacción, me encontré con que Elvira Mendoza había sido reemplazada como directora. La gerencia de la empresa nunca les explicó claramente a los empleados el por qué de aquella decisión; simplemente se nos dejó saber que nuestra antigua jefa ya no estaba con nosotros. En su lugar nombraron a una de las redactoras que llevaba varios años en la revista, y cuya especialidad consistía en redactar artículos de belleza y notas de farándula.

Ese primer día en *Vanidades* se manifestó un gran descontento por parte de los empleados por cuestiones de lealtad a la antigua directora. A la vez se desató una guerra sin cuartel entre la subdirectora —a quien le correspondía la posición por antigüedad, y quien, como todos sabíamos, era la mejor redactora de *Vanidades*— y la nueva directora de *Vanidades*.

En el medio de esa guerra, en paracaídas, caí yo.

Después de un año sin trabajar, fue un choque muy grande reintegrarme a una redacción con un ambiente tan movido y fuera de foco, con los ánimos tan caldeados. Mi instinto de preservación me decía que me fuera de aquel lugar cuanto antes. Pero estaba pasando hambre, mi marido no vendía, mi niña tenía seis meses, y yo necesitaba trabajar. Así que me hice de tripas corazón, me senté en medio de aquel hervidero, y me puse a trabajar. Trabajaba a todas horas, en lo que me mandaran. Y hacía lo que fuera necesario con tal de ganarme mi dinerito.

Fue entonces que Don Armando de Armas, el dueño de la empresa, me propuso, como trabajo adicional, ser coordinadora editorial para una revista de formato pequeño que acababa de nacer en Caracas: *Intimidades*. Básicamente era una revista de educación sexual, y como en *Vanidades* ganaba tan poquito dinero, lo acepté.

Intimidades había sido lanzada hacía apenas seis meses, y ya circulaban 400,000 ejemplares en Venezuela exclusivamente. Aquello era increíble, considerando que, por ejemplo, *Vanidades* era la que más vendía entre todas las revistas de la empresa, y llevaba casi treinta años de existencia, circulaba unos 350,000 ejemplares en esa época, y en toda Latinoamérica.

Pasaba el día entero trabajando en *Vanidades*, redactando. Entonces, a las cinco de la tarde, archivaba mi artículo en la memoria de la computadora, me montaba en mi carro, me comía un sandwich por el camino, iba a recoger a mi bebita, la metía en una canasta, y la llevaba a casa de mi suegra Marieta, una santa que trabajaba en una fábrica de manufacturar ropa de baile. Marieta recibía a la niña como un relevo. Yo corría nuevamente para mi oficina, me sentaba nuevamente frente a la computadora, y abríamos *Intimidades*. Trabajábamos —con varios otros empleados de *Vanidades* que yo había reclutado para hacer lo mío como trabajo adicional— hasta la una de la madrugada, incluyendo todo el día los sábados. Básicamente, por la noche montábamos otra oficina en el mismo espacio.

Obviamente, a la directora de *Vanidades* esto no le hacía ninguna gracia. A veces necesitaba que sus empleados se quedaran hasta tarde, para terminar un artículo y cerrar la revista, pero a las seis de la tarde la oficina cesaba de ser *Vanidades*. Se convertía en

Intimidades, cambiaba de jefe… y la jefa era yo. *Sus* empleados eran ahora *mis* empleados y no podían trabajarle a ella; ella estaba histérica y loca por deshacerse de mí.

Afortunadamente, *Intimidades* creció y creció hasta que la lanzaron internacionalmente y me ofrecieron la dirección a mí, en Miami. Fue la primera revista que yo dirigí. En la portada, anuncié su nueva tónica: *"Intimidades enfoca franca y directamente los problemas sicológicos, sentimentales y amorosos que afectan a la pareja para ayudarle a lograr una mejor comprensión de sus relaciones…"*

"UNA PERSONA TAN MAL HABLADA Y CON TAN MALA REPUTACION COMO TU…"

La nueva *Intimidades* resultó un éxito a nivel internacional, y la seguí dirigiendo. Hasta que un día, Frank Calderón, mi ex jefe en *Cosmopolitan,* a quien tanto le debo todavía, se enojó tanto con la gerencia de la empresa por razones que aún desconozco, que dio un tanganazo con su máquina de escribir contra un buró, y se marchó repentinamente. Si Elvira Mendoza me enseñó cómo ser una buena periodista, Frank Calderón me enseñó a hacerme publicidad. Yo era muy tímida en aquellos días, y él siempre me decía: "No importa salir mal en las fotos; lo importante es salir". Así que una me enseñó a escribir bien; el otro me enseñó, además de a escribir mejor, a hacerme notar.

Cuando Frank se marchó, la gerencia me ofreció su posición como directora de *Cosmopolitan.*

Yo estaba aterrorizada. Ya tenía a mi niña, mi vida más o menos asentada. *Intimidades* era fácil de hacer, y nadie envidiaba mi posición en una revista pequeña. Nadie se metía conmigo. Sabía que *Cosmopolitan* era la tercera revista más importante de la empresa, después de *Vanidades* y *Buenhogar.* Si aceptaba la dirección de *Cosmopolitan* iba a tener problemas. Tendría que trabajar mucho más, y todos los ojos se fijarían en mí. Todo el mundo se iba a meter en el contenido editorial, iba a tener que darle reportes a la

Hearst, la compañía propietaria de la revista. Helen Gurley Brown, la directora del *Cosmo* norteamericano, se inmiscuiría también en la línea editorial de la revista. Pero acepté, por dos razones: el hambre y la ambición. Mi hija me había convertido en una mujer de carrera. Y las carreras son como los niños: ¡crecen! ¡Yo tenía que atreverme a crecer con la mía!

Me pasé un mes entero sin atreverme a bajar al tercer piso para ocupar la oficina del que había sido mi jefe. De miedo. Porque todos los empleados que ahora eran mis subalternos, antes habían sido mis compañeros. No obstante, una vez que asumí las riendas de la revista, pasaron cosas increíbles. Por ejemplo, vinieron todos a preguntarme qué pensaba hacer con la revista, para decidir en grupo si se quedaban o se iban.

Aparentemente, a una de las redactoras la habían estado entrenando para ser directora. Una mañana entró en mi oficina y me dijo: "Yo no me explico qué es lo que ha sucedido. Porque a mí me estaban entrenando para esta posición. No entiendo cómo es posible que me hayan pasado por alto para poner a una persona tan mal hablada, y con tan mala reputación como tú". Yo me guardé la ira que sentí en ese momento, me controlé, y simplemente le dije "¿Sabes qué? No te voy a botar; te voy a dejar. Para que veas lo bien que me va a ir. Vas a ser testigo de mi éxito, y ése va a ser tu castigo. Así que quédate". Y se quedó conmigo, y aprendió a respetarme.

Ahora permítanme hacer un aparte, como recapitulación de toda esta experiencia. Muchas veces las mujeres profesionales me piden consejo sobre cómo coordinar el trabajo y los hijos. Pero también me dicen, como si fuera una acusación: "¡Ja! Para ti es fácil, porque tú tienes sirvientas, servicio en la casa, tú no tienes ni que cocinar". Pero eso es *ahora*. Qué poquito se acuerda nadie de los tiempos difíciles, cuando trabajaba todo el día en *Vanidades*, y por las noches y los sábados hasta la una y las dos de la mañana publicaba *Intimidades* con un equipo editorial mínimo. Había veces que el domingo era el único día que tenía libre con mi bebita, y me lo tenía que pasar durmiendo de lo cansada que estaba. No se recuerdan que tenía que llevar a mi niña a casa de mi suegra por las noches y comerme un sandwich en el carro. Y que así estuve, día tras día, durante tres largos años.

A nadie se le ocurre pensar que para llegar a la posición que hoy ocupo, he tenido que atravesar una serie de etapas. Nadie se apareció en mi camino con una varita mágica para decirme: "¡Puff! De ahora en lo adelante tú serás Cristina, la de la televisión". Muy pocos se recuerdan de que han transcurrido veinticinco años, incluso mis hermanos, que a veces me dicen que he tenido mucha suerte en la vida.

El triunfo tiene muy poco que ver con la suerte.

PALABRAS SABIAS DE HOMBRES SABIOS

Don Armando de Armas, a quien mi papá le había vendido *Vanidades,* es un hombre excepcional. De pequeño de Armas vivía en Caracas en lo que en Venezuela llaman un *rancho,* una casa en la ladera de las montañas, con piso de tierra, techos de zinc, y sin electricidad ni agua corriente (curiosamente, en México sólo los ricos tienen ranchos). Este hombre formidable empezó a trabajar a los nueve años, vendiendo periódicos para mantener a su familia. Al conseguir su primer trabajo, no podía ponerse zapatos porque toda su vida había caminado descalzo o con unas sandalias. Pero Don Armando, como todos le dicen cariñosamente, llegó a ser el editor más importante en español en toda la América Latina, y a tener el mayor conglomerado de revistas del continente latino-americano. ¡Y lo hizo a pulmón!

Don Armando dormía apenas cuatro horas por noche, y llegaba a su oficina todos los días a las 4:30 de la madrugada. Puedo asegurar que estaba al tanto de todo lo que transcurría diariamente en todas las operaciones de su gigantesca empresa.

Desde que yo era jovencita, Don Armando me miraba de una manera singular y me repetía que yo era tremenda; para un hombre que tiene la mecha corta, mostraba una paciencia muy especial conmigo. "Esta niña no vuela para no enredarse con los alambres", decía de mí. En otras palabras, si no existieran alambres, yo era capaz hasta de volar. Siempre tuvo una fe extraordinaria en mí, y me brindó todas las oportunidades del mundo, a pesar de que yo era la más joven de todas las personas que trabajaban en su empresa. Recuerdo que después de mis veinte años en su empresa como un miembro de la familia, le comenté que me retiraba para dedicarme a la televisión; el me mostró la misma expresión que mi papá cuando le dije que me iba a casar: cara de abandonado.

También tuve la suerte, durante esos años de lucha, de toparme con un veterano muy cascarrabias que ocupaba el cargo de presidente de la compañía, y que antes había sido empleado de confianza de mi padre: Guillermo Bermello. Me tomó de la mano, y en su forma brusca de expresarse (porque era muy mal hablado, lo cual me tiene sin cuidado porque yo también lo soy) me enseñó muchas cosas que considero que fueron importantes en mi formación profesional. Me llamaba a su oficina, me miraba fijamente a los ojos, me decía "No te voy a cobrar por ésta"... y me daba muy buenos consejos. Lo fundamental que aprendí de él fue cómo ser un buen jefe. El día que me nombraron directora de *Cosmopolitan*, me advirtió: "Ahora prepárate, porque la directora salió de entre redactores; los que antes eran amigos, ahora son tus empleados. Y no se puede ser jefe y amigo del empleado. Esto te va a costar todas tus amistades". También recuerdo que me dijo: "Tú eres una persona muy popular y todo el mundo te quiere. A partir de ahora, es como si entraras en una galería de tiro, y tú fueras el pato. Todos los cañones van a estar enfilados sobre ti. A partir de hoy, tu vida va a cambiar completamente".

Aquellas palabras de Bermello fueron la Biblia. Todo lo que advirtió me empezó a suceder; en un año ya yo no tenía un solo amigo en mi trabajo. Evidentemente, no se puede ser amigo de los empleados. Se puede ser bueno y justo con ellos. Hay que ganar su respeto, pero no su amistad. De lo contrario, o bien abusan de ti, o tú abusas de ellos. No se puede mezclar una cosa con otra. De Bermello lo aprendí... Pero también me enseñó otra lección aún más dura. Cada vez que le pedía un aumento de sueldo para alguno de mis empleados, me respondía con estas palabras: "¿Y tú qué eres…? ¿Un líder obrero? Ahora tú eres parte de la administración, y como administradora tú tienes que determinar lo que cuestan las cosas, y lo que conviene para la empresa y para el negocio. Te tienes que olvidar que tu directora de arte quiere casarse y necesita dinero para el vestido. ¡Eso no tiene nada que ver con la empresa!".

En una ocasión le dije que necesitaba más plata porque tenía una niña. Me respondió algo que tampoco se me olvidará, jamás: "Tus necesidades y mis obligaciones no tienen nada que ver una con la otra. Cuando tú vengas a pedirme un aumento de sueldo, me lo pides como un hombre. No quiero escuchar más situaciones personales como justificación… como que tienes una niña. Lo que quiero que me digas es lo que tú has hecho por la empresa este año, cómo ha subido la productividad en tu departamento, y por qué a mí me conviene darte más dinero para que quedes contenta. Así es como un hombre pide un aumento de sueldo".

Años después, durante un discurso muy largo que pronuncié para la Asociación de Mujeres en las Comunicaciones (titulado, por supuesto, "Cómo pedir un aumento de sueldo como un hombre") me recordé mucho de Guillermo Bermello.

LIBERACION *LATIN STYLE*

Al decidir agarrar a *Cosmopolitan* por los cuernos, comencé a formular la definición de lo que era la liberación para las mujeres latinas:

- Las mujeres latinas estamos liberadas del cuello para arriba, no del cuello para abajo
- Nuestro órgano más importante está ubicado entre las dos orejas, no entre las dos piernas

Ese lenguaje era un poco fuerte en aquella época, pero las lectoras, que eran las que tenían que entenderlo, lo entendieron. Entendieron, especialmente, la matriz de todo esto: El problema de la mujer hispana no es tanto de liberación como de superación.

Así definí mi Nueva Chica Cosmo en la portada de la revista: "Más que liberarme, busco SUPERARME. Así, con mayúsculas. Porque sé que en este mundo tan competitivo sólo mejorándome podré alcanzar todas mis metas...y lograr que me traten como lo que soy: una mujer inteligente y muy actual.

"Mi revista es *Cosmopolitan*. ¡Es la única que habla mi idioma! *Cosmo* me ayuda a ser más atractiva... a triunfar en el trabajo...a ¡arrasar! con los hombres... y, sobre todo, a conocerme a mí misma cada día más. *Cosmo* sabe lo que quiero... y me dice cómo conseguirlo.

"En toda mujer hay una Chica Cosmo. ¿No cree que ya es hora que despierte la suya?"

A partir de ese momento, *Cosmopolitan en Español* se convirtió en un manual de superación femenina, y comenzó a subir como un cohete en circulación y venta de publicidad.

Tenía treinta años de edad, y parecía que tenía diez menos. Y cuando viajaba a México para visitar a clientes importantes, me ponía mis minifaldas, llevaba el pelo largo, ¡y parecía una chiquilla! A veces les notaba de inmediato la desilusión en la cara, como que esperaran a alguien más formal, que se viera más "oficial" en el puesto. Sabía que estaban pensando "¿Por qué no mandaron a una directora de verdad?". Entonces no me prestaban atención cuando hablaba de negocios, de dinero, de mi revista. Me preguntaban "¿Qué tiempo lleva usted en el periodismo?" o hacían comentarios como "¡Ay, usted se ve tan linda cuando se enoja...!". Aquello era una falta de respeto tan machista que me dejaba boquiabierta y sin respuesta.

Encima de eso, me enamoraban. Me hacía sentir muy mal que no me consideraran como la profesional que realmente era. Fue entonces que decidí empezarme a vestir como una matrona: me ponía faldas largas, me recogía el pelo en una coleta, y llevaba anteojos. En otras palabras: me disfrazaba de vieja, y me fue mejor así. Me respetaban más.

Mientras tanto, en los almuerzos de negocios conocía a las señoras de aquellos empresarios, que cuando eso no eran ejecutivas sino únicamente las *esposas* de los ejecutivos de ventas, porque no había muchas mujeres que trabajaran a ese nivel. Algunas me decían, "¡Ay, mijita! ¿Pero para qué quiero yo trabajar, si mi marido me mantiene como una reina?"

Yo trataba de explicarles, en aquel entonces, los cambios que se avecinaban.

- Que la economía mundial estaba yendo en una dirección en que *ambos* miembros de la pareja iban a tener que trabajar, obligatoriamente, para proveerles a sus hijos el mismo nivel de vida que les estaban proveyendo ahora, con un solo salario en el hogar
- Que era preciso preparar a sus hijas mujeres para trabajar en la calle; es decir, ofrecerles la mayor educación que pudieran, para que no se vieran precisadas a empezar desde abajo, sino para que al menos pudieran comenzar desde un punto medio, si no tenían dinero para una universidad

Esa fue MI LUCHA durante los diez años que dirigí *Cosmopolitan*. Y poco a poco llevé la revista a ser un medio de motivación para la mujer que trabaja. En diez años logré que *Cosmopolitan* llegara a ser la segunda revista más importante de toda la América Latina. Le ganamos a *Buenhogar*. Las amas de casa se quedaban atrás.

NO SE PUEDE ABRAZAR A UNA CARRERA

Al principio tuve problemas con Helen Gurley Brown, la directora de *Cosmopolitan* en inglés, porque empecé a cambiar la filosofía editorial de *Cosmo* en español. Frank Calderón, que fue su director durante los primeros seis años, hacía la revista como la Hearst, por contrato, le exigía hacerla. Como éramos la segunda edición internacional en aparecer al mercado, incluso existían normas de diagramación en arte, para que todas las ediciones fuesen uniformes. Entonces nuestra revista era como el *Cosmopolitan* norteamericano, pero en español. Hasta que llegué yo.

Yo era joven, y con el idealismo de la edad, alimentaba todos mis sueños de que *Cosmo* fuera un manual de superación, y no única y exclusivamente un tratado de liberación sexual. Quería que sirviera de aliciente para que la mujer latina llegara a tener un poder adquisitivo y político en los Estados Unidos, así como en sus propios países. Pero cuando la empresa Hearst se percató de que la revista comenzó a tomar otro rumbo, me llamaron a rendir cuentas, y tuve varios encontronazos con Helen, hasta que al final me dijo: "Haz lo que te dé la gana".

Helen sigue siendo la persona a quien más yo admiro, y mantenemos una relación esporádica pero afectiva, de notas, tarjetas y llamadas telefónicas en ocasiones especiales.

Helen y yo somos del mismo signo zodiacal. Por cierto, Oprah Winfrey —con quien algunos me han comparado— y yo, nacimos el mismo día, el 29 de enero. Las *tres* somos acuarianas, el signo de la locura y la invención. Un día de su cumpleaños, llamé a Helen por teléfono para felicitarla y decirle *Happy Birthday*. *"And what were you doing on your birthday?"*, me preguntó. ("¿Y tú qué estabas haciendo en tu cumpleaños?")

Le respondí: "¿Quieres reírte? ¡Estaba abortando!".

Había quedado embarazada —antes de concebir a mi hijo, Jon Marcos— y recuerdo que estaba en las oficinas de *Cosmopolitan* trabajando enloquecidamente. El día de mi cumpleaños estaba ante mi buró —con mi marido Marcos (ya me había divorciado de mi primer esposo, como contaré más adelante), con mi asistente Teresita y con mis empleados— soplando las velitas de mi *cake* de cumpleaños, y en el momento en que me estaban cantando el tradicional *Happy Birthday*, se me presentó un dolor muy intenso. Aborté espontáneamente allí mismo.

Le conté el incidente a Helen. Su reacción fue inmediata y directa, como de costumbre. "Yo no puedo identificarme con *eso*, Cristina", me dijo. "Elegí no tener hijos porque soy una mujer completamente dedicada a mi carrera, y pienso que no es posible hacer las dos cosas bien".

Cada mujer es un mundo y sabe lo que cabe dentro. Para mí era sumamente importante tener hijos. A pesar de lo mucho que admiro a Helen, pienso que en este caso se equivocó, y que se perdió emociones maravillosas. Porque a los sesenta años, no se puede *abrazar* a una carrera. Y para mí el aspecto afectivo de la vida siempre ha sido mucho más importante que el profesional. Yo estaba loca por tener hijos. Me casé por primera vez para tener un hijo. Y me casé por segunda vez, locamente enamorada, para tener un hijo. Si no, Marcos y yo no nos hubiésemos tenido que casar.

SI NO HUBIESE EXISTIDO UNA HELEN, HABRIA SIDO NECESARIO INVENTARLA

Aunque mi relación con Helen Gurley Brown comenzó con cierta tirantez, llegué a admirarla profundamente. La vi trabajar. Vi lo que ella hizo a favor de la liberación de la mujer norteamericana con su revista. Y he leído todos los artículos que se han escrito sobre ella.

No hay duda de que tuvo que ser una mujer muy valiente, porque cuando tomó las riendas de *Cosmopolitan* en inglés, la revista ya tenía casi un siglo de ser publicada, ya que había sido fundada en 1886 como una publicación de interés general, con artículos sosos y tradicionales que no decían nada. En 1926, William Randolph Hearst la compró y la convirtió en una revista literaria. A mediados de la década de los años sesenta, la gerencia trató de convertirla en una publicación femenina, con artículos sobre artistas, y ficción ligera, estilo novelitas rosas para amas de casa. Helen la tomó en sus manos y rápidamente la convirtió en un manual de liberación sexual, cuando pocos se atrevían a hablar de este tema. Y todo esto sucedió antes de Gloria Steinem, Betty Friedan y Germaine Greer. Es más, si no hubiese habido una Helen Gurley Brown, hubiésemos tenido que inventarla.

He visitado su oficina de *Cosmo*, en el octavo piso de un edificio en el centro de Manhattan. Parecía más bien un apartamento de soltera de los años sesenta, repleto de cojincitos y muñecas antiguas vestidas de *gingham* acotejadas en el poyo de la ventana. Su máquina de escribir portátil, en la que me ha escrito decenas de notitas cariñosas en sus clásicos papelitos color de rosa, no es ni siquiera eléctrica.

Helen es una mujer diminuta, flaquita como un rayo equis, casi sin busto, de rostro alargado con sonrisa de Mona Lisa y unos ojos inquisitivos que penetran piedras. Posee un encanto que elude, pero que sabe llegar, y que, todavía, a sus setenta y tantos años, fascina igualmente a hombres y a mujeres. Es una mujer juvenil, sensual, dinámica e inteligentísima. Helen no tiene, ni nunca ha tenido, pelos en la lengua. Admite su edad, admite haberse hecho la cirugía plástica, habla libremente de su niñez pobre y de los trabajos que pasó. Habla de todo; siempre lo ha hecho. Y sigue siendo mi modelo. Once millones de lectoras y veinticinco años de reinado absoluto en la publicación hablan por sí mismos.

Infinidad de comparecencias en televisión, una posición honoraria en la Escuela de Periodismo en la Universidad de Northwestern (en Chicago), debates en la Universidad de Oxford (en Inglaterra) y siete libros, suman más que una carrera. En cuanto a hijos... bueno, Helen tiene muchas, pero muchas, hijas adoptivas, entre las cuales me considero una.

Unas Navidades en que Marcos y yo le enviamos de regalo —a ella y a su esposo, David Brown— dulces y galletitas, me devolvió una nota para darme las gracias. Al final decía: "Todavía te considero mi niñita".

CONDECORADA POR HELEN *NO-PANTIES*

Ya amigas, la compañía Hearst sostenía una reunión anual en Nueva York con todos los directores y las directoras de las revistas licenciadas por la Hearst Corporation en diferentes países, la cual consistía en más o menos dos o tres días de diversión e intercambio de ideas.

Durante una de esas reuniones detecté que nuestro gerente, Guillermo Bermello, estaba muy nervioso. "Bermello, ¿qué te pasa?", le pregunté. Y, haciéndome una seña disimulada hacia Helen, me susurró: "Mira". Y era que Helen, que es como un símbolo sexual, estaba ahí sentada con las piernas cruzadas, y las descruzaba una y otra vez mientras que hablaba. Tenía puesto un vestido rojo de seda, que se la adhería al cuerpo. Y llevaba pantimedias... pero no tenía *panties*. Entonces, muy delicada y descuidadamente, mientras que hablaba de su negocio y de *Cosmopolitan*, cruzaba y descruzaba las piernas... ¡y se le veía todo! O sea, a través de las pantimedias se notaba que no tenía ropa interior... y todos aquellos señores estaban acalorados. Pienso que Sharon Stone aprendió esa movida de Helen Gurley Brown para utilizarla en su película *Basic Instinct.*

MI LEGADO DE HELEN

Cuando dejé *Cosmopolitan,* Helen me envió un *fax* súbito y alarmado en el que me confesaba que se sentía "devastada", pero que, no obstante, yo seguía siendo una "niña muy querida".

En 1992, me escribió una carta entusiasta y alentadora por mi tercer aniversario en *El Show de Cristina* y el lanzamiento del *show* en inglés. Añadió que pensaba hacerse la cirugía plástica con el mismo cirujano que me la hizo a mí. "Cristina, gracias a ti tengo una cita con tu médico de Los Angeles...", me decía. "Le conté que éramos amigas y que quería lucir igualita a ti".

Después que vio mi primer programa en inglés, me llegó otra carta en papel rosado, llena de signos de exclamaciones: "Nos sentimos increíblemente orgullosos de ti", se despedía con puntos suspensivos.

En otra ocasión festiva, no recuerdo ya ni cuál, me decía que esperaba que siguiera siendo parte de su vida.

No tengo a menos decir que Helen Gurley Brown fue mi mentora, que quise ser como ella, que me siento orgullosa de nuestra asociación, y que considero nuestra amistad, aunque lejana, entrañable e indispensable en mi vida.

En enero de 1997 —a los setenta y cinco años, y después de treinta y dos al frente de la publicación pionera de la mujer norteamericana— Helen Gurley Brown renunció a su cargo como directora de *Cosmopolitan.* Su sucesora, Bonnie Fuller, fundadora de la edición norteamericana de *Marie Claire*, la sucedió, aunque no la ha suplantado. Helen es hoy directora ejecutiva de las veintisiete ediciones internacionales de *Cosmopolitan;* se espera que alcancen las cincuenta en el año 2000.

Hasta siempre, Helen, y (gesto con el pulgar especial para ti)... ¡Buena suerte!

PLANCHADO EN PUBLICO

Yo siempre aprendo algo de todo el mundo. O trato, porque... ¿para qué estamos aquí si no? Ciertamente no para ocupar espacio, que se está requeteagotando. Y lo que aprendí de Tony Menéndez, mi primer esposo, fue cómo hablar en público. El era fanático de todos los cursos sobre cómo dar discursos efectivos, y me trasmitió ese conocimiento con entusiasmo. El, y un puertorriqueño muy amigo mío, Iván Frontera.

Iván era un excéntrico. Tenía unos bigotes de manubrio (así como los de Dalí), y en Puerto Rico era dueño de una influyente agencia de relaciones públicas y de un servicio de mensajería telefónica para ejecutivos y celebridades. Además, coordinaba un importantísimo festival de modas masculinas que se llamaba El Festival de Señores. Gracias a Iván Frontera, que me invitó a Puerto Rico por primera vez siendo directora de *Cosmopolitan,* firmé mi primer autógrafo.

Iván me invitó a una reunión de la Unión de Mujeres Americanas (UMA), donde di mi primer discurso, sobre los derechos de la mujer latinoamericana, basado en una investigación exhaustiva que llevamos a cabo en la revista, durante todo un año y en todos los países de América Latina; fue un estudio tan importante que después lo llevé por toda la América. En Puerto Rico, después de la conferencia, firmé ese primer autógrafo, emocionada. Recuerdo que Iván me dijo: "Cada vez que firmes un autógrafo, vas a acordarte de mí". Y tenía razón. Han llovido miles de autógrafos desde entonces, y todavía me recuerdo de él y de aquel momento. Pocos años después, hubo una racha de asesinatos en Puerto Rico, y me mataron a mi amigo en su propio apartamento.

Continué ofreciendo discursos, porque era parte de mi profesión, y en esta profesión no se llega ni a la esquina sin hablar en público. Pero en aquella época yo era una persona tan extremadamente tímida que en las fiestas tenía que tomar vino en cantidades industriales antes de que se me soltara la lengua. Tony, mi ex marido, me enseñó a hablar en público encerrados los dos solitos en nuestro dormitorio, en pijamas, yo de pie ante un espejo y utilizando una tabla de planchar como podio.

Tenía que mirarme en el espejo, aprenderme el discurso de memoria y darlo cien veces. Entonces él me decía: "No. Está mal. Vuelve a empezar". Esa primera vez, en Puerto Rico, resultó una experiencia terrible. Se me olvidaba todo. Tenía que leerlo del papel porque estaba tan nerviosa que no me recordaba de nada de lo que tantas veces habíamos ensayado. Y tenía a Tony, sentado en primera fila, haciéndome muecas cada vez que metía la pata y no sabía qué hacer con las manos. Ese fue el legado de Tony, además de una hija maravillosa que es igualita a él.

Eventualmente nos divorciamos porque él no era ambicioso y yo sí, y le molestaba mucho que trabajara tanto y aspirara a tanto. El no quería avanzar en esa dirección, no tenía deseos de ser un *trabajólico*, y no entendía por qué yo lo era. Aparte, a todos los lugares donde llegábamos le preguntaban, invariablemente: "¿Es usted el Señor Saralegui?"... y aquello le caía muy mal. Gracias a Dios, hoy estoy casada con un hombre que cuando le preguntan si es el Señor Saralegui, inmediatamente responde: "Sí, su papá me adoptó". Porque Marcos es uno de los hombres más seguros de sí mismo que he conocido en mi vida.

En aquel entonces, mi carrera me costó mi matrimonio.

Tanto Tony como yo viajábamos en direcciones opuestas. Casi no nos veíamos, y llegó el momento en que estimamos que lo mejor era separarnos.

Recientemente coincidimos en la graduación de nuestra hija. El se volvió a casar con una muchacha colombiana excelente, y tiene ahora tres niños, que son los hermanos de mi hija. Mantenemos una excelente relación, y quiero mucho a sus padres. Por lo tanto, todo tuvo un final feliz. Mucho más feliz que si nos hubiésemos quedado juntos.

Estuvimos casados casi ocho años porque mi mamá me repetía que en mi familia no había divorcios, y que yo no iba a ser la primera. Pero gracias a mi tía Marta, que fue la primera, yo fui la segunda.

Con Tony también aprendí a escuchar casetes motivacionales, porque él los usaba para mejorar sus discursos y sus ventas. El me enseñó a motivarme con esos casetes. Todavía los escucho. Me enseñaron a controlar mi tiempo y a trazar metas definidas en la vida. Sobre todo, a reforzar un hábito que ya me había creado desde muy pequeña: escribirlo todo.

Hace poco pronuncié el discurso más importante de mi carrera, frente a la Asamblea General de las Naciones Unidas (en su cincuentenario), junto a Elizabeth Taylor, informando sobre el SIDA en América Latina. Tony lo vio en el noticiero y poco después me llamó para decirme lo orgulloso que se sentía de mí. "¿Te acuerdas de la tabla de planchar?", me preguntó. Sí, viejo... ¡mil gracias!

COMO ALCANZAR TUS METAS

Siempre he pensado que si las cosas no están puestas por escrito, no existen. No son. No suceden. Tal vez por eso desde hace veinticinco años el papel ha sido mi cómplice para convertir en realidad mis sueños. Todos mis pensamientos, deseos y metas viven escritos en varias libretas amarillas y en varias agendas. De ahí sólo han salido para llegar a ser realidad. Precisamente en una de esas agendas, en la de color vino, es donde tengo apuntados los cambios más importantes que se han producido en mi vida; lo más curioso es que los escribí antes de que sucedieran.

Siempre he sido un poco vidente. Simplemente me encargué de escribir mi futuro con mi puño y letra. Anoté todo lo que quería conseguir y... ¿saben qué? Todo se me ha ido dando. Sin duda, los pensamientos en los cuales uno se concentra siempre se convierten en acciones y resultados concretos.

MI BOLA DE CRISTAL

Cada vez que consigo algo que me propongo lo voy tachando de mi lista de metas; cada vez que quiero algo nuevo, lo voy agregando a esa lista de sueños. Cuando abro esa agenda color vino es como si consultara una bola de cristal que me conecta al pasado y me ayuda a mirar al futuro. Pienso que uno tiene que delimitar muy bien, en el mapa de nuestra vida, los caminos que llevan a conseguir las metas trazadas.

El éxito es un punto a donde todos queremos llegar, ya sea en el plano afectivo, económico, estético o profesional. El problema es que —como si se tratara de encontrar un tesoro— nadie te cede el mapa. O, al menos, no te explican concretamente lo que hay que hacer para conseguirlo. Te dicen que hay que creer en sí mismo, luchar mucho y levantarte cada vez que te tumben. Yo pienso que esos ingredientes sí son vitales, pero lo más importante es organizarse mentalmente y señalar el camino (o los caminos) a seguir, que nos lleven hacia lo que queremos lograr. Y por si acaso, siempre hay que trazar rutas alternas.

- Siempre se trabaja de atrás hacia adelante. Recomendación: visualiza hasta dónde quieres llegar para que sepas por dónde tienes que ir. Por ejemplo, si sabes dónde quieres estar dentro de un año, divide mensualmente los caminos que debes ir tomando.
- Enumera en una libreta cuáles son las cosas más importantes de tu vida, las que tienen más valor... tu familia, tu trabajo, etc.
- De acuerdo a esos principios, define (y anota) las metas que quieres alcanzar: una casa más grande para tu familia, un mejor trabajo para ti.
- Las metas a largo plazo generan metas inmediatas. Para adquirir una casa más grande, debes conseguir un mejor trabajo que te ofrezca un salario más alto. Lo siguiente es analizar con qué cuentas para aspirar a obtenerlo. ¿Qué posibilidades tienes de que te asciendan en tu trabajo actual? Si piensas que ya llegaste a la cima en tu campo, puedes comen-

zar a buscar trabajo en otras áreas, o considerar iniciar tu propio negocio. ¿Cuentas con dinero para lanzarte a la aventura? ¿Qué posibilidades tienes de obtener un préstamo bancario?

DE TODO, COMO EN BOTICA

Cada una de las metas que me he propuesto ha sido específica e importante para mi vida. Aprendí que para poder cumplirla:

- Cada meta debe tener una fecha de plazo para alcanzarla, ya sean veinte años o dos meses. Yo me trazo metas diarias, semanales, mensuales y anuales. Las que son a largo plazo las catálogo como "mi lista de sueños". Recuerdo que a finales de 1979 mi lista de metas para el año nuevo tenía cuatro páginas y ciento cincuenta metas personales y profesionales.
- Es sumamente importante reconocer cuáles metas son más importantes que las demás.

Mis metas han sido muy variadas, porque estoy convencida de que la felicidad conduce al éxito y que la felicidad se consigue cuando estamos totalmente a gusto con todos los aspectos diferentes de nuestras vidas. Por ello divido mis metas en categorías:

- **Metas sociales:** Organizar fiestas para unir a la familia; contribuir a la superación de la comunidad hispana en los Estados Unidos, etc.
- **Metas culturales:** Todo lo que abarque el campo intelectual. Por ejemplo, tomar clases de un idioma extranjero, leer un libro quincenalmente.
- **Físicas:** Bajar diez libras; establecer un plan de ejercicios físicos, mejorar mi nivel de energía.
- **Profesionales:** ¿Dónde quiero estar dentro de treinta años? Es muy importante definir bien esta meta para poder *vendérsela* a las personas que te ayudarán a convertirla en realidad. Por

ejemplo, si quieres ser gerente de ventas de tu empresa, debes trazar tu propio plan de ventas para mostrárselo al presidente de la compañía. Tú tienes que demostrarle a él (o a ella) que contigo —como gerente de la empresa— ganará más dinero.

- **Familiares:** Que mi matrimonio dure toda la vida, y que mis hijos se conviertan en hombres y mujeres de bien.
- **Espirituales:** Leer todo lo que caiga en mis manos para abrir los ojos de mi espíritu y evolucionar.

Si hojeas mi agenda de color vino vas a encontrar —en el departamento de metas— de todo, como en botica. Desde bajar diez libras hasta mermar el número de cigarrillos que consumo al día, pasando por los proyectos profesionales que quiero llevar a cabo, o pasar más tiempo con mi familia.

Todas las metas pueden ser los eslabones de una misma cadena. Y una meta puede ser la consecuencia de otra. Por ejemplo, tal vez para ese proyecto especial que quiero hacer en televisión necesite reducir diez libras en mi peso y dejar de fumar para sentirme con más energía. Y quizás ese proyecto especial me permita hacer otras cosas, y estar más tiempo junto a mi familia.

¿NO TE PARECE QUE YA ES HORA?

Los triunfadores se concentran en las recompensas del éxito y no en las penas del fracaso. Cada persona es lo que cree que será... pero mucho cuidado con obsesionarte. Las obsesiones mentales tienen manifestaciones físicas. Por ejemplo: el estrés nos produce dolores musculares, úlceras, ataques al corazón... Y si te enfermas, no puedes llevar a cabo tu plan para conseguir lo que quieres.

Precisamente una de las metas que uno debe proponerse en la vida es mantener una buena salud, pero para alcanzarla tienes que cumplir metas inmediatas como:

- Hacer ejercicios diariamente
- Comer sanamente

- Hacerte un examen médico todos los años
- Descansar
- Dedicar algún tiempo a tu pasatiempo favorito

El tiempo es otro aliado en el camino hacia el éxito. Cuando yo trabajaba para un jefe, reservaba la hora del almuerzo para estar a solas. Me comía un sandwich en mi escritorio y le dedicaba ese tiempo a lo que tenía que hacer para adelantar en el viaje hacia mis metas personales. En esa hora yo aprovechaba para hacer llamadas telefónicas, escribir un artículo adicional, o poner al día mi resumen.

Si tu trabajo no te permite ese lujo, tienes que dedicarle una hora diaria —una vez que regreses a tu casa— a trabajar por tus metas; también puedes levantarte una hora más temprano. Si no lo haces, no adelantas; y si no adelantas, no mejoras tu calidad de vida.

Todas las mañanas repasa tus metas de superación personal, y reserva el último día del mes para que compruebes, punto por punto, lo que has conseguido para llegar a ellas.

Empieza ya mismo, ¿no te parece que ya es hora?

MOTIVACION: LA SAZON DEL EXITO

Si me preguntaras cuál es el denominador común de Cristina en su labor como comunicadora, no dudaría en contestarte que motivar a toda mi gente. Detrás de cada uno de los proyectos que realizo, siempre trato de dejar una llave que ayude a abrir nuevas puertas. De empujar a mi gente para que siga adelante. De meterles en la cabeza que en la vida sí se puede conseguir todo lo que uno se proponga.

Lo hago porque sé que la motivación es la sazón del éxito. Por muy larga que sea tu lista de metas, si no tienes la motivación necesaria para llevarlas a cabo, no vas a lograrlas. Es como el viejo cuento de empezar una nueva dieta el lunes o dejar de beber mañana. Esas metas se aplazan de lunes a lunes porque no se cuenta con la gasolina necesaria para echarlas a andar: las ganas. Esa gasolina es lo que yo llamo motivación.

Cada vez que tomo una decisión, escribo en un papel los *pros* y los *contras* de lo que voy a hacer, y pongo a volar la imaginación. Me imagino que la decisión ha sido tomada y pienso cómo afectará a las personas que me rodean y cómo van a reaccionar. Si la decisión es muy complicada, entonces hago una lista de cada punto que considero importante, y pongo al lado el valor que tiene. De esa manera puedo visualizar cuál tiene más peso.

Estoy convencida que los seres humanos nos movemos en la dirección que queremos. En esto juega un papel muy importante la motivación. Las dos emociones que dominan a la motivación son el miedo y el deseo: el miedo es el motor más negativo en el ser humano; el deseo, por su parte, es como un imán que nos abre puertas, nos dirige, nos empuja y nos da valor para alcanzar nuestras metas.

Cada vez que sintamos miedo debemos reemplazar ese sentimiento por el deseo. Por ejemplo, el miedo a enfermarnos debe convertirse en el deseo de mantener una salud de hierro.

Para mantenerse motivado hay que:

- Enfocar bien el fin de nuestra meta. Hacer dieta no es agradable, pero ponernos ese bikini negro sí lo es. Entonces, el fin justifica los medios. (Métetelo entre ceja y ceja.)
- Enamorarse de una meta que queremos lograr y coquetearle diariamente. Si te has propuesto ser arquitecto para darle gusto a tu papá, y lo que en verdad te gustaría es llegar a ser médico, lo más probable es que nunca llegues a motivarte para triunfar. Las metas son lujos personales y nadie debe influir en ellas.
- Pensar que si otros han podido tú también puedes. Búscate un modelo a seguir, una persona que admires que haya logrado ya lo que tú te propones, y fíjate en lo que ha hecho esa persona para llegar hasta sus metas. Aprende de los triunfadores, e imítalos. Aléjate de la gente negativa. Son como la palanca de reversa de un automóvil: siempre tratan de echarte para atrás.

Cuando pienses que no puedes más y que te falta mucho por llegar, échale un vistazo a lo que llevas recorrido. Enorgullécete de lo que has logrado hasta ahora... y prémiate.

LOS DIEZ MANDAMIENTOS DE UN TRIUNFADOR

Se dice que el mundo es de los valientes y que el optimismo es el pariente alegre del éxito. Si te convences de que vas a lograr algo, lo más seguro es que lo consigas. Por eso, el negro negativismo lo único que conseguirá es servirte de piedra en tu camino.

- Los triunfadores responden positivamente a las presiones de la vida y saben que todos los problemas tienen solución. Convéncete a ti mismo de que sí puedes y rodéate de personas que puedan ayudarte. Construye tu propio banco de talento, pide ayuda, y si lo que quieres conseguir es muy difícil, divide los planes y concéntrate en el paso a paso.
- Divide tu gran sueño en sueños pequeños. Por ejemplo: si quieres iniciar tu propio negocio, recurre a varios bancos para ver cuál te ofrece más garantías. Además, pide orientación a personas que ya lo han hecho.
- Los triunfadores ven en un problema la oportunidad para encontrar soluciones. Reemplaza frases como "no sé cómo hacerlo" por "yo soy capaz de aprender cómo hacerlo".
- Los fracasados son perdedores; se paralizan por miedo a la acción. Los triunfadores son ganadores, y se motivan pensando en los frutos de esa acción. No te desesperes. Recuerda que nada pasa de la noche a la mañana y hay que regar muy bien las semillas para poder disfrutar los frutos de una buena cosecha.
- Vencer la duda y el miedo es vencer el fracaso. Las ganas de conseguir algo generan actividad, y la actividad ocupa la mente y mantiene viva la esperanza.

- La actividad cura la depresión. Cuando te sientas deprimido o deprimida, levántate, báñate, vístete, y sal a caminar.
- Hay que aprender a ser amables con la gente que nos rodea, ya sean familiares, colegas o vecinos. Todas las personas a nuestro alrededor son vitales para conseguir nuestras metas.
- Hay que ser paciente y no pretender que todo el mundo viaje a nuestra propia velocidad.
- Cada meta tiene su precio. Para conseguirla hay que sacrificarse dejando a un lado las cosas que preferimos hacer, como por ejemplo: dormir hasta tarde o salir volando del trabajo para ir a ver la telenovela. Si tu meta requiere que te levantes los sábados a las seis de la mañana para tomar un curso de computadoras, o que trabajes dos horas diarias más en tu oficina, no dudes en sacrificarte. Eso es síntoma de que empezaste a lograr la meta que te has trazado.
- Convéncete que la autodisciplina es la clave del éxito.

Yo, todas las mañanas, medito de diez a quince minutos y consulto mis listas de metas y sueños. Hay quien dice, "A mí no me gusta planificar lo que voy a hacer, ni pensar mucho en el futuro. Yo tomo la vida como Dios me la va poniendo delante". ¡Gran error! Si los arquitectos, los ingenieros y los contratistas pensaran así, no habría un edificio sobre la faz de la Tierra, ¡ni uno solo! Porque para construir un edificio no puedes tomar un montón de piedras, arrojarlas, y ponerte a rezar para que el edificio sea levantado. Necesitas trazar un plano, preparar los cimientos, instalar la electricidad y la plomería, y hasta arreglar el jardín.

Dios nos da las piedras o la materia gris para concebir una idea; también la imaginación para soñar con ella. Pero nosotros tenemos que diseñar e implementar el plan. La lección más grande que he aprendido en mi vida es "Dios ayuda a quien se ayuda a sí mismo".

7 MI VIDA... MI AMOR

CON LA MUSICA A OTRA PARTE

Como me sentía muy infeliz en mi primer matrimonio, no concentraba todas mis energías en mi trabajo, que en ese momento consistía —además de dirigir *Cosmopolitan*— en dirigir todas las publicaciones especiales para Editorial América: *Decorando con Vanidades, Novias de Buenhogar, La Chica Cosmo Va de Viaje, El Bar de Hombre de Mundo*, etc. En total eran veintidós revistas adicionales al año. No tengo que agregar que me convertí en una verdadera malabarista en un circo de tres pistas. Tampoco tengo que mencionar que me sentía sumamente cansada con tanto trabajo, y que mi vida matrimonial iba de mal en peor. Pero, de repente, me sucedió algo muy curioso...

Podría decir que mi vida se divide en dos partes: pre–Miami Sound Machine y post–Miami Sound Machine.

Emilio Estefan, un cubano con tremendo empuje y espíritu emprendedor, había fundado —a principios de los años setenta— un conjunto local llamado Miami Latin Boys. En 1974, cuando conoció a Glorita Fajardo y a su prima hermana Merci Navarro en una boda, las muchachas se sumaron al conjunto como cantantes, y el grupo se convirtió en el Miami Sound Machine, cuyos miembros originales fueron, además de Emilio y las muchachas, Raúl Murciano (en teclados), Kiki García (en batería) y Marcos Avila, el bajista que iba a cambiar mi vida sin que yo me lo sospechara.

Gloria se casó con Emilio, y Merci se casó con Raúl. Estos dos últimos se retiraron del grupo y eventualmente se quedaron solamente Emilio, Gloria, Marcos y Kiki, junto a otros nuevos integrantes.

Como el mundo editorial en que me desenvolvía estaba tan relacionado con las compañías disqueras, en una ocasión me llamó un representante de la CBS para pedirme un favor con estas palabras proféticas: "Acabamos de firmar a un conjunto local, que se llama el Miami Sound Machine. Los vamos a llevar a la discoteca Regine's en Nueva York para lanzarlos como nuevos artistas de la compañía, y necesitamos que tú nos apoyes editorialmente con ellos".

Al mismo tiempo —¡casualidades de la vida!— me había llamado otro amigo periodista de Puerto Rico, que estaba organizando un festival de música caribeña en Cancún (México), para pedirme que le recomendara a un grupo que representara la música latina que más estaba sonando en los Estados Unidos. Sin pensarlo dos veces, le recomendé al Miami Sound Machine. Pero nunca los había visto; no sabía nada de ellos. Lo hice como un favor a mi amigo de la CBS. Y fue en el avión que nos llevó hacia el festival de Cancún, donde por primera vez conocí a Emilio y Gloria Estefan, y (¡casualmente!) a Marcos Avila, el bajista de la banda.

GLORIA Y EMILIO

Emilio Estefan, que es uno de los hombres más carismáticos que he conocido en mi vida, me empezó a hablar para que los ayudara a internacionalizarse, lo cual yo podía hacer debido a que dirigía tantas publicaciones internacionales. Ya en aquel momento el Miami Sound Machine había grabado sus dos primeros elepés para Audio Latino, una disquera local. Entonces decidieron producir otro por su cuenta, y precisamente por haber causado tal impacto, y haberse vendido tan bien, atrajo la atención de la División Latina de CBS.

Durante ese viaje Emilio y Gloria fueron muy agradables, y rápidamente entablamos amistad, tan espontánea y sincera que poco después Tony (mi esposo) y yo comenzamos a salir con ellos como parejas. Como vivíamos a sólo cinco minutos unos de los otros, íbamos juntos a todas partes.

Viéndolos a ellos, percibiendo la felicidad en su matrimonio, me di cuenta de lo infeliz que yo era. Emilio y Gloria tenían un niño de dos años, Nayib, y comprobé que sí era posible ser feliz en un matrimonio. Yo me había casado pensando que a las mujeres profesionales no les tocaba la parte apasionante y telenovelera del amor. O sea, estaba convencida de que a mí no me iba a tocar nunca estar enamorada de nadie. Pero al ver la felicidad evidente de Emilio y Glorita en su matrimonio y en su vida profesional, mi vida cambió radicalmente. Mi matrimonio ya no me satisfacía. Pensaba que si ellos eran felices, era posible que yo lo fuera también. Empecé a darme cuenta que tenía que cambiar las circunstancias en que me hallaba con el ejemplo de ellos: trabajar juntos, echar para adelante. Sentí una gran admiración por ambos, y empecé a ayudarlos, incluyendo información y fotografías de la banda casi todos los meses en la sección de noticias de artistas de *Cosmopolitan* y *TV Novelas USA*.

En esa época fue que surgió el incidente catastrófico de la portada de Gloria Estefan para *Cosmopolitan*.

"¡SAQUEN A TODOS ESTOS COMEMIERDAS DE AQUI!"

Marcos hoy me confiesa que la primera vez que me vio le provoqué una especie de choque antiestético. Pensó que yo era una mujer acelerada y de pésimo gusto en vestir, ya que llevaba puesto un traje morado, una cinta multicolor sobre la frente (como se usaban entonces) y bastante maquillaje. ¡La verdad es que era un mamarracho ambulante!

Emilio me había explicado desde un principio sus ambiciones de que su esposa fuera solista, e inclusive me mencionó que el grupo eventualmente se llamaría Gloria Estefan y el Miami Sound Machine. Para ayudarlo en este empeño, decidí hacerle una sesión fotográfica al grupo, para después retratar a Gloria sola para lo que sería su primera portada internacional.

Ya en el estudio donde se tomarían las fotografías, les presenté a Samy Suárez, el peluquero que me hacía las portadas de *Cosmopolitan*, para que le diera un *look* más sensual a Gloria; recuerdo que hasta le presté un vestido mío que tenía los hombros afuera. Marcos asegura que durante la sesión yo gritaba desaforadamente: "¡Súbanse! ¡Bájense! ¡Sonríanse! ¡Párense!". Y es verdad, porque aquello era un verdadero caos, ya que los músicos siempre estaban bromeando sin que les importara el tiempo. Yo había trabajado el día entero, eran ya las diez de la noche, y Gloria Estefan en aquel entonces era una jovencita timidísima. No se atrevía a posar; tampoco la dejaban posar. Y no había manera de que yo pudiera organizar la sesión ni calmar la situación para poder hacer mi trabajo. Exploté, y de pura desesperación irrumpí a grito limpio: "¡Saquen a estos comemierdas de aquí!"

Todos se fueron, avergonzados y medio asustados. Todos menos Marcos. El fue el único que se acercó a Emilio para decirle, delante de mí: "Si tú tienes que soportar a la vieja esta de *Cosmopolitan*, allá tú. Pero yo no le acepto ningún insulto a nadie, ni por promoción ni por nada". ¡Y se marchó! Después supe que era once años más joven que yo, y que por eso me había llamado "vieja".

Por fin logré tomar las fotos de Gloria y se preparó la maqueta de la portada. Nunca llegó a ser publicada, ya que mis jefes consideraban que Gloria y el grupo aún no eran conocidos en la mayoría de los países donde circulaba la revista. No obstante, Emilio se quedó con las pruebas impresas de la portada, y la utilizaba en todas sus promociones, como si en verdad hubiera circulado.

¡Emilio es un personaje increíble! Constantemente me repetía: "Yo soy moro, hijo de libanés. Tú no me conoces a mí. ¡Yo soy un diaaablo!". Y yo pensaba que estaba jugando... hasta que lo conocí bien. ¡Tiene un cerebro trimotor!

Dos años después logramos publicar en *Cosmopolitan* una portada diferente de Gloria donde le cambiamos la imagen para una más *sexy* que fue la que el público conoció cuando pegó con la canción "Conga". Esa fue la primera portada internacional en la que apareció Gloria Estefan, y me costó muchas peleas y muchos dolores de cabeza con los venezolanos dueños de la empresa para la que trabajaba, quienes me acusaban de ayudar a Gloria y Emilio por el mero hecho de ser cubanos, como yo. ¡Casi me costó el puesto!

Para colmo de males, después de aquel altercado inicial, Marcos no me hablaba. Dondequiera que me encontraba con el grupo, él no me dirigía la palabra. En una ocasión le dije a Emilio: "El enano no me habla" (porque Marcos es más bajito que yo). Y recuerdo que Emilio me respondió: "Vas a tener que arreglártelas personalmente con él, porque Marcos tiene un carácter del carajo". A partir de ese momento, y cada vez que me lo topaba, le pedía perdón. "Mira, fue sin querer… es que estábamos haciendo la sesión fotográfica de Glorita y ustedes no nos dejaban trabajar"… pero él me volteaba la cara y no aceptaba mi disculpa. Yo era tan amiga de Emilio y de Gloria, que no me parecía justo que hubiera un miembro de la banda creándome mal ambiente entre mi nuevo grupo de amigos.

Hasta una tarde, durante una fiesta muy grande en la que el alcalde de Miami hizo cerrar la cuadra completa donde estaba ubicada la casa de Emilio y Gloria para rebautizarla como "Miami Sound Machine Boulevard". Me acerqué a un muchacho grande y forzudo que les cargaba todos los instrumentos a la banda, y le dije: "Agárrame al enano, para que pueda hablarle. Agárramelo, porque se me va, y no me deja pedirle perdón". Lo agarró, y le pedí perdón una vez más. Por fin me lo aceptó, y por primera vez nos hicimos amigos. Debo aclarar que no nos gustábamos, no existía absolutamente nada entre nosotros. Es más, su esposa estaba en estado de Stephanie, su hija (hoy una adolescente); yo involucrada en un matrimonio que se terminaba.

Más adelante hubo otra sesión de fotografías, en casa de la diseñadora Paquita Parodi, que, irónicamente, vivía en esta misma isla donde hoy residimos. ¡Y fue ahí donde Marcos cambió de parecer!

Más tarde me confesó que le empecé a gustar durante esa sesión. Recuerdo que mientras tomaban fotos en el exterior, junto a la bahía, él y yo estábamos sentados frente a frente, cada uno en un sofá. Yo tenía puesta una mini-falda, y aunque mantenía las piernas cruzadas, me daba cuenta que él, como un tonto, trataba de escrutarme todo. Luego salimos al muelle para tomar parte en una foto en grupo, y como llevábamos tanto tiempo fotografiando, todo el mundo estaba cansado e irritado; aquello parecía una perrera con hambre.

Yo quería que se rieran para que el fotógrafo pudiera tomar una foto alegre. Y recordando las intenciones de Marcos, en un momento de desesperación me levanté la mini-falda, les mostré mis *panties*, y cuando todo el mundo gritó "¡Aaah!"... tomamos la foto. Y así fue como yo le comencé a gustar a Marcos, aunque yo no lo sabía entonces. ¡No hay duda que "del amor al odio sólo hay un paso", como dice el refrán.

LA VISION DE DOÑA AURA

Una tarde, mientras yo trabajaba en mi buró en *Cosmopolitan*, me llamó por teléfono mi papá para que le buscara el nombre de un medicamento en un libro de referencia bastante completo que teníamos en la redacción, llamado *The Physician's Desk Reference (El Libro de Referencia del Médico)*. Mi papá y yo siempre nos autorecetamos, lo cual no recomiendo, desde luego. Pero estoy convencida de que tanto mi papá como yo sabemos más de farmacología que muchos médicos.

De cualquier forma, busqué el nombre del producto que le interesaba; él quería comprobar que fuera compatible con otra medicina que estaba tomando, ya que sentía un dolor muy intenso y esperaba que aquel calmante pudiera aliviarlo. Como siempre ha padecido de presión alta, le era imprescindible saber si las dos medicinas juntas lo iban a envenenar, o si no estaban contraindicadas. Pero mientras buscaba el nombre en aquel diccionario médico, mi papá se me echó a llorar en el teléfono. Nunca antes lo había visto llorar, por lo que aquella situación me sorprendió y me afectó. "Papi, ¿qué te pasa?", le pregunté preocupada. "Es que tengo un dolor tan grande que no puedo ni pensar", fue su respuesta. Seguidamente me aclaró que el dolor se le manifestaba en un costado, en la pelvis. Inicialmente había pensado que era artritis, pero las aspirinas no le habían hecho efecto; necesitaba un calmante más fuerte. Colgué el teléfono, pero no era capaz de concentrarme en el trabajo. Me sentía muy inquieta. De repente me entró un desasosiego, un presentimiento muy definido de que aquello no era un simple dolor, sino una situación de emergencia.

Me levanté como un resorte de mi buró, bajé las escaleras de la oficina corriendo, me subí a mi automóvil, y llegué en quince minutos a la casa de mis padres. Allí me encontré con que mi papá se había caído; se había desmayado del dolor. Debo mencionar que mi papá es un hombre muy corpulento, por lo que mi mamá no podía ayudarlo a que se incorporara; estaba desesperada. Llamé al hospital y la ambulancia llegó en instantes. Mi mamá se subió con él a la ambulancia mientras que yo corría hacia mi carro. Iba tan soplada en él que llegué al hospital antes que la ambulancia... ¡y eso que la ambulancia tenía sirena!

Una vez en el hospital, los médicos empezaron a hurgarlo, a explorarlo y a hacerle radiografías de todo tipo. No encontraban qué tenía. Finalmente, el médico nos llamó a todos —incluyendo a mis hermanos, que poco a poco habían llegado al hospital— para anunciarnos que papá se estaba muriendo y que llamáramos al sacerdote para darle la extremaunción.

Yo agarré un teléfono y llamé a Doña Aura Sanchinelly, una vidente guatemalteca que ha sido como una hermana mayor para mí, porque es demasiado joven para ser mi mamá. La había conocido por mediación de una ex asistente de Julio Iglesias, que siempre iba a tirarse las barajas con Vaitiare, una novia polinesia que tenía Julio en aquel entonces, y cuando asumí la dirección de *Cosmopolitan*, le asigné a Doña Aura la sección de astrología para la revista.

Esta vez, la llamé llorando. "Dame diez minutos y vuélveme a llamar", respondió ante mi angustia. Así lo hice. "A tu papá se le ha roto una vena en la pelvis", me dijo finalmente. "Diles que busquen… que tiene una hemorragia inmensa en la pelvis. No se va a morir; se va a salvar… ¡pero lo tienen que operar ahora mismo!".

Me dirigí inmediatamente al médico que lo atendía, americano. Al decirle que una vidente me había explicado lo que le sucedía a mi padre, me miró como pensando "estos cubanos están arrebatados". "Mire, usted absolutamente no tiene nada que perder", le dije en ese momento. "Usted no puede determinar lo que tiene mi papá, pero nos ha dicho que busquemos a un sacerdote porque se está muriendo. Entonces, ¿qué tiene usted que perder? En cambio, nosotros sí tenemos un papá que perder". El americano, reacio, sólo me respondió el típico *Okay*. Y, en efecto, encontraron con que se le había presentado un aneurisma de la vena aorta a la altura de la pelvis. Al instante lo llevaron al salón de operaciones, y el proceso duró unas siete horas, durante las cuales le hicieron un injerto de una vena de la pierna en ese lugar. Papi continúa activo hasta el día de hoy, gracias a Dios y a la Virgen María. Pero también gracias a Doña Aura. Y en todas partes no se me caen los anillos para dar testimonio público de lo mucho que esta señora me ha ayudado desinteresadamente a mí, y cómo ayuda a tanta gente. Mi papá estuvo bajo cuidado intensivo durante dieciocho días. No tengo que agregar que él es, y siempre ha sido, el centro de mi vida.

BUENOS DIAS, TRISTEZA

Todas estas presiones, el exceso de trabajo y la falta de felicidad en mi matrimonio, me llevaron a divorciarme de mi esposo. Me encontré de repente al borde de una depresión casi clínica, y padeciendo de una bulimia crónica. Masticaba la comida, pero no podía tragármela. Me pasaba días enteros a líquidos, al punto de que llegué a pesar 103 libras.

Mientras que yo estaba con mi papá en la sala de cuidados intensivos del hospital, Emilio Estefan me llamaba constantemente para interesarse por su condición. Pero tanto él como

Gloria estaban también muy preocupados por mi estado de ánimo.

Un día Emilio me dijo: "Me voy a Perú con Gloria y con la banda. Vamos a tocar diez días en la Feria del Hogar en Lima. Ya tu padre está fuera de peligro. Ya te estás divorciando. Ya tus problemas no tienen arreglo. ¿Por qué no me dejas invitarte y te pasas diez días allá, con nosotros?". No le respondí inmediatamente. Esperé a hablar con mi mamá, quien me aseguró que mi papá ya estaba mucho mejor. También me confesó que lo que más la preocupaba en ese momento era yo, y la depresión tan espantosa en que me hallaba. Me aconsejó que me fuera con mis amigos a descansar un poco... y llegamos a Lima.

Ese viaje hoy lo veo como a través de un lente sepia, porque fue un viaje muy extraño donde pasaron muchas cosas. El vuelo de Miami a Lima es tan largo, y yo me hallaba tan deprimida, que comencé a conversar con un americano que iba sentado a mi lado. El me contó la historia de su vida; yo a él la mía.

Perú se hallaba en plena etapa de los actos de terrorismo del grupo Sendero Luminoso, y en Lima todas las noches se producían ataques, estallaban bombas... ¡sucedía de todo! Ya a punto de aterrizar, el Sendero Luminoso —en deshonra a su nombre— había volado todas las torres de electricidad en el aeropuerto de Lima. Todos en el avión pensamos que íbamos a morir. Al fin hicimos un aterrizaje forzoso en aquella penumbra, y una vez que descendimos por la escalinata, como los sobrevivientes de un desastre, el americano me plantó tremendo beso en la boca.

Emilio vino a buscarme con otro de los músicos al aeropuerto, y al presenciar aquella escena que parecía tomada de *Casablanca*, me preguntó: "¿Quién rayos es ese americano que te daba besos en la boca?". Le respondí que no tenía la menor idea, porque en verdad no lo conocía. ¡Así venía de mal de los nervios, atormentada por tantos problemas!

Era mi destino encontrarme con mi destino.

Emilio me llevó al modesto hotel donde se hospedaba la banda, el cual era deprimente... pero hay que considerar que el grupo estaba empezando y el dinero era muy escaso. No pude menos que recordar que el año anterior había visitado Lima para cubrir el concurso de *Miss Universo*, y me había hospedado en el Hotel Bolívar, el más elegante de la capital.

Cuando el maletero me llevó a mi habitación, era un closet… un hueco en la pared. El baño tenía un bombillo colgado de un alambre, y aquello me pareció como una celda donde hasta el más equilibrado de los seres humanos considera la posibilidad de ahorcarse. ¿Qué podía hacer…? Una vez que Emilio se retiró, le dije al maletero: "Mire, mi amigo ha sido muy amable en invitarme, pero yo no me quedo en esta habitación ni aunque estuviera loca. Tome mi tarjeta de American Express, ¡y múdeme inmediatamente!". Entonces me asignaron una habitación más o menos aceptable.

Al día siguiente a Emilio le dio vergüenza la situación en que me había visto. Traté de explicarle que no quise una habitación mejor por arrogancia sino porque, sencillamente, no me era posible dormir en un closet con un bombillo arriba de mi cabeza. Emilio se excusó nuevamente, y pasó el resto de los días en Lima tratando de que no me cobraran de más a mí por la habitación. En aquellos primeros tiempos, la situación económica estaba apretada para el Miami Sound Machine, además de que Emilio y Gloria tenían un niño pequeño.

Una vez instalada en mi más o menos *suite*, empezaron a llegarme los reportes meteorológicos de Miami con respecto a la lenta recuperación de mi padre, los trámites de mi divorcio y todos los problemas de los que yo quería huir. Me encerré en la habitación, y no sacaba ni la nariz al pasillo. Hasta que un día Emilio tocó a mi puerta para decirme: "¿Tú crées que te he traído hasta Perú para que tú te quedes tres días trancada en el cuarto llorando? Para eso te hubieras quedado en Miami trancada en *tu* cuarto llorando". En medio de aquella tristeza y depresión me dio un ataque de risa con lágrimas, moquera y ronquidos… y fue así como mi amigo me convenció para que saliera de mi cueva.

Me lavé la cara para que nadie notara lo que había llorado, y bajé con Emilio al comedor. Desde luego, aún tenía los ojos hinchados. Sentí unos ojos clavados en mí, y me percaté de Marcos, quien me miraba desde una esquina, con lástima.

Emilio, por su parte, me aconsejaba que me olvidara de todo; insistía en que lo que necesitaba para escapar del estado en que me hallaba era divertirme. Me sinceré con él, y le confesé algo que llevaba por dentro desde hacía mucho tiempo: "Es que yo necesito un compañero", admití. "Necesito un hombre bueno que me haga feliz. Yo no soy feliz, Emilio". Fue a partir de ese momento que Emilio, que es muy bromista, empezó a venderme a Marcos, no sé ni por qué. Me repetía: "Marcos Avila es mi mano derecha. Es un muchacho muy serio… ¿por qué no se empatan?". Marcos hoy me cuenta que durante todas sus experiencias con Emilio, éste siempre ha tenido este tipo de visión, presentimientos que han llegado a convertirse en realidad. Al igual que Marcos, Emilio es pisciano, y los piscianos tienen una corriente psíquica muy desarrollada. Ahora pienso que tal vez Emilio presintió la reacción química entre Marcos y yo antes de que transcurriera todo lo que voy a contarles.

Pero en aquel momento yo escuchaba sus palabras, y pensaba: "Marcos es el tipo con quien yo me he peleado durante todo este tiempo. Aparte de eso, es bajito, es gordito, tiene malas pulgas, es callado. ¡Y es casado! A mí me encantan los hombres altos, los guapos, los lindos. También tengo malas pulgas. ¡Sería una combinación espantosa!".

UNA GAVETA LLENA DE CONDONES…

Marcos siempre compartía el cuarto con Kiki García, el baterista que escribió "Conga", el *hit* que le sirvió de trampolín mundial al Miami Sound Machine. ¡Eran un relajo ambulante!

Una noche me vieron pasar por el pasillo y me gritaron, "¡Psst! ¡Mati! ¡Mati!". Cuando entré a su habitación, abrieron una gaveta para mostrarme el contenido: estaba llena de condones hasta el tope. ¡La gaveta entera!

Para fastidiarlos, les dije: "Ay, pero ustedes no pueden usar todo eso… ni entre los dos… en el viaje entero". Y Kiki me respondió con la naturalidad más grande: "Pero si tenemos diez días…"

Aparte de esto, Marcos y Kiki hacían cosas terribles. Se encaramaban en el techo del hotel, agarraban rollos de papel de inodoro como si fueran serpentinas, y se las tiraban a la gente abajo. Recuerdo que un día, al salir del hotel, noté que caía una lluvia… de *algo*. Al mirar hacia arriba eran verdaderas cascadas de papel de inodoro. De repente escuché un ruido estrepitoso, y era una palma… ¡con maceta y todo! Y ahí arriba, en el techo, muerto de risa, estaba, entre otros, Marcos, el "hombre serio" que Emilio quería venderme como compañero.

Pienso que corríamos tanto peligro con las bombas y los atentados que se producían en Lima que nos volvimos como locos en ese viaje al Perú.

Por otro lado, los músicos tenían cuanta mujer querían, y yo no podía creerlo. Por fin se lo comenté a Gloria, y le informé del contenido *en flagrante* de la infame gaveta. Mi amiga se echó a reír, me haló por un brazo, y me condujo a un pasillo donde había *cola* para entrar en cada cuarto. ¡Colas de mujeres! No pude menos que pensar: "¡Caray, con lo feos que son, tienen suerte en el amor!". Excepto que aquello no era exactamente amor.

Una de esas noches delirantes, la esposa de uno de los músicos estaba dando a luz en ese mismo instante en Miami, y las otras esposas de los demás integrantes de la banda llamaban constantemente para informar sobre el parto… ¡mientras que ese marido estaba en la cama con otra mujer! También en ese momento comprendí de lleno lo diferentes que en verdad son los hombres a nosotras las mujeres. Entendí que cuando están lejos de sus hogares, todo les vale madre. Entendí muchas cosas en ese viaje…

LA SEDUCCION COSMICA DE LA CHICA COSMO

Una noche fuimos todos a una discoteca. Yo estaba en la mesa de Gloria y Emilio, y fui al baño. De repente veo que una mujer negra y una mujer blanca comienzan a fajarse, con una navaja, por un músico. ¡Y el músico era Marcos! Me paralicé. Hice lo que tenía que hacer en piloto automático, sin siquiera echarle un vistazo a las rivales. Salí despavorida de aquel baño. Y al salir, Marcos se me acercó para decirme: "¿Quieres bailar?" Le respondí: "¡Ni loca!". Y me regresé a la mesa para ver cómo se desarrollaba el resto de aquella situación.

Esa noche Marcos me explicó que estaba atravesando esa etapa caótica de inestabilidad total que precede a un divorcio. A veces dejaba su hogar para refugiarse en casa de su abuela, donde se escondía por un par de semanas antes de regresar a su propia casa y visitar a su bebita.

Por mi parte, mi ex marido y yo estábamos separados, con papeles y todo.

Con Marcos fue todo como el caso clásico de "un clavo saca a otro clavo". Nos apoyamos el uno al otro, o la gordura se apoyó en la hinchazón. Fuimos dos almas desgraciadas que se encontraron, como dos desamparados bajo el puente. El obviamente andaba buscando algo, porque alguien que es feliz en su matrimonio no tiene una fila de mujeres esperando por él ante la puerta de su habitación, ni tampoco una gaveta llena de condones.

Marcos me cuenta hoy que ya en esa época se había propuesto conquistarme. Asegura que todo empezó cuando me vio en el comedor sin maquillaje, con los ojos hinchados de tanto llorar; en ese instante lo fleché. En verdad, empezamos a mirarnos con diferentes ojos. El me pasaba el brazo por el hombro en el autobús y me acariciaba el pelo, pero sin que nadie nos viera, porque si sus compañeros en la banda se hubieran enterado de que algo había surgido entre nosotros, nos habrían matado el romance con las burlas.

Hasta una noche.

Después de uno de los conciertos nos reunimos todos en una *suite* y formamos tremenda fiesta. Al terminar la diversión, él se ofreció a acompañarme de regreso a mi habitación. Entró conmigo, se sentó en mi cama, me empezó a dar masajes en la espalda, y me dijo: "Si tú y yo hacemos el amor…". De repente se corrigió: "No. *Cuando* tú y yo hagamos el amor, tú vas a ver lo que es un hombre *de verdad*".

Yo me hice la que no lo había oído; le dije *good-bye* bien rapidito, le di un besito tonto, y se fue. Pero me quedé pensando, y con aquella promesa por dentro. Al día siguiente me levanté a las seis de la mañana, ¡y me arreglé hasta las uñas de los pies!

Esa noche volvió, y todas sus promesas se quedaron cortas.

Después de aquella experiencia, nunca más nos separamos. Fue como hacer el amor con alguien para quien te habían prediseñado con ese único propósito y fin. Después de tantos años de infelicidad conyugal, encontrarme con alguien hecho a la medida de mi cuerpo y alma fue como un bofetón de proporciones kármicas.

Para pasar de lo sublime a lo prosaico, cuando se hace el amor con una persona nueva, no se lleva el mismo ritmo al principio y hay una desubicación un poco ridícula. Uno le mete el codo en el ojo al otro, se empujan y se resbalan, se sale un pie por donde no es, se dan un golpe con la rodilla, simplemente porque todavía no existe un acoplamiento en la cama.

Cuando Marcos y yo hicimos el amor al principio fue como si hubiéramos estado haciendo el amor durante cientos de miles de vidas. Fue como escuchar todas las letras de las miles de baladas absurdas. La tierra se estremeció, sonaron las campanas, y yo me quedé atónita, porque nunca me había pasado eso... ¡y tenía treinta y cinco años! Así que valió la pena hacerme las uñas de los pies.

Marcos se quedó a dormir en mi cuarto, por primera vez, y al día siguiente tuvo que decirles a los amigos que él estaba en casa de una novia peruana para que no se dieran cuenta que era yo.

Ya en el avión de regreso a Miami, cuando nos vieron agarrados de mano, la burla fue tan grande que al llegar a mi casa, les advertí a mi secretaria y a mi sirvienta: "Este muchacho que me está llamando es simplemente un amigo, no es una relación formal. Yo estoy acabada de divorciar, así que por favor, no se lo digan a nadie".

Entonces él llamaba y decía, "Habla Marcos Ceviche", como el ceviche de pescado en Perú. Todo empezó como una broma. Y jamás se terminó.

"MAMI, ¿POR QUE NO NOS CASAMOS CON EL?"

El Miami Sound Machine empezó a hacer el *crossover;* es decir, el cruce exitoso al inglés, o —más bien— hacia la internacionalización. El grupo empezó a pegar en toda la América Latina a un nivel internacional en español.

Marcos y yo estábamos muy enamorados, y sentíamos aún más la soledad, ya que el trabajo nos mantenía separados. Sólo después de que él se separó oficialmente de su esposa, asistimos juntos a nuestra primera cita oficial en público, que fue la boda de Sarita Suárez, la hermana de Samy el peluquero; todos en la banda nos miraban como si fuéramos un fenómeno.

Marcos tiene once años menos que yo. En aquel momento tenía una cola de caballo como Miguel Bosé, hasta la mitad de la espalda; en el frente, estaba rapado. Además, llevaba una argolla en una oreja. En fin, él era un músico. Yo era la directora de una revista publicada por una empresa donde todos eran muy tradicionales, y donde —a pesar de que Marcos insiste en que yo era "una acelerada"— era bastante convencional en mi trabajo y en lo que respecta a mi conducta en la oficina.

Formamos una pareja un poco incongruente, para subrayar lo más obvio.

Si tenía que asistir a los cócteles que ofrecía mi empresa, el gerente general, Guillermo Bermello, me decía, "¿Cómo es posible, Mati, que una mujer como tú, y acabada de divorciar, ande con un chiquillo?". Aparte de que me advertía que no lo llevara a los cócteles de la empresa "con esa pinta de musiquito rockero". A Marcos no le importaban aquellos comentarios. Si tenía que asistir a cualquier evento relacionado con mi trabajo, se disfrazaba: se ponía cuello y corbata, se quitaba el arete, y se metía la colita de caballo dentro de su traje para que no se le viera. Así "pasaba" por normal... o lo que se considera normal dentro de la burocracia.

Así estuvimos mucho tiempo. Todo el mundo desaprobaba nuestra relación a nivel profesional y a nivel personal. Incluso Emilio Estefan, cuando se dio cuenta de que nuestras relaciones iban en serio y que estábamos enamorados, llamó a Marcos y le dijo que no se casara con "esa vieja porque dentro de cinco años se le van a caer los pechos". Textualmente... sólo que empleó una palabra más explícita.

En verdad, Emilio nunca se imaginó que aquello fuera a funcionar. Nadie se lo imaginó. Nunca.

Mis padres también estaban completamente opuestos a la relación. Mi primer matrimonio había estado plagado por problemas económicos. A cierto punto mi padre me preguntó si yo me proponía mantener a hombres toda mi vida. Me dijo que yo trabajaba muy duro para cometer ese error, y enfatizó que necesitaba al menos darme un espacio de tiempo entre un marido y otro.

Antes de conocer a Marcos yo pensaba que esto era cierto.

Una vez que me separé de mi primer esposo, después de todo aquel ciclo de necesidades y de sufrimiento, me dije a mí misma: "Ahora voy a salir con todos los abogados, con todos los médicos, con todos los profesionales. Y la próxima vez que me enamore, va a ser de un hombre responsable, con un trabajo sólido". Pero después que conocí a Marcos, y que hicimos el amor, no pude salir con nadie más.

Antes de unirnos, también él pasó unos momentos muy turbulentos; continuaba casado, estaba muy enamorado de mí, y yo no estaba dispuesta a ser la amante de nadie. Me negaba a verlo, y mucho menos a que se mudara conmigo. Venía a mi casa y me tocaba a la puerta, angustiadísimo. "Tengo que verte", me suplicaba. A mí se me ahogaba el alma, y me moría de las ganas de estar con él, pero tenía que frenar mis deseos por el bien de ambos. Y entonces le reprochaba, tragándome el corazón: "Hasta que no te divorcies, no vuelvo a salir contigo. Yo no nací para ser querida de hombres casados".

Pero él seguía detrás de mí. Y persistía. Me tocaba la puerta para verme la cara, darme un beso, y entonces se marchaba.

Yo me moría un poquito cada vez que lo veía, porque ya estaba tan enamorada de él que sabía de sobra que no había regreso. Pero también sabía, con la misma certeza del amor que sentía, que si yo lo dejaba a él hacer conmigo lo que había hecho con el montón de mujeres que seguían a la orquesta, jamás tendría la más mínima oportunidad de que me respetara.

También sabía, precisamente por ser once años mayor que él, que su matrimonio no tenía salvación. Lo había visto antes con su esposa, y me daba cuenta que su relación estaba tan deteriorada que no tenía arreglo. Pero no era ya cuestión de que si su matrimonio se arreglaba o no. Era que yo no podía facilitarle la situación, porque, ¿a dónde hubiera ido a parar nuestra relación? Ya yo había pasado mucho trabajo para empezar de nuevo, y realmente quería rehacer mi vida.

En esa montaña rusa pasamos un verano completo.

En septiembre de 1983, cuando recibí los papeles finales de divorcio de mi ex esposo por correo, me sentí libre por primera vez en muchos años. Marcos se percató de que estaba dispuesta a rehacer mi vida, y de que me iba a perder si no definía su propia situación matrimonial. Por mi parte le expliqué, con toda franqueza, que él no tenía derecho a, sin quererlo, chantajearme emocionalmente. Le mencioné que había esperado ocho años y no quería complicarme con un hombre con problemas. Lo que quería era salir, pasar ratos agradables, llevar una vida bonita. ¡A los treinta y cinco años quería darme un respiro, y tener un paréntesis de felicidad!

Aparentemente eso lo hizo recapacitar. Se mudó para la casa de su abuela, y empezaron los trámites de su divorcio con su esposa.

A partir de aquel momento Marcos comenzó a lanzar su campaña para mudarse a mi casa, y para que yo no saliera con más nadie. El pretendía que yo pasara de ocho años de matrimonio con otro hombre directamente a él, sin ningún intermedio romántico en mi vida. Fue una campaña muy bien montada, con flores, regalos y halagos de todo tipo. Todos los clichés de Cenicienta y su Príncipe Azul se quedaron cortos ante esta magistral movida de Marcos para mudarse conmigo.

Pero yo sabía que estaba perdidamente enamorada de él. ¡Era la primera vez en mi vida que me había enamorado de esa forma! También sabía la calidad de hombre que tenía en Marcos, porque lo veía cómo lloraba porque extrañaba a su bebita. En esa época, las condiciones de su divorcio dictaban que solamente podía ver a su hija en la casa de su ex esposa, y que hasta que la niña no cumpliera dos años, no podía sacarla ni tenerla con él por un período de tiempo prolongado. Veía cómo él sufría, y me fui dando cuenta, poco a poco, del tipo de persona era Marcos Avila.

Finalmente nos mudamos juntos.

Mis padres —lo mismo que toda mi familia— estaban opuestos a que se mudara un hombre a mi casa cuando yo estaba recién divorciada y con una niña pequeña en la casa. A este punto yo no me quería casar con él. Yo no me quería casar ¡con nadie! No me quería casar la primera vez, y no me quería casar ahora. Pero una vez que Marcos se mudó a mi casa, y llegaron sus papeles de divorcio, la campaña se acrecentó porque él sí quería casarse. Me dijo: "Tú eres la mujer de mi vida. Yo estoy seguro y no tengo más nada que pensar. Tú tienes que estar segura también y yo te voy a convencer".

Se aparecía en mi oficina, donde como directora de *Cosmopolitan*, tenía un despacho imponente. Quedaba frente al aeropuerto de Miami, y como la pared completa era de cristal, se veían despegar los aviones. Me sentía en la cima de mi pequeño mundo editorial. Y cada vez que Marcos me visitaba, me repetía que quería vivir debajo de mi inmenso buró. Se pasaba horas y horas sentado en mi oficina mientras yo trabajaba… y no se iba. Y poco a poco fue ganando terreno en mi cima.

En realidad lo que Marcos hizo para conquistarme guarda similitud con el General Patton, quien dijo "Voy a conquistar Africa", y apuntaló todos los cañones y la artillería y sus miles de soldados para lograrlo. Marcos me arrolló. Me desbarató.

Constantemente me repetía, como un vendedor: "Cásate conmigo ahora, porque estoy en especial. Después quizás cambie de idea y te vas a perder al mejor hombre que te has encontrado en tu vida". Esa campaña la mantuvo por un año, y mi familia estaba histérica porque él vivía en mi casa con mi hija de cinco años. De repente se me metieron diablos en el cuerpo y me preocupaba pensando: "¿Quién es este hombre?". Y lo vigilaba en todo momento con mi niña.

Aparte de que Titi, mi niña, ¡era tremenda! Recuerdo que el primer día que Marcos llegó a casa, Titi tenía unas esposas de policía plásticas de juguete, y lo amarró a la escalera de metal de la casa, lo dejó ahí, y botó la llave... para que él no pudiera estar conmigo. Tuvimos que romper las esposas.

Ante aquella situación, le advertí a él: "Tienes que primeramente conquistarla a ella, porque yo no me voy a casar si ella no quiere que me case".

Al cabo de nuestro primer año juntos, la niña había llegado a tenerle tanto cariño a Marcos que un día me dijo: "Mami, él nos quiere. El es bueno. ¿Por qué no nos casamos con él?". ¡No pude menos que reírme!

UNA BODA A DUO... Y CON FLORECITAS BLANCAS

Para la boda me puse un vestido blanco de algodón que había comprado en México, y Titi llevaba uno exacto; compré unas florecitas blancas para el pelo, y otras a ella. Entonces ella se paró a mi lado, con su vestidito exacto al mío, y las dos nos casamos con Marcos Avila.

La boda tomó lugar en el jardín de la casita donde vivíamos entonces. Una amiga mía periodista fue la madrina, y Gloria Estefan fue "el padrino". La razón para que Gloria fuera padrino: era la mejor amiga del novio. Fue una boda muy chistosa. Todo el mundo que asistió se emborrachó, porque consumimos galones de champán que nuestros amigos trajeron de regalo. Y Gloria le dio croquetas (un aperitivo cubano que consiste de rollitos rellenos con carne y luego fritos) y champán a mi perro salchicha, el cual se llamaba Cosa, porque era tan largo y tan chiquitito que todo el mundo que lo veía me preguntaba, "¿Qué *cosa* es eso?". El perro terminó vomitando en el jardín, pero yo no sabía quién lo había embriagado. Gloria me negaba que hubiese sido ella, hasta que se revelaron las fotografías de la boda. En una de ellas aparecía Gloria con las manos en la masa: la botella de champán, y Cosa con la lengua dentro de una copa, bebiendo. ¡Por la foto la descubrí!

En otro momento, Emilio se dirigió al refrigerador, donde había dos fuentes de arroz con leche. Agarró una de ellas, y con una cuchara de servir —parado frente al refrigerador, y con la puerta abierta— se la devoró entera.

Ya mientras Marcos y yo nos cambiábamos de ropa para irnos en nuestro viaje de luna de miel, Emilio entró a nuestra habitación, y como todos los del grupo estaban tan acostumbrados a viajar juntos, pasó al baño, agarró mi cepillo de dientes, le untó pasta, y se lavó los dientes (¡con mi cepillo!) mientras yo hacía las maletas.

La luna de miel también resultó bastante curiosa, porque unas amistades nos habían conseguido una *suite* en el Hotel Mutiny, un hotel que ya no existe en Miami pero que en aquella época era muy popular porque se especializaba en ofrecer sus servicios a parejas de enamorados. Cada *suite* estaba decorada de una forma diferente y exótica, pero todas tenían algo en común: estaban tapizadas de espejos. Esa primera noche pasamos tanta vergüenza, porque a cualquier lugar que dirigíamos la vista, estábamos allí... desnudos. Y nos dio tanta pena que nos metimos en la cama y nos tapamos la cabeza para no vernos más.

Teníamos la *suite* por tres días, pero la segunda noche Marcos me dijo: "Mami, ¿por qué no nos vamos mejor para la casa?". Estábamos tan hartos de vernos desnudos que queríamos irnos para un lugar donde no hubieran espejos en el cuarto.

Esa segunda noche después de la boda, el Miami Sound Machine tocaba en una fiesta que se ofrecía en el Hotel Fontainebleau; por lo tanto, nuestra luna de miel continuó en el Fontainebleau. A los tres días viajamos a Puerto Rico, donde la banda tenía que presentarse por diez días. Puedo decir que pasé mi luna de miel de gira con el Miami Sound Machine.

EL TRIUNFO DEL MIAMI SOUND MACHINE, Y LA PAREJA DISPAREJA

Recuerdo el primer gran triunfo del Miami Sound Machine en el Festival de Viña del Mar, en Chile, cuando aún yo estaba casada con Tony. Gloria y Emilio me llamaron desde la Quinta Vergara, la majestuosa hacienda donde se celebra el festival más importante de la música latinoamericana. Lloraban y gritaban de la emoción, por la acogida que habían tenido y lo bien que les iba. De Chile pasaron a Brasil y a Argentina, para filmar especiales de televisión; más tarde a Costa Rica, donde les otorgaron una placa con el escudo costarricense. Ya habían grabado dos conciertos para WAPA Televisión en Puerto Rico. Pero fue en 1984 que se produjo el anhelado *crossover*, y la forma en que ocurrió fue tan curiosa como inesperada.

Después de tres elepés más con la CBS, grabaron "A toda máquina", y a pesar de las objeciones de la gerencia, incorporaron al disco dos canciones en inglés compuestas por Kiki García: "I Need a Man" y "Dr. Beat" (esta última también se lanzó como sencillo). "Dr. Beat" pegó en Holanda, y de allí recorrió toda Europa, donde la canción causó furor en las discotecas. Poco después la banda viajó a Londres, donde fueron recibidos casi como los Beatles. Fue entonces que los *disc jockeys* en los Estados Unidos pensaron —¡en toda su gloriosa ignorancia!— que aquello era un producto europeo. Y es que los norteamericanos, con su característico rechazo a los sonidos en español, no podían admitir que era un grupo de aquí, del patio, de Latino U.S.A. Tenía que ser algo mucho más exótico para sobrepasar la xenofobia contra los hispanos que existe en los Estados Unidos. Tenía que llegarles de Europa... y de allí regresaba, triunfante, el grupo de cubanitos de Miami.

Cuando participaron en el Festival de Tokio, en Japón, ganaron el primer lugar. El Miami Sound Machine estaba, en ese momento, en la etapa de ascensión. Subían, y subían, y subían... luchaban, y luchaban, y luchaban... y viajaban, y viajaban, y viajaban...

Marcos y yo estábamos recién casados; separarnos constantemente nos resultaba muy difícil. Recuerdo que a veces pasaban hasta ocho semanas sin que nos viéramos; en otras ocasiones llegaba a Miami sólo para cambiar de avión en el aeropuerto. Yo le llevaba una maleta con calzoncillos, pulóveres y medias. El abría su maleta, sacaba toda la ropa sucia, y en el mismo aeropuerto, hacíamos el intercambio. Cuando teníamos una hora o cuarenta y cinco minutos entre vuelo y vuelo, nos metíamos en el bar del aeropuerto, en la parte más oscura, y como dos adolescentes en el asiento trasero de un auto nos dábamos tremendos agarrones y besos.

También yo viajaba mucho debido a mis responsabilidades en *Cosmopolitan*, de manera que siempre estábamos como barcos que se cruzan en alta mar. Una noche de tantas, arribé al aeropuerto de Miami con mis maletas, y Marcos me estaba esperando con un sobre en la mano. No tenía la menor idea del contenido de aquel sobre. Me pidió que lo abriera, con una sonrisa delatora que me derritió. ¡Imaginen mi sorpresa al ver su cola de caballo! Entonces me dijo una cosa muy significativa para él: "Mira, para que se la des a tu jefe, que dice que una *señora* como tú no puede estar casada con un *musiquito* como yo". Al principio me sorprendí; después empecé a reír. Y de repente me sentí sobrecogida por una serie de emociones, incluyendo admiración profunda por este hombre que nunca ha cesado de sorprenderme.

Conservo la cola de caballo de Marcos como un tributo muy grande, y testimonio de un entendimiento profundo. Ahí la tengo, en la gaveta de mi mesa de noche, en el mismo sobre en que él me la entregó. Es mi amuleto. Para él ése era el símbolo más grande de estar casado y comprometido conmigo.

Con el tiempo Marcos llegó a dejar la música porque no podía estar sin nosotros. Pero a este punto, continuábamos escalando. Juntos, pero cada uno por un lado diferente de la montaña. A mí me iba muy bien en *Cosmopolitan*. También tenía a mi cargo *TV y Novelas*, la revista número uno de farándula en español en los Estados Unidos. Cada vez ganaba más; a Marcos también todo le iba mejor. En 1985, durante un vuelo entre Amsterdam y Londres, Kiki García empezó a tamborear un ritmo. Y surgió la letra que cambiaría el rumbo del Miami Sound Machine:

Come on shake your body baby do the conga,
You know you can't control yourself any longer...

"Conga" se convirtió en sinónimo de la banda; puso en onda a los japoneses, a los ingleses y a los alemanes, y escaló hasta los primeros cinco lugares de los *pop charts* norteamericanos. Yo, por mi parte, y con toda mi trayectoria de directora de una revista internacional, miraba aquel fenómeno como un platillo volador. No podía creer que después de tantos sueños, tanta lucha y tanta empujadera, algún mecanismo extraño había lanzado ese OVNI.

Entonces el destino nos deparó sobrepasar una crisis que marcó y definió la etapa siguiente.

MUJER Y HOMBRE AL FIN

Marcos estaba en Japón; yo tenía ocho meses y medio de embarazo. Cuando llegó a Miami, con todo lo que lo había echado de menos, recuerdo todavía que no lo podía besar porque olía a comida japonesa. ¡Olía a pescado rancio! Y no sólo le olía la boca, sino todo el cuerpo. ¡La peste a pescado trascendía hasta por los poros! Y como yo estaba embarazada, me daba asco. Me moría por hacer el amor con él, pero no me le podía acercar porque me daba ganas de vomitar. Entonces me recordaba del nombre que en broma usaba después que hicimos el amor por primera vez en Lima, Marcos Ceviche, y me tenía que tapar la boca.

Como me olía a angula, nos acostamos a dormir. De repente me levanté, en un sopor me dirigí al baño, me senté, y empecé a hacer pipí... y a hacer pipí... y a hacer pipí. De repente me desperté y me dije, "¡Caramba! ¡Esto no es pipí!". ¡Se me había roto la fuente! Hacía una hora que me estaba saliendo agua por las tuberías.

"¡Marcos!", le grité como loca, aún sentada en el inodoro. "¡Viene el bebé!". El hombre no había dormido en dieciocho horas, y me gritó casi incoherente "¡Yo sé! ¡Yo sé!". Yo le grité aún más alto: "¡No!". Como medio sorpendido, y todavía dormido me repitió: "¿No...?". Y yo, con pánico, entonces grité con ganas: "¡Nooo! ¡A-hoo-ra!".

Se despertó como un resorte, salió corriendo, arrancó el carro, llegamos como un cohete al hospital, y nació Jon Marcos Avila y Saralegui, prematuramente, pesando cinco libras y media y muy delicado de salud. ¡Por poquito se nos muere! Se le bajó la temperatura del cuerpo, y fue metido en una incubadora.

Yo no podía caminar, ni doblarme, ni sostener a mi bebé en mis brazos debido a que —además de hacerme la cesárea— el médico me había extirpado un gran fibroma (un tumor fibroso, común en las mujeres) que había crecido tanto que había alcanzado el tamaño de la cabeza del bebé. Esto fue lo que provocó que nuestro hijo naciera antes de tiempo, porque ocupaba tanto espacio en el útero que el bebé no podía voltearse para nacer de cabeza. Ese fue el motivo por el cual me tuve que someter a la cesárea.

Fueron momentos difíciles para mí, porque no podía estar junto a mi bebé. Marcos dormía en el piso en el hospital para no separarse de mi lado, y como yo tenía fiebre y no podía caminar para ir a ver al bebé, él se pasaba horas y horas metido en el salón de las incubadoras.

A Jon Marcos lo mantenían en una incubadora, entubado por todos lados. Marcos lo sacaba de la incubadora, y se sentaba en el sillón donde habitualmente se sientan las madres para acurrucar a sus bebitos, ya que cuando están en incubadoras es vital hacerles sentir el calor de madre. Marcos lo cargaba con todos aquellos tubos, se lo sentaba en las piernas y le daba la leche. Se la daba en todas las tomas, porque yo no podía.

Para mí, eso es lo que es un hombre, un verdadero macho. Ser un macho no es tener una gaveta llena de condones, ni miles de mujeres, ni traicionar a la esposa mientras está dando a luz. ¡Eso no es ser un macho! Mi macho cuidó a ese niñito como *una madre* durante las dos o tres semanas que yo no podía ni moverme en la cama. Y cuando regresamos a nuestra casa, le dio su primer baño. Jon Marcos era tan chirriquitico que parecía un camarón. Para bañarlo lo tuvo que colocar sobre la cama, junto a una cazuela de cocinar y una esponjita. No lo podíamos meter en la bañaderita que le habíamos comprado porque se nos ahogaba.

Cuando el bebé cumplió cinco meses, nos enteramos que había nacido con una hernia inguinal debido a que, a veces, cuando los niños nacen prematuramente, los músculos abdominales no están del todo cerrados. Y la hernia se le había estrangulado.

UNA CRISIS SIN MARCOS...

Marcos nuevamente viajaba con el grupo; en esta ocasión se presentaban en Disneyland, California. Yo estaba en mi oficina cuando me llamó la tata, que era enfermera en su Nicaragua natal. Aquella buena mujer me dijo: "Doña Mati, venga corriendo para acá porque este niño se está muriendo. No para de llorar". Al llegar a la casa me encontré al niño morado, con la barriguita hinchada. Y los tres nos subimos al automóvil rumbo al médico.

El Doctor Alfonso Pérez-Farfante —un amigo de la familia que fue el pediatra de mis hijos desde que eran pequeños hasta que se retiró— me dijo: "Mati, este niño tiene una hernia estrangulada. ¡Hay que operarlo ya!".

Le mencioné que iría a mi apartamento a buscar una pijama, pero él me informó que no había tiempo. " Hay que ir al hospital ahora mismo, o se muere el niño. Ahí te espero".

En ese momento, Marcos estaba volando con el Miami Sound Machine rumbo a Los Angeles. No había forma de comunicarle lo que estaba sucediendo en Miami.

Como el niño tenía su hernia estrangulada, durante la noche entera no podía comer ni tomar agua, porque lo iban a operar a la mañana siguiente, a primera hora. Pero tampoco podíamos dejar que llorara, porque se le reventaba la hernia, y la situación podía ser fatal.

Esa noche, yo me hice una mujer.

Hasta ese momento había pensado que me había hecho mujer en el momento en que logré mi independencia económica. ¡Mentira! Yo era una vieja pendeja, totalmente inmadura, que pensaba que todas las cosas importantes de la vida eran el trabajo, lo material, el dinero y echar para adelante. Esa noche me di cuenta de lo que era importante de verdad, y tuve que echar para adelante con todos mis recursos físicos y emocionales.

Los bebitos tienen un mecanismo de supervivencia que hace que sientan la necesidad de alimentarse cada tres o cuatro horas. Si no, se vuelven histéricos, y no dejan de llorar, tal vez porque piensan que se van a morir de hambre. Pero Jon Marcos no podía tomar leche en toda la noche, y me pasé la noche entera con ese angelito de cinco meses, que era un pellejito, caminando con él cargado. Como una loca lo mecía, le hablaba, y lo acurrucaba para entretenerlo y lograr que no llorara. Y no podía llamar a mi marido, ¡porque mi marido era músico! Mi marido estaba disfrutando de los frutos de su éxito en Los Angeles, sin sospechar lo que estábamos pasando.

Al día siguiente, por la mañana, cuando esa camilla inmensamente grande, con aquel niño que parecía un flequito amarradito en el medio, entró por las dos puertas del salón de operaciones, no sé cómo no empecé a dar gritos. Los médicos no le pudieron dar anestesia general porque era tan pequeñito que no lo podían paralizar de pies a cabeza para operarlo. Lo tuvieron que inyectar con un veneno que utilizan los indios amazónicos en sus flechas para paralizar a los animales que cazan. Empecé a rezar.

Gracias a Dios, al fin el niño salió bien de aquella difícil operación. Con el tiempo engordó como un loco; ahora es una bola y a veces tenemos que ponerlo a dieta.

Ya en Los Angeles, Marcos supo lo que estaba pasando. Me llamó llorando, y entre sollozo y sollozo me preguntó: "¿Se me va a morir mi hijo?". Yo traté de calmarlo y de confortarlo. Le expliqué que ya el niño había superado la crisis, pero tuve que confesarle que me sentía muy sola.

Por supuesto, él no podía regresar a Miami en aquel momento; la banda tenía que cumplir su compromiso. Pero ya junto a mí, me dijo: "Me voy de la banda; esto no me vuelve a pasar nunca más. No se puede ser músico, y tener un matrimonio que funcione. Mi carrera me costó un matrimonio. Y no me va a costar el nuestro".

Entonces, a pesar de su éxito y del dinero que estaba ganando, y después de doce años consecutivos con el Miami Sound Machine, decidió irse del grupo. "No quiero estar tocando el bajo y saltando en un escenario cuando tenga cuarenta y cinco años", fueron sus palabras exactas. "Ya tuve las *fans*, y las limosinas y *El Show de Johnny Carson*. Ahora quiero tener una familia".

Como músico, ya él había realizado su sueño y había llegado hasta donde quería llegar. Se me hace irónico que en ocasiones se refieran a él como "el esposo de Cristina", cuando antes era todo lo opuesto. Su último concierto tuvo lugar el 31 de diciembre de 1986. En marzo del año siguiente abrió su propio negocio, hasta que se convirtió en mi mánager. Todavía hay quienes le preguntan por qué se fue de la banda, e inclusive quieren saber si había problemas internos. En todas las bandas hay problemas; todo el mundo pelea, pero también se quieren mucho. Es normal que así sea si se han criado juntos. Pero la realidad es que Marcos se retiró porque quería estar con nosotros.

Al principio se suscitó mucha controversia en los medios, y por parte de gente mal intencionada que se suscribe a la escuela del "divide y vencerás"; algunos llamaron por teléfono con el único propósito de hurgar, o tal vez de causar discordia. Ya Gloria era la solista del grupo, y el consenso general era que esa decisión de Emilio había ocasionado una división. Me sorprendió mucho, y me decepcionó bastante, que toda aquella gente que profesaba ser "amiga" de la banda y apoyar a la banda, una vez que triunfó y que le empezó a ir cada vez mejor, se dedicara a la tarea de destruirla, después de tanto trabajo y tanto esfuerzo. Nos negamos rotundamente a conceder entrevistas de ningún tipo.

Y yo por mi parte aprendí que un profesional nunca habla mal de otro profesional en público. Por eso me da tanta pena cuando veo a algunos artistas y a otros profesionales que atacan a sus colegas en la prensa, ya que lo mismo los integrantes de las bandas, que los elencos de las producciones de cine y televisión, como quienes participan en las publicaciones llegan a donde llegan por el esfuerzo colectivo.

En 1987 Emilio decidió quedarse en la casa para ocuparse personalmente de su hijo Nayib, y dejó de tocar percusión con la orquesta para dedicarse de lleno a la producción. También en 1987 se convirtieron en Gloria Estefan y el Miami Sound Machine. En

1988 se retiró Kiki García, y se terminó la estructura del grupo como había sido en sus inicios.

MARCOS NUNCA HA SIDO UN "MANTENIDO"

Desde que lo conozco, Marcos —al igual que yo— también ha tenido siempre varios trabajos al mismo tiempo. Cuando estaba con el Miami Sound Machine, al principio de nuestra relación, y todavía no ganaba mucho dinero porque la banda no había pegado, recuerdo que en sus ratos libres hacía otras cosas para suplementar sus ingresos. Por ejemplo, iba al *downtown* (el centro de Miami), donde las cosas son muy baratas, compraba relojes por veinticinco dólares, y después los revendía. Y le decía a la gente que les iba a dar "la garantía de los quince", que eran quince pasos o quince minutos, hasta que la garantía expirara, ya que los relojes eran tan baratos.

Luego nos inventamos una compañía que se llamaba Investment Art (Arte como inversión), que surgió espontáneamente y de puro amor. Nos gusta mucho el arte, y como no teníamos dinero, coleccionábamos arte primitivo que comprábamos en Centroamérica ya que no resultaba muy caro. Las paredes de mi casa estaban forradas de pinturas, y a todo el que nos visitaba les encantaban. ¡Y Marcos nació con un olfato de sabueso para los negocios!

Una vez yo estaba en mi cuarto recortando revistas (porque siempre he sido ratón de recortes), escuché que Marcos mencionaba una cifra, y me di cuenta de que estaba vendiendo una de mis pinturas... ¡de mi pared! Salí como una loca para proteger mi territorio, me paré delante de la pintura, y grité como una fiera: "¡Esta no!" Mantuve esa actitud hasta un día en que nos dijimos que si todo el mundo quería los cuadros que teníamos, ¿por qué no venderlos?

Regresamos a Honduras, donde habíamos comprado nuestra colección personal de arte primitivo. Compramos más pinturas, y de regreso a Miami montamos una exposición en la Galería

Vanidades. Lo vendimos todo. Hoy tenemos una preciosa colección de arte cubano, que es el *hobby* de mi marido.

Cuando Marcos se separó de la orquesta abrió una compañía de relaciones públicas: MagikCity Media, la cual aún mantiene. Con MagikCity él quería ofrecerles a los artistas en español lo mismo que él había aprendido viajando con el Miami Sound Machine; es decir, utilizar todos los medios de difusión que utilizan los artistas americanos. Así, ideó un plan de mercadeo que incluía campañas de radio, televisión y prensa, sesiones de fotografía, y asesoría de imagen. También se valía de sus conocimientos para distribuir esta información a nivel nacional e internacional. Esos servicios los provee un jefe de prensa, quien es el encargado de pulir la imagen de un artista y de diseminar esa imagen en los diferentes medios de comunicación.

Al principio nos costó mucho trabajo establecer la agencia, porque los artistas en español no entendían realmente la importancia de una agencia de prensa. Un artista paga alrededor de dos o tres mil dólares mensuales por ese tipo de servicio, pero hay agentes que son tan efectivos en su campo que se pueden dar el lujo de cobrar hasta cinco mil dólares, más los gastos. Sin embargo, en el mercado hispano, en ese entonces nadie entendía por qué tenían que darle parte de su dinero a alguien por publicarles una fotografía en un diario o una revista, ni por conseguirles una entrevista. Simplemente no existían jefes de prensa; el único que lo tenía era Julio Iglesias, que en mi opinión siempre fue el más inteligente de todos los artistas hispanos.

¡Fue muy difícil! Marcos, como miembro fundador del Miami Sound Machine, aún recibía cierto porcentaje de participación en las ganancias de los discos. Con ese dinero habíamos dado el enganche para comprarnos una casa muy bonita, de cuatro habitaciones, en Kendall (un reparto en el sur de Miami). Teníamos que salir del apartamentico en que vivíamos, porque ya no cabíamos en él, especialmente después de la llegada del bebé.

Al principio muchos artistas se entusiasmaron con los conceptos de Marcos, y se incorporaron a MagikCity: Alvaro Torres, Luca Bentivoglio, Laura Flores, Amanda Miguel y Diego

Verdaguer. Pero se quedaban un tiempito y se cansaban. ¡Hasta que nos empezó a ir bien! De pronto, Alvaro Torres, el intérprete del *hit* "De Punta a Punta", pegó otro *hit*, Laura Flores empezó a tener éxito en las telenovelas, y Amanda Miguel hizo un relanzamiento con su nuevo disco, "El Pecado". Ya con Gloria de solista, Emilio le dio la cuenta de Gloria Estefan y el Miami Sound Machine a Marcos para el mercado hispano, además de darnos otros de sus buenos consejos.

Manteníamos una oficina para la agencia en Coral Gables, una ciudad muy antigua y próspera de Miami, con rentas muy altas e impuestos peores. A Emilio le pareció aquello una malísima idea. "Ustedes han montado una oficina muy cara en Coral Gables", nos dijo con toda sinceridad. "Yo, que estoy en mejor posición que ustedes, tengo mi oficina en casa de mi mamá, en un garaje. Quiten esa oficina que se los está comiendo por una pata, y monten una oficina en la casa". Así lo hicimos y nos empezó a ir mejor, porque no teníamos ningún gasto. Y una vez que Marcos comprobó que a él le estaba yendo bien, empezó a lavarme el cerebro para que yo me fuera de *Cosmopolitan*. Mi reacción: "¿Tú estás loco? ¿De qué vamos a comer, si tú has dejado la banda?". Además, había trabajado en Editorial América durante veinte años, y después de tantos altibajos era lo único sólido que quedaba en mi vida, además de Marcos y mis hijos. No obstante, Marcos me convenció de que lo que yo estaba haciendo en aquella empresa era vender *mi tiempo* en vez de *mi talento*. Y recuerden bien todos los que estén leyendo este libro ese consejo tan importante, a cualquier nivel de vida en que se encuentren en estos momentos.

ACTRIZ DE TELENOVELAS

Marcos comenzó a utilizar los instrumentos del oficio que había adquirido durante los dos ultimos años del *crossover* del Miami Sound Machine, trabajando con las agencias de publicidad estadounidenses. El lema "lo que no se anuncia no se vende" lo aplicó a nosotros como pareja y entidad profesional. Empezó a enviar comunicados de prensa a los diferentes medios con fotografías de él en su nueva empresa, junto a la última foto de la banda, y su retiro. Pero no bastándole con promocionarse a sí mismo, hizo una especie de bombardeo publicitario con todas las actividades que yo estaba realizando como periodista en *Cosmopolitan* y *TV y Novelas*. Gracias a eso surgió mi participación en una telenovela que se trasmitió por la cadena Univisión.

En julio de ese año, los productores de la telenovela argentina *Amándote*, me pidieron que participara, caracterizándome a mí misma. La trama estaba basada en el personaje central, interpretado por la actriz venezolana Lupita Ferrer, quien representaba a la directora ficticia de una revista femenina internacional. Para darle credibilidad a la novela, en determinados capítulos el personaje de Lupita viajaba a Miami para visitar a su supuesta amiga, Cristina Saralegui, la directora de *Cosmopolitan*, con el propósito de pedirle consejos sobre cómo lanzar una revista exitosa, y, de paso, contarle los percances de su vida amorosa.

Las escenas se filmaron en Editorial América, y mostraban imágenes de Lupita entrando a mi oficina. Quedaron tan bien, que los productores decidieron utilizar las tomas grabadas en *Cosmopolitan* para que sirvieran de entrada diaria a la telenovela.

Al mismo tiempo, Marcos enviaba ese tipo de información a otros medios en sus comunicados de prensa.

Cuando lanzamos MagikCity, comenzamos a dejarle saber al publico quiénes éramos como unión personal y profesional. Quién era yo en el mundo editorial, y quién era Marcos Avila en términos de su capacidad como promotor de talento. Eso cambió nuestra vida, completamente.

Marcos decidió promocionar mi carrera periodística, en un medio escrito, mucho antes que yo pensara incorporarme a la televisión. Por mi parte, cuando incursioné en todos los otros medios, era solamente una persona tratando de establecer una carrera. Jamás pensé que iba a llegar tan lejos, y mucho menos lo que se iba a esperar de mí. ¿Quién podía vaticinar las responsabilidades... y los insultos? ¿Quién me iba a decir que determinadas personas iban a pedir que me cortaran la cabeza, y que me sacaran de un país? ¿Quién habría pensado que alguien iba a asegurar que yo "le había vendido mi alma al diablo"? ¿Quién se iba a imaginar que yo iba a representar a la mujer hispana? Yo era, simplemente, una ama de casa periodista que trataba de ganar los frijoles para mis hijos.

Todo sucedió al mismo tiempo, y en avalancha, como unos dominós que se caen unos arriba de otros. Y todo sucedió una vez que Marcos se separó de su banda y empezamos a trabajar juntos. De nuevo —y al igual que sucedió con nuestro romance— fue como si hubiésemos estado esperando toda la vida para asociarnos profesionalmente. Pero todo se produjo tan súbitamente que todavía hoy miro hacia atrás y no lo puedo creer. Escribir este libro ha sido como tirarle un jarro de agua fría a un corredor en medio de una carrera. Es el primer y único momento en que me he detenido a mirar el camino que ya he recorrido.

8 | TELEVISION

CUANDO UNA PUERTA SE CIERRA...

Editorial América había sido, hasta mediados de la década de los ochenta, una empresa muy sólida; sin embargo, comenzó a producirse una serie de cambios drásticos que me hicieron dar cuenta que Don Armando estaba vendiendo la compañía. Lo comentaba con otras directoras, pero nadie me lo quería creer. El tiempo me dio la razón, porque la vendieron, apenas un mes después de que finalmente renuncié a mi posición para incorporarme al mundo de la televisión.

Por supuesto, ante aquellos síntomas, empecé a buscar trabajo como una loca. Lo peor de acostumbrarse a cierto nivel de vida es que después no se puede dar marcha atrás. Por lo tanto, aparte de la búsqueda en sí, necesitaba un trabajo con un salario igual al que tenía en aquellos momentos... 130 mil dólares al año. Siendo una mujer joven, hispana, y para no tener que mudarme de Miami, estaba pidiendo ni más ni menos que un milagro. Sin embargo, como Marcos siempre ha dicho que tengo detrás de mí a un ángel de la guarda tan fuerte que cuando revolotea las alas hasta me despeina, el milagro se produjo casi de inmediato.

En esa misma época de cambios, también hubo una serie de ajustes en Univisión, la cadena más grande de televisión hispana en los Estados Unidos. Hasta ese momento, Univisión había sido la S.I.N. (Spanish International Network), la primera cadena hispana fundada en los Estados Unidos, en 1961, la cual pertenecía al señor Emilio Azcárraga, empresario mexicano, y a otros dos socios. Ellos tuvieron un problema con la F.C.C. norteamericana (es decir, la Comisión Federal de Comunicaciones, la agencia federal que regula la industria televisiva en los Estados Unidos), la cual prohíbe que un extranjero sea dueño de más del 25 por ciento de las acciones de una compañía de comunicaciones en este país. En 1988 se vieron obligados a venderle la compañía a la empresa Hallmark, y un chileno, Joaquín Blaya, fue su primer presidente.

Yo no estaba al tanto de nada de eso. Mi vida, y mi mundo, era la Editorial América; mi mayor preocupación el hecho que me había enterado de que, secretamente, estaban buscando compradores en Nueva York y México para vender la empresa donde yo, prácticamente, me había criado. Mi problema era, por lo tanto, abandonar el barco antes de que se hundiera.

Joaquín Blaya había sido *disc jockey* y cantante en Chile; luego incursionó en el área de ventas de publicidad hasta llegar a la vicepresidencia de una empresa. Después de la elección de Salvador Allende como Presidente de Chile, emigró a los Estados Unidos donde consiguió un trabajo como vendedor de anuncios para la S.I.N. Con el tiempo llegó a alcanzar la posición de gerente general del Canal 23, estación afiliada a la S.I.N. en Miami.

Yo conocía a Joaquín Blaya socialmente, simpatizaba con él. Siempre me decía: "Tengo que buscar algo para que te vengas a trabajar con nosotros", pero mi escasa experiencia televisiva se limitaba a comparecer como invitada en uno que otro programa. Sin embargo, las intenciones de Joaquín estaban muy definidas, y una de las decisiones que tomó como presidente de la cadena fue crear una serie de programas hechos *por* hispanos en los Estados Unidos *para* hispanos en los Estados Unidos, en vez de los "enlatados" que llegaban de Venezuela, Brasil y —sobre todo— de México. El quería producir programación netamente hispanoamericana en los Estados Unidos.

¡Y TODO POR LLEVARLE ONCE AÑOS A MI MARIDO!

Lo primero que hizo Blaya fue importar de Chile a Don Francisco, y lanzar en los Estados Unidos el programa que cambiaría para siempre la cara de la televisión en español: *Sábado Gigante.*

Don Francisco es en realidad Mario Kreutzberger, un hombre emprendedor, visionario, incansable. De ascendencia judía-alemana, su familia fue perseguida durante la ocupación nazi en los años cuarenta, hasta que todos emigraron a Chile cuando Mario era aún pequeño. Determinado a convertirse en animador, comenzó un programa de variedades, concursos y juegos en Chile, hace treinta y dos años. Hoy *Sábado Gigante* se transmite a nivel nacional en los Estados Unidos, así como en casi todos los países de habla hispana en el mundo.

Un día me llamó una productora de *Sábado Gigante,* para que fuéramos Marcos y yo a comparecer en un panel de parejas en las que la mujer era mayor que el hombre. Ese día aparecimos Marcos y yo por primera vez como matrimonio, y entre Don Francisco, que es muy sarcástico, y nosotros, el público se rió tanto que Mario (Kreutzberger) vino directamente a mí en cuanto me quitaron el micrófono, y me preguntó: "¿Puedes estar mañana en mi oficina a las diez? Tengo algo que proponerte". ¡La realidad es que dijimos tantos horrores en ese programa que el público se moría de la risa! Refiriéndome a Marcos, y burlándome de la diferencia en edades, le dije: "Mire, Don Francisco, tiene veintinueve años y se me está quedando calvo. ¡Voy a tenerme que buscar a otro de quince!". Marcos rebatió: "Cuando me casé con ella, tenía pelo. Me los ha tumbado todos. Ahora me quedan tres. Me dicen Tres Pelos".

Al día siguiente esta cubana se presentó en la oficina del famoso chileno, a las diez de la mañana, con su maletica en mano, tratando —como siempre— de promover sus revistas. "Eso no es lo que me interesa", me dijo Don Francisco. "Lo que quiero es que tú vengas a diez programas seguidos, a hablar de la vida en pareja". Y entonces me di cuenta de lo que él quería, básicamente, era la misma línea editorial de *Cosmopolitan*, pero en la televisión. Estuve de acuerdo, e hice los diez segmentos para el programa.

Ahí la Caperucita Roja se encontró con el Lobo Feroz vestido de abuelita. Don Francisco es un hombre tan espontáneo como rápido y genial para su trabajo cuando está delante de las cámaras. Yo no sabía nada de aquel mundo de la televisión en el que comenzaba a caminar, y las primeras veces me hizo una gran y astuta jugarreta: al llegar al estudio, feliz y contenta, y preparada con toda la investigación que había hecho apuntada en un papelito chiquitito, Don Francisco se sentó junto a mí, y como quien no quiere la cosa me dijo: "Déjame ver eso…". Tomó mi papelito, con mis números y estadísticas, lo miró detenidamente, miró a la cámara, y repitió al pie de la letra todo lo que llevaba escrito. ¡Quedé completamente desnuda! ¡No tenía nada que decir!

Fui víctima de su jugarreta un par de veces; regresaba a la casa destruida, y le explicaba a Marcos lo que me había ocurrido. Hasta que un día Marcos me dijo: "Oye, ¿tú le tienes miedo a ese hombre? ¡Mira que eres idiota!", me gritó. "Apréndete de memoria el papelito y no lo lleves más".

Solución sencilla, ¿no? Pero es que yo estaba tan involucrada en mi trabajo que, por falta de tiempo, escribía el papelito en el automóvil y no me alcanzaba el tiempo para aprendérmelo. Marcos, preocupado por mí y por mi reputación frente a millones de televidentes, me impuso la ley: "Si vas a seguir amedrentada como estás, no hagas más este programa, porque vas a hacer el ridículo. ¡Ve y cómete a Don Francisco vivo!".

La tercera vez que aparecí con él en televisión, me lo comí vivo. Y la cuarta. ¡Y la quinta! Y lo mejor del caso fue que a él le encantó. Y entonces agarramos un ritmo divino para trabajar juntos. Hasta el día de hoy. Cada vez que Mario y yo trabajamos juntos, logramos un equilibrio perfecto. Me gusta mucho su ritmo de trabajo, y combina muy bien con el mío. Y nos hemos hecho grandes amigos.

Fue ése el comienzo de mi historia con Don Francisco.

DE CHICA COSMO A *TV MUJER*

Entonces surgió un programa con el título de *TV Mujer*, el cual se trasmitía al mediodía, y cuya anfitriona era Lucy Pereda.

Joaquín Blaya tenía un programa piloto que le había mandado a hacer a una compañía brasilera; una especie de revista femenina, pero en televisión. Me mandó a llamar, me sentó en su salón de conferencias, pidió el almuerzo, y me mostró el piloto. Al finalizar me dijo, "¿Qué te parece?".

Comencé a reírme, porque la realidad es que aquello era tan antiguo que parecía uno de esos comerciales en blanco y negro de los años cincuenta, donde las mujeres se realizan en la cocina con sus licuadoras. La mujer moderna tiene otras necesidades. Le interesan las leyes que pueden afectar sus derechos; mucho más que con qué alimentar a sus hijos, les preocupa cómo pueden orientarlos. Le interesa cómo mejorar sus relaciones con los hombres. ¡Aquel piloto era un anacronismo! Así mismo lo critiqué, pero en un *memorandum*, por escrito. Y así me gané la posición de consultora editorial de *TV Mujer*, con un salario de tres mil dólares al mes.

Cynthia Hudson era la productora ejecutiva del programa, y acudía religiosamente a mi oficina de *Cosmopolitan*, como una niña buena, para sentarse frente a mí y tomar las notas que yo le dictaba. Yo le hacía unos esquemas con cuadritos, como se hace con las revistas, y le explicaba —segmento por segmento— la estructura que llevaría cada programa diario. Poco después creamos una sección para el programa, que aparecía los martes, y se llamaba *Vida en Pareja*. Eran consejos de la revista *Cosmopolitan* dados por su directora a las mujeres, sobre los hombres, las relaciones con éstos y el amor. Mis redactoras y yo escribíamos la sección, y yo aparecía en cámara.

También hicimos otro segmento, *Telenovelas en el aire*, que se trasmitía los lunes y los viernes; un presentador, Gabriel Traversari, hablaba de los artistas de las telenovelas, y aquel segmento aparecía con el logo de la revista *TV y Novelas*, lo cual era una excelente promoción para ésta.

Para *TV y Novelas*, la revista, yo había inventado un personaje con el nombre de *Tía Virtudes*, porque me encantaba otro similar, Chepa Candela, de una revista venezolana que se llama *Ronda*. El personaje es muy chismoso y yo quería tener algo parecido para darle un toque humorístico a *TV y Novelas*. Así nació la *Tía Virtudes*, que era tan virtuosa que podía criticar a todo el mundo.

Llamé a una de mis redactoras, muy simpática y ocurrente. Le describí el personaje, y le dije que quería que lo escribiera. Y la verdad es que dio en el clavo, porque lo hizo muy chistoso.

Con los chismes de la *Tía Virtudes* creamos una *Tía Virtudes* para la televisión. Conseguimos a una actriz muy cómica para que lo caracterizara, y como a la *Tía Virtudes* no se le podía ver la cara porque nadie podía saber quién era, la vestimos con una capa, un sombrero, y un velo... como la bruja de *El Mago de Oz*.

Otro personaje que incorporamos a la televisión fue el *Profesor Zellagro*, un adivinador que predecía el futuro por medio de runas, unas piedrecitas con símbolos vikingos. Oscar Orgallez —un hombre erudito, que habla varios idiomas y es redactor de la revista *Geomundo*— era muy amigo mío. En una ocasión me dijo que quería escribir una sección sobre el más allá para *Intimidades*, aquella primera revistica que dirigí. Supe que era un gran estudioso de todo lo esotérico, y que había encontrado un método interesantísimo de adivinación que provenía de los antiguos vikingos y consistía en lanzar y leer las runas.

Se disfrazó con un atuendo raro, adoptó su propio apellido al revés como nombre (Zellagro, de Orgallez), se afeitó la cabeza, y empezó a aparecer en las páginas de *Intimidades* por primera vez con el método de adivinación de las runas. Después colaboró con *TV y Novelas*, y por fin apareció en cámara en *TV Mujer*.

Así que ya yo tenía en *TV Mujer* a la *Tía Virtudes*, al *Profesor Zellagro*, *Telenovelas en el Aire* y *Vida en Pareja*, además de hacerle todo el esquema a la productora ejecutiva y ganarme mis tres mil dólares mensuales para suplementar mi sueldo, porque —como digo y repito— yo soy la mujer de los dieciséis trabajos. Mentalidad del exiliado cubano... por si las moscas.

Esa fue la primera vez que hice entrevistas en cámara.

Ya en aquel entonces yo tenía todas las exclusivas de los artistas para mis revistas, especialmente *TV y Novelas*. Habíamos desarrollado un concepto bastante novedoso en esos tiempos, que era trabajar en conjunto y en equipo. ¡Entre latinos! Contaba con un grupo de amistades influyentes entre los directores de las revistas de farándula en Latinoamérica. En México estaba Chucho Gallegos, director de *TV y Novelas* de México; en Venezuela tenía a Gloria Fuentes, directora de *Ronda* y de *Venezuela Farándula*. En Puerto Rico a Elsa Fernández-Miralles, del periódico *El Nuevo Día*. Llegó un momento en que nos pudimos dar el lujo de ofrecerle a un artista un paquete promocional completo a cambio de una sola entrevista exclusiva: televisión en español en los Estados Unidos, *TV y Novelas* en México y Estados Unidos, todas las revistas de farándula en Venezuela y varios diarios en Puerto Rico, además de *Cosmopolitan* a un nivel internacional. Así que un artista que quería promocionar un vehículo podía hacerlo a nivel masivo con otorgar una sola entrevista.

Una de las exclusivas que hicimos en esa forma, y entre las que más escándalo ocasionó, vendió más revistas y periódicos, y más altos ratings obtuvo para el programa, fue la del embarazo de Carolina, la novia del cantante venezolano José Luis Rodríguez, El Puma. Cuando Carolina quedó embarazada, El Puma estaba en Argentina por primera vez, y teniendo mucho éxito en ese país. Estaba todavía casado con su primera esposa, la cantante y actriz Lila Morillo.

Una fuente me informó que "la nueva novia cubana jovencita con quien estaba viviendo José Luis estaba embarazada". Solté una carcajada, ya que acababa de lanzar *Cosmopolitan* en Argentina, y había estado en la bellísima quinta que había alquilado José Luis con Carolina. Los había visto juntos, pero en ningún momento noté que Carolina estuviera en estado.

Le pregunté a Héctor Masselli, el mánager de El Puma, quien lo corroboró, mencionando que estaba preocupado que esto le fuera a afectar la carrera a José Luis, ya que todavía estaba casado con Lila, quien siempre ha sido muy controversial y fuerte de carácter; ni ella, ni las dos hijas de ambos, sabían nada al respecto.

Inseparables. Así eran este trapito, esta tetera y Stephanie. (*Album de la familia*)

Los tuyos, los míos y los nuestros. Al llegar Jon Marcos, unió a la familia. Esta fue la primera foto familiar después de su nacimiento. (*Adolfo Alvarez*)

"Señor Mamá." Marcos es el mejor papá del mundo. El pidió una licencia para acompañarme cuando dí a luz y como yo estaba operada y el niño era tan pequeñito, él lo bañaba en una cazuela encima de la cama. (*Album de la familia*)

Cristina al natural. Así, sin maquillaje, es como a mi hijo Jon le gusta verme. Aquí estamos de vacaciones en los cayos de la Florida. (*Album de la familia*)

¡Mami tiene revista! Así de contentos quedaron Jon y Stephanie al ver las vallas de publicidad de *Cristina La Revista. (Album de la familia)*

Todos juntos con Stephanie. A pesar de la agitada vida que llevamos, tratamos de estar siempre juntos. Aquí estamos el día de su primera comunión. *(Maggie Rodríguez)*

Una de mis fotos preferidas. A los Avila, Menéndez y Saralegui nos encanta que nos retraten y ésta es una de las fotos familiares que a mí me gusta. *(Adolfo Alvarez)*

Todos de viaje. Cuando los viajes son largos, procuro llevarme a los niños conmigo. Aquí en Los Angeles, Jon Marcos y Stephanie saludan al público durante una grabación. *(José Luis Rocha)*

Su primer autógrafo. Jon firmando su primer autógrafo que vendió por un dólar para recaudar fondos para la lucha contra el SIDA. *(José Luis Rocha)*

El conejo de la suerte. En mi casa de Miami Beach vivo con cuatro perros, peces, y este conejito que se llama Lucky (Suerte). *(Diego Robledo)*

La noche de los Emmy. Esa noche me gané cuatro de los trece que se le han otorgado a mi programa. Los tengo en mi casa para recordar, cada vez que los miro, que ha valido la pena tanto esfuerzo. *(Maggie Rodríguez)*

¡Ya creciste Titi! Recuerdo cuando la llevaba en un canastico a mi oficina y hoy mi hija Cristina Amalia es toda una mujer. *(Orlando Luna)*

Yo, de cera. En el Movieland Wax Museum en California. Siempre he pensado que es un honor estar ahí al lado de grandes figuras como Julio Iglesias y Celia Cruz. *(Gabrielle Veitt-Bermudez)*

La estrella: La calle ocho de Miami es el corazón de Cuba en el exilio. Allí hay una estrella con mi nombre. El día que me la dieron me vestí con guayabera blanca y me fumé un tabaco. ¡Multipliqué mi cubanía! *(Emérito Pujol)*

¡Arriba la Vida! es la fundación que creé para ayudar a buscar la cura del SIDA. Aquí estoy con el cuadro del pintor brasilero Romero Britto que sirve de logo para ¡Arriba la Vida! *(Maggie Rodríguez)*

¡Gracias, Phil! La organización GLAAD me concedió el premio Vanguard por el programa que hice sobre las bodas entre homosexuales y el premio me lo entregó Phil Donahue, el pionero del formato del *talk show* en USA. *(Albert Ferreira)*

Emocionante fue la vez que, ante más de un millón de personas en Washington, D.C., pronuncié los nombres de hispanos que se han ido por culpa de SIDA. *(Pat Fisher)*

¡Qué señora! Yo nunca me imaginé que iba a compartir algo con Elizabeth Taylor. Esta foto la tomaron en Washington, D.C., cuando participamos juntas en la vigilia contra el SIDA. *(Pat Fisher)*

Amigos por la Vida se llamó el homenaje que AmFAR me ofreció en Los Angeles para recaudar fondos para los hispanos con SIDA. Mis amigos Liz Torres, María Conchita Alonso, Salma Hayek, Cheech Marin y la doctora Mathilde Krim, presidenta de AmFAR, estuvieron allí para apoyarnos. *(Steve Cohn/Berliner Studios)*

"Yo soy la señora que combate el SIDA en español," dije a los delegados el día que hablé en las Naciones Unidas. Ese día yo miraba para todos los lados y no podía creer que estaba hablando en la ONU junto a Elizabeth Taylor. *(Paul Knowles)*

La jerarquía musical de Miami: Jon Secada, Gloria Estefan y Albita cantaron gratis el día del homenaje de AmFAR. Recaudamos 500 mil dólares. ¡Gracias, amigos! *(Steve Cohn/Berliner Studios)*

Navidades con los Gore: En diciembre de 1996, Marcos y yo fuimos invitados a la casa del Vicepresidente Al Gore y su esposa y me encantó comprobar que son personas sencillas y muy hospitalarias. *(Fotógrafo personal del VP)*

Una panelista llamada Emily: Gloria Estefan se ha presentado varias veces en mi programa, pero la última vez fue con Emily, su bebita, ¡y en medio del programa corrió a sentarse en las piernas de su mamá! *(Omar Fernández)*

¡Gracias, Don Francisco! Mario es uno de los hombres a quien más tengo que agradecerle. No sólo creyó en mí cuando me invitaba a su *Sábado Gigante*, sino que me recomendó para *El Show de Cristina*. *(Emérito Pujol)*

Selena en el corazón, es donde siempre llevaré a esta adorable jovencita que tuve la oportunidad de conocer y entrevistar. (*Emérito Pujol*)

Yo he entrevistado a Antonio Banderas tres veces y cada vez me cae mejor. La última vez, me presentó a Melanie Griffith y a su bebita, Stella del Carmen. (*Gabrielle Veitt-Bermudez*)

Mi Familia fue una de las primeras películas hispanas que apoyé en mi programa. En Los Angeles entrevisté a su elenco: Jimmy Smits, Eddie Olmos y Esaí Morales, un trío de latinos que pesa mucho en USA. (*Omar Fernández*)

Esta foto tardó siete años. Ese fue el tiempo que tuve que esperar para entrevistar a Julio Iglesias en mi programa. Después, Julio me dijo que era la entrevista más importante de nuestras vidas. ¿Cree usted que la pasamos bien? *(Omar Fernández)*

Verónica me contó su cirugía punto por punto cuando la entrevisté en México. (Se estiró la cara y se rebajó los senos.) Después de la entrevista, nos fuimos a una discoteca y pasamos muy bien. Me pareció bellísima, astuta, muy trabajadora y divertidísima. *(Omar Fernández)*

Marcos es mi compañero de aventuras y a quien le dedico este libro. Lo elegí como marido porque todas las cosas que a mí me faltaban a él le sobraban. Las mujeres debemos invertir en un hombre que nos apoye y no que se nos convierta en un obstáculo. *(Alexis Rodríguez-Duarte)*

Masselli decidió darme la exclusiva tan pronto regresaran a Miami. Le cambiamos el atuendo de maternidad a Carolina cuatro veces, y le hicimos cuatro sesiones fotográficas diferentes: una para México, una para Venezuela, una para Estados Unidos y otra para Puerto Rico, más la entrevista de televisión. El Puma y Carolina pudieron dar su versión de los hechos antes que pudiera surgir cualquier ataque público por parte de nadie. Con una exclusiva como ésa, no es de extrañar que se agotaran todas las revistas.

Otra exclusiva la logramos con la actriz y cantante mexicana Lucía Méndez. En ese momento ella estaba protagonizando la telenovela *El Extraño Retorno de Diana Salazar*, que debió haberse titulado "el extraño retoño", ya que Lucía quedó embarazada del director Pedro Torres. Cuando aquello éramos muy buenas amigas. La llamé a México y le dije: "Lucía, te voy a hacer una entrevista en televisión en dos partes para *TV Mujer*, te la voy a publicar en *TV y Novelas* de Estados Unidos y México, así como en las revistas del Bloque de Armas en Venezuela. ¡Con una sola entrevista vas a llegar a cincuenta millones de personas!". Lucía me repondió sin titubear, "¡Pues, vente para acá ahorita mismo!".

La visitamos en su casa en las Lomas de Chapultepec, en la Ciudad de México, y yo le preguntaba todo lo que se me ocurría para luego editarlo, como cuando se hace una entrevista escrita. Excepto que en televisión ese sistema no funciona, así que nosotras conversábamos y nos reíamos, y el director nos gritaba "¡Corten!" constantemente.

DE MARIDO A MANAGER

Joaquín Blaya decidió que quería hacer un *talk show* como los de los norteamericanos. Cuando aquello solamente estaban en el aire Phil Donahue, Oprah Winfrey, Sally Jessy Raphael y Geraldo Rivera.

Hacía exactamente un año que Telemundo, la segunda cadena nacional hispana que surgió después de Univisión en los Estados Unidos, había lanzado el programa *Cara a Cara*, que con el tiempo llegó a convertirse en *María Laria*. Este programa lo hacía María al principio con un ínfimo presupuesto, y después que presentaba las noticias locales en el Canal 52, la estación afiliada de Telemundo en Los Angeles. En ese mismo estudio, al terminar el noticiero, echaban los burós a un lado, seleccionaban entre ocho y doce personas para el público, tenían dos o tres panelistas, y María hacía un *talk show* en español con el que Telemundo pretendía competir con Oprah y con Sally. Por supuesto, era un programa muy valiente, no sólo por los temas que trataba por primera vez en español, sino por hacerse con escasos recursos en un hueco en la pared. María Laria lo hizo un año completo antes de que comenzara *El Show de Cristina*.

Cuando Joaquín Blaya me ofreció hacer un *talk show* para Univisión, no pude menos que decirle: "¿Pero por qué yo... ?", porque ya desde entonces aquello me olía a maldición gitana. Me respondió: "Porque tú eres la única persona que yo conozco que habla hasta por los codos, y de cualquier cosa". Esa virtud o defecto siempre ha sido un factor a mi favor o en mi contra.

Me confirmó que el *show* se tenía que llamar *Cristina*, y para convencerme, me ofreció pagarme, por un solo trabajo, lo que yo ganaba por todos los demás trabajos juntos. A ese punto negocié mi primer contrato: era por tres años, ganaría 130 mil dólares anuales, e incluía la estipulación de que si el programa no pegaba, él me tenía que nombrar en una posición ejecutiva en Univisión por el mismo sueldo. ¡No podía dejar mi trabajo para estar en el aire, en todos los sentidos de la palabra!

Marcos, quien siempre está velando por mis intereses, no hacía más que repetirme: "Ese trabajo vale 200 mil dólares"... sólo que ya Joaquín me había ofrecido 130 mil dólares. Entonces yo trataba de negociar con él, aduciendo que no podía abandonar un puesto importante, de tantos años, sin saber siquiera si aquella nueva aventura televisiva iba a funcionar. Joaquín accedía a darme un poquitito más, pero no tanto. ¡Ni siquiera se aproximaba a los 200 mil dólares! Y Marcos me reprochaba: "¿Pero volviste para la casa con esa porquería?" Ya Blaya me había advertido: "No quiero negociar con tu marido. Yo te estoy empleando a ti y quiero negociar contigo".

Pero la realidad es que soy muy mala para los negocios; me da vergüenza pedir más dinero. Entonces Marcos me decía el argumento que debía esgrimir, ya que no lo podía llevar a él a las reuniones de negocio, porque ya Blaya me había advertido que no lo quería ver allí. Así fue como mi propio esposo se convirtió en mi mánager.

Pero antes de ofrecerme el trabajo en firme, Joaquín quiso que hiciera un programa piloto. Lo filmamos en la iglesia St. Brendan's, en Miami, y recuerdo que trataba sobre adolescentes embarazadas. Cuando el piloto por fin llegó a manos de Blaya, no le gustó para nada. En verdad, yo estaba muy *verde;* nunca había grabado ante las cámaras de televisión, no sabía lo que estaba haciendo. El me explicó lo que no le gustaba de mi desenvoltura (o la falta de ella) en el aire; tomé notas. Me sentía, naturalmente, intimidada y llena de aprensión, pero también estaba determinada a hacerlo mejor.

Así que con el mismo miedo que puede sentir un condenado a muerte, regresé a la iglesia a grabar de nuevo. "Esta vez lo tengo que hacer bien, no tengo otra oportunidad", me machacaba en la cabeza. Mi compañía la estaban vendiendo, no me quedaba otro remedio que buscarme otro trabajo.

Repetí el piloto, y se lo entregué a Joaquín Blaya. Esa vez me lancé al vacío, y estuve tan atrevida que dije todo lo que se me ocurrió sin la autocensura del novato. "Este sí que te va a arrebatar", le dije.

El caso es que funcionó, y, con mi convicción bien firme y pensando positivamente, jodí, y jodí, y jodí… hasta que me aceptó darme el dinero que pedía. Fui la primera persona en Univisión, además de Don Francisco, a quien le asignaron un sueldo de esas proporciones. Cuando se enteró el resto del personal de Univisión, todo el personal corrió a pedir un aumento de salario, y Joaquín Blaya por poco me bota. ¡Así empezó *El Show de Cristina!*

EN LA CUERDA FLOJA Y CON EL
CUCHILLO EN LA BOCA

Lo importante de todas estas experiencias es que fue precisamente bailando en esa cuerda floja que se me salió la adrenalina y el estilo que tengo hoy en día en televisión. Lo que sale en televisión es lo que es, porque yo soy así. Mis neuronas van directamente del cerebro a mi boca, y me brotan las palabras por sí solas, sin edición, al punto de que yo misma me sorprendo mientras hablo. Eso nació ese día, cuando me jugué el todo por el todo y dije, "Aquí hay que ser atrevida, hay que ser osada, ¡y hay que seguir adelante!" Le hice a Joaquín Blaya el piloto como es el *show* hoy en día. ¡Y lo compró!

Recuerdo que durante la grabación del primer programa yo estaba tan asustada que sudaba a borbotones, y cuando me pusieron el micrófono en la mano pensé, "¿Esta cosa lo podrá electrocutar a uno?". Jamás había leído un TelePrompTer, la cajita que colocan sobre la cámara, donde se incluyen las pautas a seguir. Tampoco me había dado cuenta que necesitaba anteojos, porque nunca había leído desde tan lejos. ¡Yo no sabía nada de nada! Tuve que aprender a palos y en la marcha, como aprendí en *Vanidades* a escribir en español.

Después de todo aquello, en marzo de 1989 llegó la fiesta de lanzamiento de *El Show de Cristina*, que hicimos en Nueva York por todo lo alto, en el Hotel Essex House, en Manhattan. Y mientras me hallaba en la fiesta, a mis espaldas había surgido un problema grave: me habían ya asignado un productor ejecutivo norteamericano, que no hablaba español y desconocía totalmente el mercado hispano, y cuya idea de los temas que podrían interesarle a nuestro público latino eran "El Primer Día de la Primavera", "Veteranos de Vietnam", y esa onda. Cada cinco minutos tenía que llamar por teléfono a Joaquín Blaya para informarle que no podía trabajar de esa forma, además de que había accedido a hacer el programa pensando que tenía voz y voto en cuanto a la selección de temas.

Blaya estaba de acuerdo en que, en efecto, eran mis temas, mis decisiones. Yo se lo comunicaba al productor gringo... y en eso estábamos.

Por su parte, como él era el productor ejecutivo, era también quien preparaba el presupuesto del programa. En aquel momento yo estaba negociando mi salario por mediación de mi abogado, y el productor americano no cesaba de preguntar cuánto yo iba a ganar. No obstante, para mí lo más importante del contrato no era el sueldo en sí, sino el tener control absoluto del contenido editorial del programa, como siempre había tenido con mis revistas.

Mientras estaba en Nueva York para la fiesta de lanzamiento, todas estas negociaciones estaban teniendo lugar entre mis abogados y los de Univisión. El productor se hallaba en Miami, y desde su oficina llamó a la abogada de Univisión, en Kansas City, para decir que estaba elaborando el presupuesto del programa para someterlo a la gerencia, y que necesitaba que le enviara por *fax* una copia de mi contrato según las negociaciones. La abogada, que no tenía por qué pensar mal de aquella solicitud, ya que cae dentro de la jurisdicción de un productor ejecutivo, se lo envió.

Cuando aquel hombre vio lo que yo iba a ganar (que era bastante más de lo que ganaba él), y que según el contrato yo tendría control creativo absoluto del programa, y no él, le dio un ataque. Entonces empezó a cambiar cláusulas de mi contrato. Quitó la parte referente al control creativo, se lo devolvió a la abogada, y la abogada se lo envió a su vez a mi abogado. Mientras tanto yo estaba encantada de la vida en el Essex House, brindando con champán con el presidente de la compañía y los anunciantes, sin sospecharme nada de lo que estaba sucediendo a mis espaldas.

Al llegar a mi habitación, feliz después del lanzamiento y la reacción positiva de todos los clientes, me encontré con una llamada de mi abogado para explicarme lo sucedido. ¡Y al día siguiente nos íbamos todos para Los Angeles a grabar el primer programa!

Llegamos a Los Angeles, agarré a Blaya, y le dije: "Si no firmamos el contrato original, como lo habíamos acordado, no grabo. No solamente eso. Tú le tienes que explicar a ese señor que yo soy su jefa. Y si no, me voy, y no hago *El Show de Cristina*. Regreso a Editorial América, donde me quieren mucho, con el rabo entre las piernas a pedir mi buró de siempre. ¡Y sé que me lo van a devolver!".

A la mañana siguiente, mientras desayunábamos en el restaurante de nuestro hotel en Los Angeles, firmamos el contrato, Joaquín, Marcos y yo; escribimos y tachamos cláusulas hasta lograr la meta.

Así también empezó la relación de Marcos con Blaya. A partir de ese momento, Joaquín aceptó a Marcos como mi representante oficial; después sólo quería hablar de negocios con él.

No sé en qué forma Joaquín le explicó al productor norteamericano que no se metiera conmigo, que el programa era *El Show de Cristina* y no de él, y que yo iba a decidir los temas a desarrollar. Pero nunca hubo paz entre nosotros, y, gracias a Dios, a los cuatro meses ya el americano se había gastado el presupuesto entero de un año, y lo echaron. A partir de ese momento comenzó la pugna con Blaya: él quería asignarme otro productor ejecutivo; yo seguía con mi idea fija de mantener control creativo absoluto.

El programa llevaba varios meses en el aire, y como yo no sabía nada del medio televisivo, un día se me ocurrió preguntarle: "¿Qué es un productor ejecutivo?". Blaya me contestó: "Es el jefe". Evalué esa respuesta como por cinco segundos, y le dije: "¡Ah! ¿Entonces es como la directora de una revista?". Me respondió afirmativamente. Entonces recuperé la autoridad y resumí, con pura lógica cubana: "¡Chico, entonces estamos hablando de más! Porque yo soy la productora ejecutiva de este programa. Y yo quiero que tú me des el título, porque aquí la jefa soy yo".

¿Ven ustedes lo que es ser pez fuera y dentro del agua?

Después de mojarme los pies, me tiré de cabeza y seguí nadando. Ya me conocen.

"Si tú fuiste a buscar a la directora de una revista y te compraste una jefa con tus 200 mil dólares, ¿cómo me vas a poner a un jefe que sepa menos y gane menos que yo?", le dije.

El insistía en que tenía que asignarme a un productor ejecutivo que estuviera ya empleado por la cadena, porque existían cuestiones técnicas que en esos momentos yo desconocía. A punto de cortarse las venas, por fin accedió: "Bueno, dime a quién quieres, porque vamos a acabar botando a diez si no se lleva bien contigo".

Le propuse a Osvaldo Oñoz, que era el gerente general de *TV Mujer*, pero con la condición de que ambos fuésemos coproductores ejecutivos, que yo tuviera el control creativo y ejecutivo, y fuera la jefa absoluta del departamento completo.

Osvaldo me parecía un hombre honesto, y yo estaba aterrada con el productor ejecutivo previo, que casi me sacó del aire por haberse gastado el presupuesto sin que ni siquiera yo me hubiera dado cuenta de lo que sucedía. Después de tantos años de haber dirigido tantos departamentos, llevar tantos presupuestos, y después de haber dado un salto tan grande, por primera vez en mi vida estuve a punto de quedarme sin trabajo por tener a otras personas controlando mi proyecto sin reportar directamente a mí.

Juré, en esa oportunidad, que nunca más me hallaría en esa situación.

Esos primeros meses de Osvaldo en *El Show de Cristina* fueron mortales para él, porque yo estaba en todo momento bajo el delirio de persecución anterior, y las peleas eran a veces tan fuertes que al día siguiente le tenía que enviar flores y globos para pedirle excusas.

Pero desde entonces me propuse que jamás en la vida volvería a tener un jefe, y así ha sido.

"Osito", como le apodamos a Osvaldo, es todavía mi coproductor ejecutivo, y desde que le dieron el puesto, se acabaron los problemas. Osvaldo sabe lo que él hace y lo que yo hago. Marcos y yo decidimos; él ejecuta.

También fue así como me convertí en productora ejecutiva, una vez que me di cuenta que no podía ser la jefa sin el título, y mucho menos en una compañía donde los que mandaban eran todos hombres. Todo me ha costado mucho más trabajo, por ser mujer.

"CRISTINA, LA COMIDA"

Las empresas se ocupan de promover sus productos estampándoles etiquetas a sus latas. A mí Univisión me quería vender desde el principio como "la Oprah Winfrey con salsa", y así aparecí en la mayoría de los titulares de prensa cuando mi *show* fue lanzado al aire. Lo triste era que los periodistas lo sacaban a colación durante las entrevistas que me hacían, insinuando que el nombrete había sido de mi propia invención. Es triste, porque aunque me enorgullezca de que me comparen con la mejor en su campo e idioma, en este caso, es humillante que alguien pudiera pensar que la idea surgió de mí cuando yo no tuve nada que ver con la estrategia de mercadeo para *Cristina*. Lo único que Oprah Winfrey y yo tenemos en común es que nacimos el 29 de enero. Así y todo, prefiero que me comparen con Oprah Winfrey a que me digan "Donahue vestido de mujer".

Al lanzar mi programa —el 17 de abril de 1989, de 5 a 6 de la tarde, de lunes a viernes, hora del este— me dio mucha risa cómo se expresaron en torno a mi persona en ese primer aviso de prensa: "Tome un jalapeño, agréguele dos vibrantes ojos verdes, algo de sol, póngale salsa, y... ¿qué tiene? *Cristina*, el *show* más entretenido de la televisión hispana". ¡La verdad es que nunca antes me habían comparado con comida!

En una ocasión visitamos los estudios de Oprah Winfrey (en Chicago), con vistas a alquilar el espacio para grabar nuestro programa en esa ciudad. Luego desistimos, ya que era muy pequeño, y cuando vamos de gira el público solamente tiene la oportunidad de asistir en contadas ocasiones y hay que darle cabida. Pero Oprah, muy gentil, nos invitó al programa. Me hizo ponerme de pie, y con la perspicacia que la caracteriza, se burló de todas las etiquetas diciendo: "Esta dama dice que ella es la Oprah con salsa. Eso es mentira. ¡Yo soy la Cristina negra!".

El público nos ovacionó, y yo, mentalmente, me quité el sombrero. ¡También las etiquetas!

¡QUE NO ME LLAMEN TALENTO!

Uno de los muchos obstáculos por vencer al incorporarme a Univisión fue una palabrita que parecería insignificante, pero que tiene una connotación peyorativa en el campo del entretenimiento: "talento".

En el negocio de la televisión, es parte del argot referirse a la persona que aparece frente a la cámara como "talento". Para mí, que provengo del mundo editorial, la palabra *talento* significa algo que uno posee y que se paga muy caro. Quiere decir inteligencia, experiencia, cultura, don de mando. En este caso quería decir "ganado", el término que solía utilizar el director británico Alfred Hitchcock al referirse a los actores. El "talento" es la persona que se para donde le dicen, y lee lo que le ponen enfrente. Las personas que mandan de verdad son el productor ejecutivo, el productor general y el director, que deciden dónde se para el *talento*, lo que tiene que leer el *talento* y cómo lo tiene que hacer el *talento*.

Al percatarme de ese detallito, mandé a mi abogado que quitara de mi contrato completo la palabra "talento", dondequiera que apareciera, y que la sustituyera por "periodista". Así que mi primer contrato por ningún lado decía *"talent"*.

Han sido encuentros difíciles todos éstos que he tenido que librar. La lucha más grande que he tenido con respecto *El Show de Cristina* ha sido por no sólo lograr el control creativo del programa, sino mantenerlo. Porque vine de otro mundo que es como otro planeta, y sobre todo por ser mujer, por ser *hembra*. En el planeta televisión donde los hombres forman una tribu y no te dejan entrar ni para matar una mosca, impera la ley de la caverna. Entonces, para una mujer que llega de otro mundo, y sin esa experiencia ni esa trastienda, poder, poco a poco, asumir el control de lo que se graba, de lo que sale al aire, de lo que se repite, sin censura, es una hazaña epopéyica. Lo logré al cabo de un año de estar en el aire. Pero lo logré, desafortunadamente, peleando con todo el mundo y en todo momento.

La guerra era constante, pero era cuestión de ganar cada batalla, pulgada a pulgada, a medida que iba avanzando. Todo esto me alteró de los nervios, y ocasionó algunos estragos en mi psiquis. No dormía bien, me sentía agredida por todos lados, me invadió una especie de paranoia o delirio de persecución. Pero poco a poco, sin dejarme vencer, cada vez que me caía me motivaba sola y me levantaba de nuevo... y logré todo lo que quería alcanzar. Y pude lograrlo porque los ratings me apoyaban.

Los ratings son los puntos de teleaudiencia que obtiene un programa durante un período determinado, y usualmente se miden diariamente por medio de una encuesta llamada Nielsen, que es la misma que utilizan los programas en inglés. Estos números se emplean para determinar cuánto puede cobrar un programa por una pauta comercial. Como al cabo de los seis meses, *El Show de Cristina* llegó a ser el número uno en el horario diurno, y se colocó entre los veinte primeros lugares de la programación total, los ejecutivos de la cadena tomaron en consideración los ratings tan altos que estábamos alcanzando, y empezaron a dejarme tranquila.

Eso no quiere decir que la guerra se detuvo, o que jamás se detendrá. Es, simplemente, el *modus operandi* de este negocio.

Otra batalla fue poder hacer *Cristina La Revista*. Cuando surgió la idea con Editorial América, hace cinco años, Univisión no quería que yo hiciera una revista, pero mi contrato no incluye ninguna cláusula que me lo prohíba. Además, siempre he tenido mis negocios propios, porque soy la mujer de los dieciséis trabajos (¿recuerdan?). *Cristina La Revista* comenzó a publicarse.

No obstante, la batalla ha sido constante, como la gota de agua que raja la piedra, para mantener —durante los nueve años consecutivos que lleva en el aire— el programa al nivel de calidad e interés que hemos alcanzado. Una batalla constante que nunca termina.

LAS APARIENCIAS EMPAÑAN

Para nadar en el mundo de la televisión, nada fue fácil. Empezando porque tuve que despojarme, como una serpiente, del cuerpo, la cara, el pelo y mi apariencia completa… y de todo a lo que estaba acostumbrada durante los últimos veinte años de mi vida. Había sido escritora y directora de revistas, trabajaba en un buró como una esclava. Llegaba a las ocho o nueve de la mañana a mi oficina, y me iba a las nueve o las diez de la noche. Aprovechaba las veces en que mi marido no estaba para trabajar hasta las once de la noche y adelantar, porque era tanto el trabajo. El aspecto físico me importaba un pepino, y cuando me tomaba un receso, me daba por devorar todo lo que había en las máquinas de alimentos, lo cual me hacía engordar. Entonces me ponía la ropa de maternidad que aún guardaba, y cuando me hartaba de lucir fea, despeinada, despintada y con ropa de maternidad, me iba para mi casa, empezaba a hacer ejercicios y dieta, y bajaba treinta libras. ¡Así estuve años, y años… y años!

Al empezar en la televisión lo que más trabajo me costó fue entender cómo era posible que un medio de comunicación fuera tan frívolo; es decir, que importara más la manera en que una se veía que lo que saliera por su boca.

En esa época se usaba el cabello con permanente, bien rizado, y bien salvaje. Una se secaba con la cabeza hacia abajo con un difusor. También la moda era llevar ropa llamativa, con mucha joyería de fantasía. Esa fue la imagen que yo llevé a televisión. Cuando posé para las primeras fotografías de promoción para Univisión, la sesión tuvo lugar en el garaje de mi casa, con el fotógrafo Adolfo Alvarez y mi estilista y maquillador, Miguel Angel Pérez. Mi vestuario, desde luego, muy llamativo; además, tenía un permanente rojizo. Cuando esas fotos finalmente llegaron a la directora de relaciones públicas de Univisión, por poco le dio un infarto. Ella estaba acostumbrada al *look* elegante de María Elena Salinas, la presentadora de noticias nacionales de Univisión. Todas las presentadoras de noticias usaban accesorios muy pequeños, trajes de chaqueta, y se peinaban el cabello de la misma manera. Era el *look* uniforme de las mujeres de Univisión. Pero como yo en *Cosmopolitan* supervisaba todas las sesiones fotográficas de las cantantes y las actrices, supongo que me disfracé como una de ellas, porque era la primera vez que me tocaba estar del otro lado de la cámara.

Todavía cuando hoy miro los vídeos del primer año de *Cristina*, me horrorizo. Me veo fea, ridícula, gritona y como un caballito en rifa, llena de gangarrias, cadenas, pulseras, aretes de tres pisos, con todo colgando y haciendo ruido con el micrófono.

El cambio fue paulatino. Miguel me alisaba el cabello y me lo aclaraba poco a poco, hasta que nació la rubia de la televisión. Recuerdo el primer día que quiso ponerme pestañas postizas, las cuales me parecían verdaderas tarántulas. Poco a poco fuimos puliendo mi imagen, y prestando atención a la reacción del público. Algunas cartas que recibíamos, por ejemplo, mencionaban que movía tanto las manos que parecía que estaba nadando… Creo que pasé los dos primeros años del programa sin llegar a definir mi estilo. La procesión de colores de pelo y de peinados fue increíble. ¡Estaba peor que Hillary Clinton! Me compré una trenza larga que todo el mundo me copiaba; me hacía otro peinado con una especie de cresta que Marcos llamaba "el gallo", y decía que si tiraba unos granos de maíz al piso, yo me lanzaba a comérmelos. Me costó mucho trabajo encontrar mi estilo. Ahora conservo el cabello liso, cortado en una sola capa, y me gusta el maquillaje tenue y la ropa sencilla. Al cabo de tres años, yo era *Cristina*; lucía pulida y profesional.

Al principio tampoco sabía cómo proyectar la voz; hablaba en un tono que estaba como dos octavas por encima de mi tono normal, como un pito. También me desconcertaban los TelePrompTers. Para resolver aquella situación, me fui a una organización llamada Magid Group (una de las compañías más grandes de consultores de televisión, en Cedar Rapids, Iowa), y en ella me enseñaron a leer varios TelePrompTers a la vez, y a bajar el tono de voz para que resultara más agradable. Cada formato tiene su propio ritmo y técnica. Yo aprendí, por ejemplo, a hacer entrevistas sentada al lado del entrevistado sin mirar casi mis tarjetas, que es muy diferente a hacerlas de pie y ante un panel y con público.

Sobre todo, aprendí estudiando mis propios vídeos, que fueron una gran revelación. Cuando una persona examina su aspecto lo hace a través del espejo o en fotografías. Casi siempre la cara está de frente. Es muy difícil que alguien se vea a sí mismo en 360 grados, como cuando se camina alrededor de una escultura. Eso solamente se logra a través de vídeos. El espejo no sólo arroja la reflexión de frente y de forma plana, sino que el refleja la vira al revés.

Mi consejo, para toda mujer que quiera cambiar la forma en que se proyecta, camina, se viste, se peina, se maquilla, mueve las manos, sobre todo hoy en día que las videocámaras son tan baratas, es que se hagan un vídeo. ¡Caramba, cómo me hizo cambiar!

Gradualmente fui modificando mi apariencia y aprendiendo nuevas formas de comportarme ante las cámaras, a nivel cotidiano de gestos y expresiones, cuando hablaba, me movía, caminaba y me reía.

La televisión lo exagera todo, el lente de la cámara aumenta quince libras y la hacen lucir a una muy gorda, muy grande, muy dramática. Comencé a atenuar todo lo que hacía normalmente. Lo primero fue bajar veinticinco libras que había aumentado, y ponerme nuevamente en talla seis para poder lucir de un tamaño normal en televisión. Y es que durante el primer año del programa, durante una gira de un mes en Los Angeles, engordé quince libras y subí dos tallas. En Los Angeles comíamos un desayuno fuerte, un almuerzo fuerte, y por las noches nos íbamos a los mejores restaurantes, porque me encanta la comida mexicana. Llegué a pesar 150 libras, y usaba talla doce. Con el nuevo régimen, rebajé a 120 libras y pude volver a vestir una talla seis.

Empecé con una entrenadora personal, pero ella era tan negativa que me repetía "Tú siempre vas a ser una talla *mediana*, tú nunca vas a ser un *small*". ¡Y la boté! Y empecé a caminar todos los días, hasta que pude caminar con más rapidez, correr despacio, y correr más rapido, y me puse en talla seis, y logré todo lo que quería.

Un día, hace poco, mientras corría mis cuatro millas por los alrededores de mi casa, en la isla donde vivo y ya vecina de todos los ricos y famosos, me encontré a mi ex entrenadora que también corría por la calle con otra cliente. Y la saludé de lo más feliz y campante, corriendo por el lado en mi talla *small*.

Al cabo de los primeros dos años, con tanto estrés y tantos viajes me empezó a bajar el azúcar. Había cambiado, sin darme cuenta, de un trabajo sedentario a uno que requería mucho esfuerzo físico y estar en condiciones óptimas.

El segundo año de *Cristina*, los Estefan me mandaron a sus instructores de gimnasia para que me entrenaran a hacer ejercicios y me enseñaran nutrición. Aprendí a comer sin grasa y sin azúcar, y pequeñas cantidades de proteína cada tres horas, para mantener mi energía estable y poder funcionar mejor durante todo el día. El resultado fue que por primera vez me veía regia en la televisión, y por primera vez en mi vida entendí lo que era ser una mujer atractiva, porque cuando llegaba a cualquier lugar, la gente se volteaba a mirarme aunque no supieran quién era. Eso jamás me había pasado… ¡y tenía cuarenta y un años!

Todo en mi vida cambió para que, físicamente, al público le gustara como yo me veía, no solamente como yo sonaba. Fue una transformación increíble. Pero gracias al proceso al que tuve que someterme, aprendí a comer, a cuidar mi salud y a relajarme física y mentalmente. Son esos consejos los que también comparto con ustedes en este libro.

No voy a mencionar nombres, pero hubo una persona importante en Univisión que al principio de comenzar en mi programa dijo que yo nunca sería maestra de ceremonias de ningún evento de la cadena, porque yo era "una vieja gorda que no sabía vestirse". Hoy en día, he sido maestra de ceremonias y presentadora de casi todos los principales eventos del mundo hispano, y esa persona no tiene trabajo.

PERO LA FAMA ENGAÑA

Pero a veces he tenido que recurrir a sustancias químicas para poder funcionar. Por culpa del tren de vida que llevo, si no tomo un laxante natural, no voy al baño; si no tomo melatonina, no duermo. Llega un momento en que la vida de una es tan rápida que no hay tiempo para que el cuerpo funcione normalmente. Esto me hace recordar un comentario que me hizo Mario Kreutzberger (Don Francisco): "Somos como los autos de carrera Fórmula Uno. Muchas veces cuando se va tan rápido, es difícil mantener el carro en la pista, pero al fin y al cabo éste fue el negocio que escogimos". Haciendo televisión aprendí a comer mejor, y a cuidar mi salud de la manera en que lo hago ahora.

La mayoría de los periodistas, debido a las presiones de su trabajo, funcionan con mucho estrés. Casi todos fuman y beben, y toman cantidades industriales de café... se lo toman hasta frío, y lo revuelven con un lápiz, porque de aquí a que puedan levantarse para buscar más café, se les fue la hora del cierre. Haciendo televisión me di cuenta que el esfuerzo físico que debía realizar era tan grande, que si no comía bien, si no dormía bien, si no tomaba menos café y menos bebida, y fumaba menos cigarrrillos, me iba a dar un infarto.

Sí, el primer año del programa causó estragos en mi psiquis sin que yo misma me diera cuenta. De repente existía una persona pública que cobraba fama, alcanzaba logros, recibía galardones, y que no tenía nada que ver conmigo. Al mismo tiempo, la persona privada había sido relegada a un plano muy postergado. Estaba olvidada. Empezó el estrés de la fama, no poder salir a la calle como antes hacía, la cantidad de trabajo, los viajes. Tuve que acudir a la psicóloga Mercy Scopetta para aprender a distinguir entre "Mati" y "Cristina", y para poder separar mi trabajo de mi vida personal. Mercy me enseñó a meditar, y —sobre todo— a que no me afectaran mayormente los problemas personales de los panelistas, y no llevármelos a mi vida privada.

Para ayudar a un paciente, un médico tiene que separar lo que sufre el paciente de su capacidad profesional. ¡Esto fue lo que hice!

¡DEMASIADO BLANCA EN AMERICA!

Otro factor en mi apariencia, que al principio de *Cristina* parecía un obstáculo, y uno que no podía superar, era ser tan blanca, tan rubia y con los ojos claros.

Cuando el *show* fue lanzado al aire, llovían las cartas de mis hermanos hispanos en todos los Estados Unidos, en las cuales mencionaban que yo era "demasiado blanca" y "güera" (rubia para los mexicanos) para representar a las hispanas, cuando *brown* era *beautiful*... y yo no era *brown*. Hasta que comprendieron que lo que me estaban haciendo a mí era tan racista como lo que les estaban haciendo los *anglos* a ellos... y las críticas cesaron. Pero el proceso tomó seis meses de cartas del público en las que me decían que me pusiera más ruborizador.

Por otro lado la gerencia de Univisión insistía en que tomara clases de dicción.

Obviamente nunca las tomé, porque aquello constituía un insulto para mí. Porque si yo era una profesional con veinte años de experiencia en los medios de comunicación, donde todo el mundo sabe que soy cubana, ¿cómo iba de repente a empezar a hablar con acento neutro? Si yo fuera una joven que está comenzando en un noticiero, donde se necesita un acento neutro, podría entenderlo. Pero soy una mujer con rasgos muy definidos y un poco mayor para cambiar mi acento.

¿Cómo a Raúl Velasco, el periodista mexicano que es anfitrión de *Siempre en Domingo*, no le mandan a perder su acento mexicano, ni a Don Francisco su acento chileno, ni a Julio Iglesias su acento español? ¿Por qué tener un acento caribeño equivale a ser "poco educado"? Entonces me negué. "Si ésa es la condición, yo no estoy en Univisión, y no quiero este programa", les dije. Gracias a Dios, Joaquín Blaya comprendió mi punto y me dejó en paz, con mi acento cubano.

Curiosamente, algunas de las críticas más grandes que recibí con respecto a *Cristina* fueron precisamente de algunos miembros de la comunidad cubana de Miami, que me decían que "se avergonza-ban de que yo saliera en televisión con un acento tan *cubanazo*". ¡Qué ironía! Por ejemplo, los cubanos con frecuencia decimos *hubieron* en vez de *hubo*, un error garrafal. Pero cuando estoy hablan-do en el programa, tengo a diecisiete personas diferentes dándome señales, ocho panelistas que se gritan, un público entero que le-vanta la mano para hablar, la realidad es que en ese momento lo menos que pienso es decir *hubo* en vez de *hubieron*, sino en mantener el circo andando. Entonces dicen que yo no sé hablar español. Disculpen... Yo sí sé hablar español, yo leo en español, yo escribo en español. El problema es que yo soy muy cubana, estudié en este país *en inglés*, y tengo tremendo acento, en inglés y en español. Pero aquí estoy. Dando lata. Y pienso que en vez de pelear por cues-tiones de semántica y de acento, los hispanos tenemos que tomar consciencia y acción, porque si no nos unimos nos van a correr de este país, o al menos quitarnos nuestros derechos, y los que van a pagar el precio son nuestros hijos.

El siguiente obstáculo a vencer es la discriminación que existe entre los diferentes grupos hispanos en los Estados Unidos, e inclu-so entre los miembros de un mismo grupo. Quisiera que todos los latinos nos diéramos cuenta que estamos siendo divididos por influencias externas. En el año 2010 seremos la mayoría minoritaria en los Estados Unidos, y esto significa que seremos una fuerza política poderosa que deberá ser tomada muy en consideración por todos. Sobre todo, tenemos que comprender que en la unión está la fuerza, y que divididos jamás llegaremos a ninguna parte.

¡HASTA QUE "LA VIEJA" SE CANSO!

En televisión, además de llamarte "talento" (como un objeto de utilería), te tratan, en efecto, como un mueble. Te colocan en un *set*, te enfocan luces, y hablan de ti como si tú no estuvieras delante. También al principio de comenzar *Cristina* me pasaba el día escuchando comentarios como "se le ven mucho las arrugas" o "como sigamos subiendo las luces vamos a poder freír huevos en las cabezas del público". En las sesiones fotográficas la situación era aún peor. Si miraba hacia abajo o hacia los lados, me salían como diez arrugas en el cuello y parecía un pavo del Día de Acción de Gracias. Y como nadie en mi familia tiene barbilla, toda la parte de abajo de mi rostro se perdía, a menos que me sonriese como un payaso, de oreja a oreja. Es más, los técnicos me seguían por todo el *set* con una luz inmensa, en forma de mariposa, que suaviza la imagen y borra las arrugas... y me la plantaban delante, a dos pulgadas de mi nariz. Se cuchicheaban unos a los otros: "¡Tráeme la luz de *la vieja*!". Hasta que *la vieja* se cansó de aquella situación. Un día me planté y dije: "Se acabaron las luces". ¡Y decidí hacerme cirugía plástica!

Pero me tomó dos años, desde el día que comencé a investigar, encontrar al cirujano más reconocido en los Estados Unidos para la operación que yo necesitaba, hasta que el 22 de enero de 1992, muerta de miedo, me presenté en la clínica privada del Doctor Steven Hoefflin, en Santa Mónica (California).

Justamente un año antes había separado la fecha para operarme, y la tuve que posponer, porque me provocaba un grado tal de ansiedad, que cuando me enfocaban "la luz de *la vieja*" ya yo me veía con la cara cortada.

La operación —porque, a pesar de las malas lenguas, solamente me he hecho una— según me explicó el Doctor Hoefflin, consistía en: levantamiento de párpados, estiramiento de los surcos entre nariz y boca, estiramiento de cuello, y la eliminación de las bolsas debajo de los ojos. Me hice un estiramiento facial y me arreglé el cuello, los ojos, las líneas alrededor de la boca, y, por supuesto, me aumenté mi ausente barbilla.

Tomar la decisión de hacerse la cirugía es mil veces peor que la operación en sí, y las semanas de recuperación que le siguen. Los riesgos posibles en toda operación de esta índole galopaban por mi cabeza: infección, ceguera, hematomas, transfusiones de sangre y hasta la posibilidad de contraer SIDA. Más ridículo y menos lógico aún, me imaginaba saliendo al aire con la cara torcida y la boca de medio lado… y con lo rápido que hablo. Pero el porcentaje de riesgo era el mínimo, el Doctor Hoefflin había operado a Elizabeth Taylor antes de su última boda, así como a Ivana Trump y a Joan Rivers, y la diferencia entre los valientes y los cobardes no es sentir miedo, sino imponerse ante él.

La semana antes de que cumpliera mis cuarenta y cuatro cumpleaños, volví a lanzarme a la aventura con mi marido Marcos, como lo hemos hecho juntos durante todos estos años. Al mismo tiempo, por mi propia profesión e integridad periodística, pensé que no podía darme el lujo de callarme la boca al respecto y someterme a la cirugía plástica en secreto, porque perdería mi credibilidad. ¿Cómo podría presentarme luego en la televisión, como si no hubiera sucedido nada, pero con la cara estirada…? ¡Y en un programa donde el público cuenta situaciones tan íntimas! Entonces decidí tomarme fotos, no antes y después, sino *durante* la cirugía… y las publicamos en *Cristina La Revista*. Eso no lo había hecho nadie hasta entonces, en inglés o en español.

Las dos caras de una cirugía

Parte de la razón por la cual decidí mostrarle al mundo mis cicatrices, mis puntos y mis vendajes fue mostrar la realidad de un proceso que muchos prefieren mantener en secreto. Al igual que el público se imagina que la vida de una celebridad está solamente llena de glamour y fama, cuando lo ven a uno con un rostro nuevo se piensan que por ahí pasó una aplanadora y que quedó todo planchado... como cuando arrollan a *Bugs Bunny* en los muñequitos. ¡Y no es así! Para todos los que estén pensando hacerse la cirugía, permítanme contarles cómo realmente es.

Reunión preliminar

El día antes de la cirugía me sometí a un reconocimiento en la oficina del cirujano. Marcos y yo estábamos aterrados, sentados en la recepción del consultorio, agarrados de manos y llenando papeles. Eramos los únicos que estábamos en pareja, y notamos —con más aprensión aún— que las personas involucradas en la industria del cine y la televisión son tan frívolas que las mujeres piensan que el cirujano plástico es como el peluquero, y que inyectarse colágena en las arrugas del rostro todas las semanas es más o menos el equivalente de hacerse la *manicura*. Nos dimos cuenta que las mujeres iban solas porque tenían maridos actores, productores o directores, y —por miedo a la competencia de las actrices jovencitas— cada vez que el esposo se iba fuera a filmar una película, ellas acudían al cirujano plástico, secretamente, para hacerse otro pequeño retoque, y así estar frescas y lindas cuando regresara el marido. Entonces llegaban con los chóferes, con anteojos negros, por la puerta de atrás del consultorio, como se lleva un automóvil de lujo a un garaje para que le hagan la chapistería.

Dos semanas antes y noche anterior

Me mandaron a hacer todos los análisis habidos y por haber, en Miami, y enviarles los resultados. También me indicaron que no debía beber alcohol, ni café, ni tampoco comer demasiada sal ni picante, ya que todo ésto hace que aumente la inflamación después de la cirugía, y se presenten más hematomas.

El cigarrillo es mortal, ya que impide que uno cicatrice bien. Me quedé fumando dos al día, hasta el día de hoy. También me prohibieron tomar aspirina o cualquier derivado de ésta, porque provoca hemorragias. Pero el peor pecado es tomar sol —antes, durante y hasta tres meses después de la operación— porque se mancha toda el área operada, la cual tampoco llega a cicatrizar bien.

La noche antes de la operación ocurrió algo que ahora se me hace simpático, pero que en realidad pudo haber resultado bastante grave. Esa misma tarde nos entregaron unos pomitos llenos de pastillas de vitaminas que yo debía tomar antes de la cirugía. Entre ellas, la más importante era la vitamina K, que es la que cicatriza la sangre y previene las hemorragias. Pero resultó que entre aquellas pastillas habían unas bolitas mínimas, azulitas, del tamaño de la punta de un alfiler. Marcos me dijo: "No, ésas no son pastillas. Esas deben ser las bolitas que ponen dentro de los pomos para que las vitaminas no se pongan viejas". ¡Y las botamos! Después de que me operaron me vine a enterar que aquellas bolitas eran precisamente la vitamina K, y por eso mi operación duró siete horas, porque no podían detener las hemorragias con nada.

Miércoles, 22 de enero: el día de la cirugía

Llegamos a la clínica del Doctor Hoefflin a las ocho de la mañana; nos recibieron dos de sus enfermeras, Barbara y Kim. Firmé una serie de papeles en los que aceptaba estar consciente de todos los riesgos que se me podían presentar. Seguidamente comenzaron a prepararme para la operación, indicándole a Marcos que regresara a las 6:30 de la tarde. Me vistieron con una bata y un gorro de papel, pero me permitieron ponerme mis medias peruanas multicolores de lana pura hasta las rodillas, porque siempre he sentido mucho frío en los pies.

Me dieron un par de pastillas que me resecaron completamente la boca, y me pusieron un casete con la voz hipnótica del propio Doctor Hoefflin, con el sonido del mar como fondo. Al poco rato entró un anestesista, llegó el Doctor Hoefflin para dibujar una serie de líneas en la cara con un marcador azul, y entonces yo, más calmada, caminé hacia el saloncito operatorio. Me subieron a la mesa de operaciones, y lo último que recuerdo es la voz del joven anestesista, quien me preguntaba: "¿A dónde quieres ir hoy? ¿A

Hawai?" Asentí con la cabeza y una sonrisa ligera; él también sonrió: "Pues cierra los ojos, que para allá vamos..." ¡Y ahí quedé!

Siete horas después de la cirugía

Al volver en mí, me sentía terriblemente mal. Tenía la cabeza dentro de una venda muy apretada, como si fuera una momia, y me dolían la garganta, los labios, toda la boca por dentro y la mandíbula. Tenía los ojos tan hinchados que no podía enfocar la imagen del pequeño televisor de la habitación.

El Doctor Hoefflin se aproximó para examinar los puntos. "¿Te sientes bien?", me preguntó. "Sé que no me lo vas a creer, pero vas a quedar preciosa". Traté de sonreír, pero no me funcionaba la boca.

Marcos vino a visitarme a las 6:30 en punto. Al verme, dibujó una sonrisa congelada, salió corriendo, y se desmayó en el pasillo. Luego me dijo que, con los puntos, parecía una sangrienta e hinchada pelota de béisbol.

En ese momento no me sentía las heridas. Luego comenzaron a darme píldoras fuertes para el dolor, cada cuatro horas. Aún así, pasé la noche en vela tratando de acomodar las vendas, las heridas y las orejas, que parecían estar desconectadas de mi cabeza.

Lou, mi enfermera esa primera noche, una india norteamericana, me contó la historia de su vida, y yo le agradecí cada instante que estuvo a mi lado, porque sé que trató de distraerme.

Jueves, 23 de enero

Marcos me trasladó a un hotel en Santa Mónica que se especializa en la recuperación de pacientes recién operados, a unas cuadras de la clínica. El doctor me obligó a mirarme en el espejo antes de darme de alta, y yo estaba no sólo aterrada, sino renuente a hacerlo. Pero como después del desmayo de Marcos esperaba ver a Frankenstein en el espejo que tenía delante de mí, una vez que comprobé que era yo misma, un tanto desfigurada, me sentí sorpresivamente bien.

Viernes, 24 de enero

Después de haberse pasado la noche aplicándome compresas de hielo en los ojos y acomodándome en la cama, Marcos me llevó de regreso a la clínica, donde el Doctor Hoefflin me quitó la venda mayor del cabello, y la cinta adhesiva quirúrgica de la barbilla. Me ordenaron una dieta de líquidos claros durante los dos días siguientes, y líquidos espesos durante tres días más. De regreso al hotel noté los moretones en el cuello (como si me hubiesen tratado de ahorcar) y un par de puñetazos en los ojos.

Sábado, 25 de enero

¡Dios mío! ¿Qué he hecho? ¿Me voy a quedar así toda la vida? Me miraba en el espejo y me asustaba yo misma, como con los mutantes en la películas de horror que veo con mi hija Titi. Las enfermeras me habían advertido que no era conveniente analizarse frente al espejo durante los primeros seis días después de la operación, pero no lo podía evitar. Era como una curiosidad morbosa.

Domingo, 26 de enero

¡La dieta líquida me liquidó! Como padezco de hipoglucemia, se me baja el azúcar en la sangre si no ingiero proteínas cada cuatro horas. Estaba mareada, temblando, helada. Una buena amiga en Los Angeles, Winnie Sánchez, me salvó la vida cuando se nos apareció con tremendos sopones de chícharos y maíz, a los que le había añadido un pollo entero pasado por la licuadora. Pasé la semana siguiente comiendo sandwiches de jamón y queso. ¡Qué delicia!

Miércoles, 29 de enero: el día que cumplí cuarenta y cuatro años

Mi día comenzó de nuevo en la clínica del Doctor Hoefflin. Barbara, la enfermera, me quitó algunos de los puntos negros de mayor tamaño en la barbilla, los ojos, y alrededor de las orejas. Me dejó otros, además de los transparentes, los cuales se van cayendo con el tiempo.

Mi papá me envió un *cake*, y recibí dieciséis ramos de flores, postales, *faxes* y llamadas telefónicas. Y con frecuencia, sin motivo alguno, me echaba a llorar, exhausta y echando de menos mi casa, mirando televisión a solas con mi marido.

Sábado, 1 de febrero

¡Mi primer paseo en automóvil! Me sentía como un reo. Recorrimos toda la costa de Santa Mónica hacia el sur, por Manhattan Beach y Palos Verdes, para ver las ballenas que siempre se hallan en ese área. Algún día, soñamos, nosotros también tendremos una casita junto al mar.

Como era el día después de mi cumpleaños, y a pesar de que todavía me sentía bastante mal, Marcos quiso celebrármelo invitándome a cenar en el transatlántico *Queen Mary*, en Long Beach. Cenamos en Churchill's, el restaurante más lujoso del barco. Lo cómico y patético de este festejo a bordo era que yo todavía tenía puntos por algunas partes de la cara, y parecía un gato con bigotes de puntos marrón que me salían de la barbilla. Así y todo, fui con una gorra de pelotero, cené, y me fotografié con el personal de la cocina, que eran todos hispanos.

Apuesto a que en esa cocina todavía hay fotos de los empleados que se retrataron aquella noche conmigo, con la cara desbaratada por la cirugía. Marcos comenzó a llamarme Cara Cortada.

Miércoles, 5 de febrero

El toque final… ¡labios! Kim, la experta en colágena, me inyectó ambos labios, "conservadoramente", como le pedí. Quería una boca *sexy*, pero no labios como Mick Jagger. A pesar de que lo hace muy bien y en sólo diez minutos, fue lo que más me dolió de todo el proceso de reconstrucción al que tuve que someterme.

Jueves, 6 de febrero: el regreso a la casa

Me maquillé por primera vez... ¡y qué diferencia! Nada de arrugas ni ojeras, la cara balanceada con mi barbilla nueva y los pómulos acentuados, los ojos sin bolsas... ¡y qué labios!

Todos los televidentes de *Cristina* que me encontré en los aeropuertos de Los Angeles y Miami me dijeron: "¡Qué linda y qué joven te ves en persona! ¡Y cómo has adelgazado!". Me quedaba callada pensando en la sorpresa que se llevarían cuando se enteraran.

En Miami, los niños, la familia y los amigos que me fueron a recibir al aeropuerto, me registraron por todas partes. Todos quedaron encantados con el resultado, incluso mi mamá, quien había llorado junto a mi papá por teléfono el día de la cirugía; ahora amenazaba con hacérsela ella también. Mi papá, en cambio, no se me aproximaba; permanecía callado en todo momento. Pensé que estaba enfadado. Al fin me besó con mucho cuidado, me estudió bien de cerca, y me dijo: "Estás más joven y más bonita... pero no eres la misma hija que yo hice. ¡Ya ni te pareces a nosotros! Voy a tener que acostumbrarme a *esto*". Por fin se acostumbró.

Cuatro semanas después

Yo en seguida me acostumbré a mi nueva cara, tanto que ya hoy no recuerdo la otra. Pero... ¿volvería a pasar por todo esto? Probablemente, pero sólo si sigo trabajando el resto de mi vida bajo el lente implacable de la cámara, de lo cual no estoy para nada segura.

9 | *EL SHOW DE CRISTINA*

Igual que fui puliendo mi imagen poco a poco (¡y ni hablar de la cara!), también fui puliendo el programa. La mecánica es gloriosamente sencilla... ahora. Cuando *El Show de Cristina* fue lanzado al aire inicialmente, los productores que heredé de otros programas nunca habían hecho un *talk show* en español, ya que en el mercado latino solamente existía uno. No tenían experiencia en lo que al formato se refería, y algunos ni dominaban el castellano, porque eran muy jovencitos y se habían criado en los Estados Unidos.

El primer año, la directora de cámaras fue una americana de Los Angeles, simpatiquísima, que se mudó para Miami y se lanzó a la aventura con nuestro programa. Kathy Pérez hablaba su poquito de español, leía *Cosmopolitan*, y decía que ella era una Chica Cosmo, porque era muy coqueta a pesar de ser gordita. Se bañaba con velas alrededor de la bañera, y con aceites y sales de olor. Simpatizaba mucho con ella, porque era un personaje muy pintoresco. Pero como ella, lo mismo que el productor ejecutivo, venían del mundo de la televisión en inglés —donde a los presentadores les llaman "talento", y sus opiniones cuentan muy poco— la batalla entre nosotros fue inevitable.

Objetivamente yo intuía que *El Show de Cristina* tenía que reflejar la personalidad de su anfitriona. Por eso siempre insistí, y sigo insistiendo, en seleccionar todos los temas y la forma de desarrollarlos. Al principio eso era motivo de mucha intriga y mucha envidia entre los productores jóvenes, que con unas pocas excepciones tenían los egos disparados y se creían la última Pepsi-Cola del desierto, a pesar de tener tan poca experiencia en el medio periodístico.

La mayor parte de los integrantes del equipo con el que me tocó trabajar durante los primeros días del programa no tenían la menor idea de lo que era ser periodista, ni de escribir coherentemente un guión, ni desarrollar una idea en un panel. Aquello era como empezar en un kindergarten.

Poco a poco fui entrenando a los productores sobre las necesidades de nuestro mercado hispano. Implanté el mismo sistema de sobres editoriales que mantenía en *Cosmopolitan,* adaptándolo a la televisión. Así, cada sobre contenía recortes de revistas y diarios, o cartas pertinentes al tópico del día, y las copias de TelePrompTer con las introducciones de los panelistas. ¡Una organización total! Por cierto, el programa hoy tiene más guión, pero todas las entrevistas que ustedes ven en el aire, son improvisadas; siempre sé dónde voy a empezar, pero no dónde voy a terminar. Las preguntas se me ocurren ahí mismo.

Al principio tenía que corregir, e incluso muchas veces hasta escribir de nuevo, a mano, todas las introducciones de los productores originales. Aún las mantengo archivadas en esos sobres editoriales con mi puño y letra. Ellos me entregaban lo que ellos querían decir, pero lo escribían tan mal en español que no tenía otra alternativa que rehacerlo todo.

También teníamos el problema de que simplemente traíamos a los invitados del programa, los sentábamos en el panel a todos juntos desde el principio, y los dejábamos que se confrontaran. Era un sistema de manicomio regido por el caos. No había lo que en inglés le llaman el *rundown,* que es el resumen del programa según los segmentos y que detalla qué panelista entra en el segmento uno, dos, tres… y así sucesivamente hasta hilvanar el desarrollo de los temas.

Todos fuimos aprendiendo y creciendo juntos.

De todas las personas que integraban el equipo original, conmigo, solamente queda una productora. Además de Osvaldo Oñoz, mi coproductor ejecutivo, han habido otras dos personas que han sido instrumentales en el desarrollo de *El Show de Cristina*. El primero fue un periodista colombiano, Fernán Martínez Mahecha. Cuando lo conocí, era el jefe de prensa de Julio Iglesias. En esa época yo era muy amiga de Julio, y recuerdo que un día, mientras almorzábamos junto a la piscina de su casa en Miami Beach, entró Fernán con sus maletas, directamente desde Popayán, su pueblo natal, a tomar posesión de su cargo. Todos le dimos la bienvenida… sin saber yo, en aquel momento, que el destino también estaba poniendo a Fernán en mi camino.

Fernán estuvo con Julio unos ocho años como jefe de prensa, mientras yo dirigía *Cosmopolitan,* y con el tiempo llegamos a ser muy buenos amigos. Eventualmente, hubo pelea con el *camp* de Julio, y Fernán se vio obligado a abandonar su cargo y regresar a su país, donde fue director del noticiero nacional *TV Hoy.* Después de un tiempo quiso regresar a los Estados Unidos, y como éramos tan buenos amigos, me pidió trabajo a mí. Hasta ese momento yo estaba, no sólo trabajando como productora ejecutiva y conductora del programa, sino que además tenía que ser la jefa inmediata de los productores e ir a la oficina todas las mañanas para ayudarlos con sus tareas, una situación que me estaba agotando físicamente ya que por las noches grabábamos hasta la madrugada. Necesitaba a otra persona con experiencia netamente periodística que se encargara de esta posición intermediaria, y que fuera el jefe de los productores para asegurar que éstos llevaran a cabo mis ideas. Fernán era ideal para esta posición que era imprescindible crear, y lo nombramos productor general.

Fernán apenas hablaba inglés, pero su español era impecable. El escribía todos los textos que aparecían en el TelePrompTer y todas las introducciones de los panelistas que antes escribían los productores. El les corregía el español, los enseñó a escribir en el teclado, ya que antes lo hacían a mano, y computarizó la operación completa.

Después de estar tres años con nosotros, Fernán se marchó de mi equipo para regresar de nuevo a la familia de Julio, como productor ejecutivo del nuevo programa que lanzaban de entrevistas en Univisión con Chábeli, la hija de Julio. Después de estar un año con Chábeli, también fue él quien lanzó al otro hijo de Julio, Enrique, como cantante. Actualmente Fernán es el mánager de Enrique Iglesias, y esta nueva aventura con el joven cantante le está brindando éxitos y satisfacciones.

Tampoco existen las casualidades. Si Fernán no se hubiera ido de mi programa, nunca hubiera estado con nosotros la otra persona que ha sido clave para el *show:* Jorge Insua, un joven ecuatoriano de treinta y dos años que remplazó a Fernán como productor general.

Jorge, nacido en Guayaquil, Ecuador, vino a nosotros de *Oprah* donde era el único productor hispano. Se había criado en Cleveland (Ohio), donde su papá era cirujano. Siempre había soñado con trabajar en las comunicaciones, y de la universidad pasó directamente al programa de Oprah Winfrey, donde empezó trabajando con el público, y terminó siendo productor asociado.

Conocí a Jorge en Chicago durante nuestra visita a esa ciudad, cuando fuimos a planificar una gira y visitamos las instalaciones de *Oprah.* Desde el primer día me confesó que me admiraba mucho, que quería trabajar conmigo en español (a pesar de que no lo hablaba muy bien), y que estaba dispuesto a mudarse a Miami y hacer lo que fuera, porque él quería hacer algo por su gente, de la misma manera en que lo estaba haciendo yo. Me dijo que consideraba que yo estaba trabajando en favor de los hispanos y de las causas hispanas en los Estados Unidos, igual que Oprah Winfrey estaba trabajando en pro de los afroamericanos en este país.

Jorge cambió la manera en que se produce mi programa. Elevó el nivel y los esquemas de producción; modificó el formato; trabajó con el director, John Pérez, cambiando la manera en que se fotografía el programa; e ideó el nuevo *set.* Todas las innovaciones que tenemos ahora se las debemos a la insistencia y a la ilusión de este joven ecuatoriano, que dejó el programa de Oprah Winfrey y el frío del norte para estar en Miami con *El Show de Cristina*.

Después de pasar cuatro años con nosotros, Jorge acaba de marcharse porque desea continuar creciendo en su carrera y trabajar en otros tipos de formatos. El nuevo productor general es panameño y se llama Ronald Day.

UN DIA ATIPICAMENTE TIPICO, O VICEVERSA

Me imagino que el público en general alberga una fantasía colectiva acerca de lo que es un día en la vida de una personalidad televisiva. La fantasía es que el día empieza cuando la maquillan y llega al estudio. En realidad esto es un proceso que toma cuatro semanas.

Nosotros grabamos dos semanas sí, y dos semanas no. Todo en mi vida es cíclico, como el período… y se siente como el período también. Durante las dos semanas que no grabamos, los productores están buscando a los panelistas que participarán en el próximo ciclo de grabación. Nuestro ciclo de grabación comprende 20 programas que grabamos cada mes, lo cual significa que en total grabamos un promedio de 220 programas al año.

En Miami, cuando no estamos grabando, ese mismo estudio que ocupamos se convierte en el de *Sábado Gigante;* lo compartimos con Don Francisco. Si no grabamos nosotros, graba él… y esta organización de las grabaciones genera mucho estrés. En una ocasión Don Francisco agarró una pulmonía, y todo se complicó considerablemente. Cuando él no puede usar el estudio en las semanas que le corresponden, y debe ocuparlo en mi tiempo, se nos traba el sistema y tenemos un problema enorme, los dos. En ocasiones viajo a Los Angeles o a México para grabar, no para entrevistar a alguien específicamente, sino porque no puedo usar el estudio de Miami.

Casi siempre trabajamos con un mes de anticipación. El ciclo empieza con la llamadera constante a mi casa por parte de mi productor general: "¿Te gusta Fulano?", "¿Quieres una monja voladora?", "Hay que conseguir un vampirólogo". Y es que yo trabajo desde mi casa, porque tengo tres equipos diferentes de empleados: uno que produce el *show* y trabaja en el edificio de Univisión, otro que hace *Cristina La Revista* en Editorial Televisa, a Nan Leonard, mi jefa de prensa en Nueva York, y el equipo administrativo de nuestra empresa que trabaja en Palm Island, Miami Beach. Si tuviera que ponerme un vestido, unas pantimedias y un collar de perlas, pintarme los labios, montarme en mi carro, e ir a trabajar a un solo sitio, la realidad es que no podría hacer todo lo que hago. Por ello tengo personas en cada lugar que trabajan conmigo por teléfono.

Mi oficina central está a unos pasos de mi casa. En esa oficina trabaja Marcos, mi esposo, quien es mi mánager; su asistente, Betty del Río; mi asistente, Teresita López; mi hermano Iñaki, y yo. Tere es un caso aparte. Ella se ocupa de coordinar mi agenda, mis promociones, mi ropa... y mi vida. Sin Teresita no hay Cristina. Ella se merece un capítulo aparte, aunque nos peleamos constantemente, porque somos como hermanas.

El secreto del éxito para mí es mantenerlo todo centralizado y delegar a las diferentes oficinas fuera de la casa.

Mientras grabo, no hago absolutamente nada más. Esa es la parte fácil de mi mes. Para mis productores, en cambio, es la más difícil. Tienen que hacer los *shows*, sufrirlos y sudarlos. Que si se les cayó un panelista, que si fulano no se apareció a última hora, que si el vuelo no llegó a tiempo... ¡Es cuando ellos más trabajan! Pero cuando no estoy grabando, hago todo lo demás: la revista, la radio, los comerciales de AT&T, escribo este libro, hago presentaciones personales, doy discursos, hago entrevistas fuera, leo y recorto artículos para próximos programas, y además leo para informarme sobre lo que está pasando en el mundo.

Un día típico de grabación transcurre así:

9:00 A.M.

Me despierto, de mala gana, e inmediatamente hago un desayuno con proteína, porque eso me da energía para el resto de la mañana.

10:00 A.M.

Tomo un masaje para el estrés y la celulitis y salgo a caminar cuatro millas, llueve, truene o relampaguee. Si está lloviendo, lo hago en el interior de la casa, en una caminadora. Antes hacía una jornada diaria de dos o tres horas de ejercicio con un entrenador personal, tres veces a la semana; ya no. En la actualidad solamente camino y hago abdominales.

12:00 mediodía

Me baño, me visto, y me siento a mi buró; trabajo por teléfono con las diferentes oficinas.

2:30 P.M.

Almuerzo. Siempre carnes blancas (pollo, pavo o pescado), más vegetales y frutas. Casi siempre almuerzo con Miguel Angel, mi maquillador, con Teresita, mi asistente, o con Marcos, sin verdugo, quien a esa hora me recuerda todo lo que hay pendiente.

3:30 P.M.

Miguel sube conmigo a mi habitación y me empieza a maquillar. Mientras me maquilla, abro mis sobres y empiezo a estudiar para los programas, según los apuntes de los productores en las tarjetas. Esas tarjetas no incluyen preguntas; solamente me ofrecen un resumen de quién es cada panelista, y todo lo que salió a relucir durante las preentrevistas que hicieron mis productores. Me voy empapando del concepto total del *show* mientras Miguel Angel termina de maquillarme y peinarme. A esta hora llega Jon Marcos del colegio y comienza a hablarme de su karate y sus novias, así como a pedirme dinero y permisos.

5:00 P.M.

Salgo en el auto con mi marido rumbo a los estudios de Univisión.

6:00 P.M.

Llego al estudio de grabación, donde me espera el productor general. Nos sentamos, y entra el productor del primer *show* de los dos que van a grabarse ese día. A puertas cerradas discutimos el programa. Quién vino, quién no vino, quién habla bien, quién tiene dificultad en hablar español. Entonces el productor se va, y se reúne con el director para conceptualizar la mecánica del programa.

Hago mi primer *show*; después que termino, ceno algo bien ligero. Seguidamente entra el segundo productor y repetimos el mismo proceso. Entro al estudio y hacemos el otro *show*.

La mayoría de los días tengo que hacer los PSA, que son anuncios de servicio público. Además tengo que hacer *promos*, que son anuncios para *El Show de Cristina*, así como promociones para las estaciones afiliadas en otras ciudades, o entrevistas de prensa o televisión para otros periodistas.

10:30 P.M.

Voy camino a casa en el automóvil con mi marido. Al llegar me tomo un café con leche y tostadas.

12 medianoche

Ya estoy empijamada en mi cama; leo un libro por una hora para desconectarme de las tensiones del día. Casi siempre me duermo a eso de la una, mientras Marcos mira las noticias. Cuando estoy grabando y llego por las noches, ya mi hijo Jon Marcos está durmiendo. Lo visito en su habitación y le planto lo que él llama un "beso rojo" en la mejilla. A propósito le dejo la marca de mi lápiz de color de labios en el cachetón, para que cuando se despierte sepa que, si él no me vio a mí, por lo menos yo sí lo vi y lo besé a él.

Al día siguiente comienza la misma vorágine.

Las otras dos semanas del mes, cuando no hay grabaciones, cenamos con nuestro hijo, jugamos con él, y nos quedamos en la casa. En los días hábiles, no salgo de la casa, la cual es como mi oficina. No obstante, las mañanas son iguales, ya que necesito llevar el mismo régimen de ejercicio y nutrición para mantener el nivel de energía que me permite funcionar a una capacidad óptima y poder hacer todo lo que hago.

Nunca tengo un día promedio. A veces despacho con mi secretaria, o trabajo con Luz María Doria, la directora de *Cristina La Revista* (ella viene a mi casa y planificamos los números con tres meses de anticipación). Otros días grabo para la radio, hago comerciales y escribo este libro, discursos, artículos, escojo material para la revista y los *shows*, viajo a presentaciones personales, doy entrevistas, poso para sesiones fotográficas, etcétera, según lo que me toque hacer ese día. Lo que más me complace del ciclo en que no grabamos es que cuando mi niño regresa de la escuela podemos cenar con él. Nuestra hija mayor, Titi, está estudiando en estos momentos en una universidad en el norte.

Recuerdo que cuando dirigía revistas y era una empleada regular, regresaba a la casa muerta del cansancio a las ocho o nueve de la noche, y casi no disponía de tiempo para estar con mis hijos. Hoy tengo una agenda irregular que me permite estar más tiempo con mis hijos, y trabajo con mi marido. Y lo he logrado porque, como Marcos me vaticinó tan proféticamente, no estoy vendiendo *mi tiempo* sino *mi talento*.

NADIE APRENDE DE UN GALLINERO

En el programa, hay veces que lo más divertido se queda fuera de cámara... o se queda fuera una pelea horrible. Una de las diferencias entre nuestro programa en español y la mayoría de los *talk shows* en inglés, es el orden. Cuando la situación se acalora hasta un punto en que todo el mundo comienza a gritar y a ofenderse, y el estudio se vuelve como un gallinero, los televidentes no pueden escuchar lo que se está diciendo. Yo no tolero situaciones de ese

---

tipo. Pienso que uno aprende de lo bueno y de lo malo, pero nadie aprende de un gallinero.

He visto infinidad de veces, en los *talk shows* americanos, personas que se dan cachetadas unas a otras, individuos que dicen tantas malas palabras que les tienen que poner el *blip* tantas veces que no se les entiende lo que dicen. He visto cómo a Geraldo Rivera le han partido la nariz al lanzarle una silla a la cara. Y he visto cómo una confesión indiscreta en el programa de Jenny Jones causó un asesinato.

En mi caso, cada vez que se arma el gallinero, sencillamente detengo el programa, espero que se calmen los ánimos, y regaño al público durante el comercial. Una vez que la situación toma de nuevo su nivel, continuamos grabando.

Quizás la gente quiera ver un desbarajuste, pero a mí la lógica me dicta que el público debe escuchar lo que se está diciendo. No permito que en mi programa se le falte el respeto a nadie, y que impere la gritería. Es cierto que hay veces que se presentan situaciones difíciles, pero créanme, en esas ocasiones lo que sale al aire no es nada comparado con lo que ha sucedido en el estudio durante la grabación.

Se me acusa de interrumpir mucho a la gente, y se piensa que lo hago porque no me agrada lo que alguien pudiera estar diciendo en un momento dado. Lo que se desconoce es que el programa tiene siete segmentos, que entre segmento y segmento hay comerciales, y que no me puedo pasar de tiempo; si lo hago, hay que editar el programa y no saldría al aire como sucedió. Entonces, ¿qué pasa? Que si una persona me está contando una historia muy larga, no tengo otra alternativa que apurarla, porque me está tomando quince minutos, y para ese segmento solamente tengo cinco minutos. Siempre se les advierte a los panelistas, antes de que comiencen a contar su historia, cuántos minutos hay en ese segmento. Lo que sucede es que como muchos nunca han hecho televisión, no saben cómo editar sus pensamientos. Entonces se van por una tangente o rompen a llorar, y yo no puedo interrumpir. Y ya se han comido ese segmento y el que viene, y yo tengo que hacer una pausa brusca ahí, porque tengo que irme a comerciales. Pero quiero aclarar que no es porque no esté de acuerdo o no me guste lo que estén diciendo.

También a los televidentes les llama la atención el hecho de que yo siempre opino. El rol del moderador, para ellos, probablemente es de alguien que no tiene opiniones. Discrepo con este concepto, ya que mi programa no es noticioso. Es, precisamente, un programa de opiniones, y yo ciertamente tengo las mías. Lo que no considero justo es llevar el programa completo hacia una conclusión que favorezca mi opinión personal. Eso nunca lo he hecho. El papel del moderador es exponer las dos partes de un mismo argumento, dándoles cabida a ambas. Esa es mi función. Pero por haber sido una figura pública a través de tantos años en los medios de comunicación, es difícil mantenerme fuera de la historia, y me siento comprometida a también ofrecer mi perspectiva. Soy humana, y tengo derecho a pensar y a expresarme consecuentemente, aunque sin asumir una posición.

Nunca he tenido miedo de opinar sobre ciertos temas que se consideran tabú o escabrosos. Nunca hubiera podido dedicarme a la política, porque un político es un ser que deriva su popularidad de mantener contenta a la mayoría. Pienso que la clave del éxito del programa es decir la verdad, compartir mis problemas con el público. Uno no puede ser un caramelito que les guste a todos. Todo el mundo tiene secretos, y el público aprecia que yo también hable sobre los míos. Si tratamos el tema de la celulitis, por ejemplo, les confieso que yo también la tengo, ¡y mucha! La idea es que todo el mundo sepa que todos estamos en lo mismo. En una lucha constante...

LOS TEMAS DE SEXO

Una vez se me acercó una señora de edad avanzada y me reprochó: "Ay, usted nada más que habla de sexo, Cristina". Le respondí: "No señora, yo hablo ¡de todo! Desde platillos voladores hasta el cáncer del seno. Usted solamente recuerda los programas de sexo. Entonces el problema es suyo, señora, y no mío".

Presento temas de sexo porque aparte de la enorme necesidad que hay de informar sobre la materia, cada vez que incluyo algo de sexo en el programa los ratings se van por las nubes, y los números desplazan la hipocresía. ¿Por qué en vez de criticar un programa llamando a una emisora de radio o escribiendo cartas airadas no apagan los televisores cuando hay algo de sexo? Pero... ¡Noo! Al revés. Se prenden más y más televisores. Si los apagaran, ello nos indicaría —a mí y a otras personas que hacen programas de formato similar— que la teleaudiencia no quiere ver nada de sexo... y no tocaríamos el tema.

Los programas de sexo son importantes, sobre todo para los hispanos. La falta de información sexual en América Latina, lo mismo que entre los hispanos en los Estados Unidos, por cuestiones tradicionales y por tabúes implícitos, es alarmante. Y es a veces tan elemental que recuerdo, cuando era directora de *Cosmopolitan*, que me llegaban cartas de jovencitas que preguntaban si era posible quedar embarazada a través de la ropa. Es evidente que muchas personas no tienen la menor idea de lo que es la sexualidad humana, y alguien les tiene que explicar la verdad. Obviamente sus padres no han asumido la responsabilidad de hacerlo, porque la responsabilidad de educar sexualmente a nuestros hijos, igual que moralmente, es de nosotros los padres.

Con mi programa yo solamente aspiro a impartir información, tanto a los padres sobre cómo hablar con sus hijos, como a los hijos sobre qué preguntar, y de qué cuidarse en la calle. Por supuesto, al principio recibimos montones de cartas de televidentes que estimaban inapropiado el tratar "ciertos temas". Una señora televidente hasta me comentó que los programas de Cristina eran "muy fuertes para salir al aire", que este tipo de programa no existía cuando ella era jovencita y que no había necesidad para el mismo. ¡Sí hay necesidad!

- ¡Porque vivimos en la década de los noventa!
- Estamos aquí en los Estados Unidos, donde se les ofrecen drogas a los niños de seis años de edad, en las escuelas.
- Donde hay una epidemia rampante de SIDA entre los adolescentes.

Claro que, como latinos, nuestra tendencia es hacer como el avestruz, meter la cabeza bajo tierra, y decir: "Esa no es la realidad. En mi época esas cosas no se hablaban y vivíamos mejor". Desafortunadamente, ¡su época pasó hace rato!

- Lo que está ocurriendo *actualmente* en todas las calles, en todos los barrios, en todas las ciudades de cada país del mundo es una guerra.
- Usted no puede mandar a un niño a la calle a pelear en una guerra sin un fusil en la mano.
- Y el único fusil que usted le puede poner a un hijo en la mano es LA INFORMACION.

VIRGINIDAD

El primer programa que grabamos trató sobre la virginidad, y pienso que marcó la pauta a seguir en cuanto a lo que diferencia un *talk show* hispano de un programa de la misma índole para el mercado general en inglés. Nosotros discutimos la virginidad desde un punto de vista tradicional y latino, e incluso entrevistamos a un médico que hacía operaciones de restauración del himen. Esto solamente pueden entenderlo aquéllos para quienes una membrana es primordial a la hora de contraer matrimonio. Para los norteamericanos la virginidad no representa nada comparado con lo que aún significaba para los hispanos en 1989.

Años más tarde, cuando *El Show de Cristina* ya era lo suficientemente famoso para atraer a estrellas de renombre internacional, tuve el privilegio de entrevistar al gran actor mexicano Anthony Quinn, durante dos horas.

Para hacer mi tarea antes de la entrevista, me leí la biografía del inolvidable intérprete de *Zorba el Griego*. En ella, entre otras cosas, Quinn habla de su primer matrimonio con Katherine De Mille, hija del legendario director de Hollywood, Cecil B. De Mille. El actor cuenta, con una candidez impresionante, cómo se desilusionó totalmente durante su noche de bodas al comprobar que las sábanas no estaban cubiertas de sangre, ¡cuando ésa siempre había sido su fantasía!

A ese punto la echó de la casa y la subió a un tren rumbo a Reno, Nevada, para que se divorciaran. Al verla en el tren se arrepintió, le corrió detrás, la bajó del compartimiento, y le rogó que regresara a la casa; después de todo eran marido y mujer. Pero a partir de ese momento lo carcomieron los celos, ya que presuntamente uno de los amantes de su esposa había sido Clark Gable.

Durante nuestra entrevista, ese hombre —que en ese momento ya tenía ochenta años— nos contó que aunque tuvo cinco hijos con Katherine, el que ella no hubiese sido virgen antes de casarse eventualmente le costó el matrimonio con la mujer que más amó. "Yo te voy a decir una cosa", me confesó. "Yo te juro que si ella hubiera sido virgen yo habría vivido con ella para siempre".

Cuando yo me topé, cara a cara, con Anthony Quinn, lo que más me impresionó fue darme cuenta de lo completamente chapado a la antigua que era. Ese señor es un caballero de otra época que no tiene nada que ver con los noventa. Pero así como piensa Anthony Quinn, piensa la mayoría de los hispanos de su edad — y aun mucho más jóvenes— en todos nuestros países, inclusive en los Estados Unidos.

Hicimos aquel primer programa precisamente para enterarnos si todavía para los latinos la virginidad era tan importante como antes. Llegamos a la conclusión que para las *mujeres* latinas, no lo era. Pero mucho más importante, nos percatamos del asombroso número de mujeres en América Latina que acude a médicos en los Estados Unidos para coserse y restaurarse el himen, y mentirles a los hombres a quienes *sí* les seguía importando.

Las mujeres han cambiado, pero no se lo hacen saber a sus hombres.

SIDA

En 1989, cuando estaba verdecita, traté el tema del SIDA entre las familias heterosexuales. En ese programa contamos con la participación de una joven señora de treinta años de edad, llamada Alejandra, quien se presentó en cámara acompañada de su hijita de seis años. Nos contó que tenía SIDA, que se lo trasmitió su esposo, quien lo contrajo al sostener relaciones sexuales con prostitutas y ocultándoselo a ella.

Alejandra relató el drama, el pánico con que vivía día a día, por el riesgo en que se encontraba no sólo su propia vida, sino por la espantosa posibilidad de traspasarle el mal a su hijita, y también dejarla huérfana. Como ella pensaba que la enfermedad se contagiaba a través de su sudor, temía abrazar a su niña y darle cariño de madre. En 1989, ni ella ni yo sabíamos que así no se contagiaba el SIDA.

En ese momento, Alejandra me trasmitió ese pánico. Sentí temor hasta de sentarme junto a ella durante el programa, y a la vez me avergonzaba de mi pequeñez ante su inmensa tragedia. Yo tenía a mi hijo saludable y rozagante, durmiendo plácidamente en mi casa mientras que yo me enfrentaba a las tragedias de la vida diaria de otras personas. Era una dicotomía muy extraña, en todos los sentidos. No obstante, esa psicosis temporal se esfumó, y al final Alejandra y yo terminamos abrazándonos y llorando juntas. Ese programa me afectó profundamente a nivel emocional.

Dos años más tarde lanzamos al aire un programa de tres partes sobre el SIDA, para informar sobre las formas de contaminación y disipar la paranoia, así como diseminar la alarmante cifra de hispanos que son víctimas de esta epidemia en los Estados Unidos, y que —proporcionalmente, y según las estadísticas— es mucho más alta que en el resto de la población.

¿Por qué?

- Por el machismo. Porque el hombre hispano rehusa utilizar condones, es infiel, y visita a prostitutas.
- Por el mismo uso de las drogas en los barrios urbanos pobres, donde hay tantos latinos.
- Porque cuando la gente está drogada, tiene sexo con cualquiera. Ahí no importa. Ahí no hay consciencia.

En 1994, Elizabeth Taylor y la Doctora Mathilde Krim me invitaron a formar parte del Consejo Nacional de la Fundación Norteamericana para la Investigación del SIDA, la cual ellas fundaron en 1985, y que se conoce por sus siglas AmFAR (American Foundation for AIDS Research). La Doctora Krim me nombró portavoz hispana de esta organización (que es la entidad privada que más fondos ha logrado recolectar para combatir la epidemia mortal que abate a la nación), y que consta de muchos miembros de renombre mundial, incluyendo a Sharon Stone, Natasha Richardson y su marido, Liam Neeson, Rosalynn Carter, Richard Gere, Cindy Crawford, Phil Donahue, Lisa y Dustin Hoffman, Greg Louganis y Barbra Streisand, entre otros.

Con motivo de mi nombramiento, Elizabeth Taylor declaró a la prensa: "Para los hispanos, el SIDA se ha convertido en un perturbador problema que cada día se agrava más. Con el fin de trasmitirles un importante mensaje sobre prevención a familias que se encuentran en crisis y que corren mayores riesgos de salud, buscamos a la representante más elocuente del pueblo hispano. La comunidad respeta a Cristina Saralegui por sus logros y por su sinceridad al expresar sus puntos de vista. Nos sentimos encantados de que Cristina se una a nosotros en esta batalla contra el SIDA".

Me sentí enorgullecida con sus palabras, y al mismo tiempo confío que por medio de mi afiliación con AmFAR pueda llevar un mensaje de concienciación a los hombres, las mujeres y los niños hispanos de los Estados Unidos y del mundo.

En muchas entrevistas me han preguntado por qué elegí la lucha contra el SIDA como causa entre tantos otros males que existen en el mundo en que vivimos. Cuando alguien hace un programa de televisión como el que yo hago, todas las instituciones benéficas llaman para que esa personalidad done su tiempo, nombre, prestigio y dinero a cada institución. Como es imposible ayudar a todo el mundo, por mucho que uno quiera, me vi obligada a escoger una en específico, y consideré que la lucha contra el SIDA y la diseminación de información acerca de la epidemia era lo más importante que yo podía lograr a través de mi programa. En primer lugar, porque según la Coalición Nacional Hispana de Salud y Organización de Servicios Humanos:

- Uno de cada cuatro casos del SIDA infantil es un niño hispano.
- Uno de cada cinco casos del SIDA entre adolescentes es un adolescente hispano.

Estas cifras son alarmantes.

Durante estos últimos años en que he tenido a mi alcance los tres medios de comunicación masiva, tomé la decisión consciente de utilizar mi programa de televisión, mi programa de radio y mi revista para educar a mi público acerca del SIDA y el sexo. Tenemos todos el deber de informarles que:

- Nadie es invencible.
- Nadie está completamente a salvo del SIDA.
- Mientras más educación y apoyo le brindemos a nuestros hijos, más oportunidades tendrán para alcanzar una vida larga, feliz y saludable.

Por todas estas razones es que yo dono de corazón mi tiempo, mi nombre y todos mis recursos a esta causa.

A nivel personal, tengo tres hijos de diferentes edades en la casa, incluyendo a una señorita universitaria, y me preocupa enormemente el futuro de nuestra juventud. Recuerdo, cuando yo era adolescente, que nuestra única preocupación era no adquirir una mala reputación. El único peligro en aquel entonces era la posibilidad de pescar una enfermedad venérea, como la sífilis o la gonorrea, o quedar embarazada. Pero hoy en día los muchachos jóvenes, que están en la edad en que ambos sexos se empiezan a conocer para formar parejas y desarrollar un romance, tienen ahora el fantasma del SIDA acechando cada relación. Me entristece que este espectro se extienda sobre esa época tan linda en que se baila pegado y las parejitas se dan besos en la boca. Me preguntan ahora muchos adolescentes si el SIDA se trasmite si la otra persona tiene sangre en las encías. Me preocupa infinitamente que tengan ese grado de desinformación.

Me preocupa que para protegerse tengan que enfrentarse a tanta desilusión.

Me preocupa que tengan una vida llena de ilusión y de romance como se merecen, y como la tuvieron sus padres.

Por eso escogí esta causa. No para ayudar a un grupo de alto riesgo en particular, sino porque estoy convencida de que esta epidemia afecta *a todo el mundo*. Afecta lo más importante que tenemos todos, y que es nuestro futuro: nuestra juventud.

Irónicamente, mucho se ha criticado mi programa, precisamente por hablar de temas como el SIDA, los comportamientos sexuales que conducen al SIDA, y describirlos en televisión. Muchas personas piensan que la juventud no debe estar expuesta a esta información. Estoy completamente en desacuerdo.

A los adolescentes les contesto, tristemente, que efectivamente a través de la sangre de las encías se puede contraer el SIDA. Esa es la información que hace falta divulgar. Hace falta saber todas las formas en que se contagia el SIDA. Sobre todo, una vez que las personas tienen el SIDA, cómo no contagiar a otros, para que entonces podamos tratar a esas personas como lo que son: seres humanos como nosotros, no como parias sociales.

Esta información es para saber cuidarse, tanto los que ya están afectados cuidarse de nuestros viruses, como nosotros cuidarnos de los de ellos.

También irónicamente, en 1995, el año aniversario de la fundación de las Naciones Unidas, recibí —junto a otras cinco personas— el premio Award of Distinction for Leadership in Communications and Broadcasting (Premio de Distinción por Liderazgo en Comunicaciones y Radiodifusión) por una serie de programas que realizamos contra el SIDA titulada *¡Arriba la Vida!*. Fue increíblemente emocionante para mí encontrarme parada en medio de las Naciones Unidas, rodeada de personas tan influyentes y tan importantes, recibiendo un premio por las mismas razones que las personas que rehusan entender, y que optan por esconder la cabeza y cerrar la mente, me critican.

Esa es mi vida. Mi vida está llena de incongruencias. Creo que estas incongruencias ilustran mi carrera.

EL SIDA EN CUBA Y EN MEXICO

El primero de diciembre de ese mismo año, Día Mundial del SIDA, presentamos el especial titulado *El SIDA en Cuba,* y partes de un documental filmado clandestinamente dentro de la isla. Carlos Zequeira, el joven cubano que realizó la cinta y la sacó de Cuba poniendo en riesgo su vida, entrevistó a ochenta adolescentes que decidieron inyectarse con el virus de VIH (virus de la inmunodeficiencia humana) como protesta contra el gobierno. Otros querían que los hospitalizaran en los llamados "sidatorios" para por lo menos contar con tres comidas al día en un régimen comunista donde se pasa tanta hambre.

Zequeira nos contó cómo prevalece la ignorancia sobre este mal en mi país de origen. La juventud es promiscua, y como existe la carencia por todas partes, se usan condones derretidos en lugar del queso que va sobre las *pizzas* que se venden en la calle. De los ochenta jóvenes que se inyectaron con el virus, quedan vivos solamente veinticinco.

En el momento que escribo este libro me acaban de llegar, por medio del servicio noticioso de cable A.P. (Associated Press o Prensa Asociada), las siguientes estadísticas sobre México:

Las autoridades calculan que el número de portadores del Síndrome de Inmunodeficiencia Adquirida (SIDA) en México es de 140,000, y preveen que para este año, 1996, cerca de 9,000 presentarán síntomas de la enfermedad y unos 3,500 morirán víctimas del mal. El coordinador general del Consejo Nacional para la Prevención y Control del SIDA, Carlos del Río, dio las estadísticas durante un seminario sobre la enfermedad, efectuado en la Universidad Nacional de México. Del Río consideró que la "enorme" desigualdad económica en el país, las bajas condiciones socioeconómicas de la mujer, y el aumento del abuso sexual contra los menores "hacen del SIDA un padecimiento de creciente trasmisión y de alta inciden-

cia en zonas rurales y en la población infantil". Señaló además que cerca de una tercera parte de las personas infectadas por el virus del SIDA no recibe el tratamiento adecuado, y que hay deficiencias en el servicio médico que brindan las instituciones. Agregó que de los casos acumulados:

- *60.4% se trasmitió por vía perinatal.*
- *23.2% por transfusión sanguínea.*
- *14.6% por casos hemofílicos.*
- *1.8% por abuso sexual.*

Esas no son estadísticas que señalan que la población homosexual es exclusivamente la única que sufre del SIDA… ¡y las cifras son apabullantes! Si tuviéramos estas estadísticas de todos nuestros países de América Latina, entenderíamos por qué es tan importante hacer programas sobre el SIDA.

Así que por mi parte, en lo que me quede de vida y mientras que perdure esta epidemia que está acabando con nuestro futuro y decimando a nuestra gente, continuaré esta otra lucha con todos los medios a mi alcance, gústele a quien le guste.

PERO AQUI SE HABLA DE TODO

Es posible que la pregunta que con más frecuencia escucho es para saber cuáles son los temas más controversiales que hemos tratado. Los que más protestas han ocasionado son los que han logrado el mayor índice de ratings. Los más criticados han sido los que han recibido el premio Emmy, que es el máximo galardón otorgado en televisión, equivalente a los Oscars en el cine. Por ejemplo, recibimos Emmys por dos programas relacionados con el escándalo de Menudo, en el que uno de los jóvenes integrantes del grupo de cantantes acusó al productor de acoso sexual. En total, hemos recibido ya trece Emmys regionales. Y que conste que estos programas han sido ciertamente premiados con lo que más cuenta, la teleaudiencia.

He aquí un recuento de algunos programas memorables, porque aquí se habla de todo:

- **El programa de más teleaudiencia:** los tres que hemos hecho sobre la vida y muerte de la cantante tejana, Selena.
- **El de menos teleaudiencia:** el del cáncer del seno.
- **El más atrevido:** el de los temores sexuales de los hombres. Alguien dijo que los hombres estaban muy preocupados por el tamaño del pene, y el experto se refirió a los penes pequeños como "pequeñitos y cascabeleros".
- **El más miedoso:** el de las personalidades múltiples. Yo estaba presente cuando las panelistas se transformaban en otras personalidades, y estaban tan fuera de sí que sentí terror de que me fueran a agredir.
- **El más ridículo:** el del exorcismo, porque se le cayó la peluca a la entrevistada, una señora mayor que tenía un disfraz, y cuando el exorcista la estaba tratando de exorcizar, le levantaba la falda y la viejita casi se quedó en paños menores.
- **El más divertido:** uno de los mejores fue el de las *Viejas, pero no Pellejas,* donde vinieron señoras de más de sesenta años que eran bailarinas desnudistas y se quitaron casi toda la ropa. Eso me enseñó que no debemos avergonzarnos de nuestro cuerpo, no importa la edad, y que sentirse *sexy* es una actitud mental positiva.
- **El más embarazoso:** el de los *Adictos al sexo.* Le pregunté a una mujer entrevistada cómo ella sabía que era adicta al sexo, que esto no era cuestión de que le gustara hacerlo tres veces al día. Me dijo: "Lo sé, Cristina, porque hasta los perros empiezan a gustarme". Me dio tanta pena que bajé el micrófono, y como no quería ni tocar la respuesta, dije que nos íbamos a comerciales... ya roja como un tomate.
- **El más triste:** Encontré a una amiga mía, vendedora de espacios para la revista *Cosmopolitan* del Perú, en uno de los programas acerca del SIDA. Lo mismo que a Alejandra, el marido le había trasmitido el virus después de acostarse con una prostituta, y ella estaba en estado. Su hija nació con el SIDA. Ella era una triunfadora, y cuando la vi enferma por confiar en su marido, me entró una gran desolación. Ella ya murió, y su hijita no tiene futuro.

- **El más controversial:** *bodas homosexuales.* Este programa lo grabamos en noviembre de 1995, pero por cuestiones de inventario vino a salir al aire el 4 de enero de 1996. Durante el programa, un ministro metodista de Los Angeles (California) casó, en el nombre de Dios, a dos parejas homosexuales: dos mujeres y dos hombres.

Eso produjo una protesta masiva y una campaña de odio durante varias semanas en las estaciones de radio locales de Miami, durante la cual un pastor evangelista instó a la comunidad a acudir en manifestación, con pancartas, ante los estudios de Univisión, en contra de mi programa y mi persona.

La razón por la cual hicimos este programa se debió a que en ese mismo mes de noviembre, en el estado de Nueva York acababan de aprobar una ley que les permitía a las parejas homosexuales y heterosexuales adoptar niños sin estar casados. Al mismo tiempo, en Hawai las cortes estaban considerando aprobar una ley que permitiera los matrimonios entre parejas del mismo sexo en ese estado.

Hicimos el programa sobre homosexuales que querían casarse y adoptar a niños. Obviamente, esa historia y ese tema ya estaban en el ambiente, ya que después fue incluido en un segmento de *Friends*, una de las series televisivas de comedia más populares en los Estados Unidos. La semana siguiente lo trató Oprah Winfrey, y lo cubrieron los distinguidos periodistas Barbara Walters y Hugh Downs en su programa noticioso, *20/20*.

Pero la que tuvo que pagar los platos rotos fui yo.

No me arrepiento, pues como periodista me siento orgullosa de haber presentado el tópico antes que ningún otro colega.

EL PUBLICO

Las personas asisten gratuitamente a las grabaciones. No rifamos automóviles, como hace —por ejemplo— *Sábado Gigante.* Sólo ofrecemos el programa, y siempre estamos llenos hasta el tope.

La gente llama para obtener boletos con anticipación, y los coordinadores de audiencia a su vez los confirman para asegurarnos de que no hayan asientos vacíos en el público. La mayoría son de Miami, ya que es aquí donde se encuentran los estudios; pero también acude mucha gente que viene de visita de Latinoamérica y quiere asistir a las grabaciones durante su estancia en nuestra ciudad. A veces traemos grupos especializados en autobuses, como colegios de muchachos para programas de gente joven.

A nadie en el público o en el panel se le paga un centavo para que hable. Lo único que les ofrecemos a los panelistas es lo que se paga en todas partes: sus gastos de viaje, una noche en el hotel y sus viáticos para las comidas. Nunca le hemos dicho a nadie qué decir, nunca le hemos pagado a nadie por una historia. ¡Nunca!

En el público hay veces que tenemos expertos como invitados especiales. Si el programa, por ejemplo, trata de mamás con niños que tienen problemas de drogas, invitamos a estudiantes de un colegio especial para niños que sufren de adicción a las drogas. Traemos a varios padres, y también al consejero del grupo de estudiantes.

Muchas veces procuramos que haya personas en el público que tengan que ver con el tema, porque sus preguntas son más directas. Como las personas llaman para saber cuáles son los próximos temas a tratar, acuden al programa según el tema que resulte de más interés para ellos.

Al principio de cada *show*, antes de que comencemos a grabar, los coordinadores y los productores le explican al público el tema de esa noche, y le piden cinco cosas:

- Apaguen los *beepers* y los teléfonos celulares.
- No hablen sin micrófono.
- Tráguense los chicles (o goma de mascar), porque van a salir muy feos en televisión.
- Quítense los sombreros o gafas de sol.
- Pongan sus bolsas debajo de los asientos.

El público es mucho más valiente e inteligente de lo que piensa la gente.

PANELISTAS INOLVIDABLES

Cada mes recibimos cientos de cartas, las cuales lee mi equipo de producción, y las archiva por tema, de manera que cuando vamos a tratar
un tema específico, de esos archivos salen los números de teléfono de
los posibles panelistas, y entonces nos ponemos en contacto con ellos.

Personalmente, he recibido cartas de hasta dieciocho páginas,
escritas a mano. En ellas algunas personas me han revelado sus
secretos más íntimos. Hay quienes revelan cosas que yo no contaría
ni a mi ginecólogo ni al cura de mi parroquia.

Durante el primer año de *Cristina* aprendí a no preentrevistar a
los panelistas personalmente. Al principio lo hice, y cuando
salíamos ante las cámaras, no me hablaban de la misma manera. Si
les pedía que me contaran la historia nuevamente, me contestaban
con monosílabos. Era prácticamente imposible sacarles, por segunda vez, lo que antes me habían contado en una forma tan espontánea y original en el camerino. Muchas veces sucedió que cuando
al fin hablaban en cámara ya lo habían contado todo y no había
más nada que decir. Si no, se referían a una conversación previa, y
como si fueran mis primos me decían: "Cristina, ¿no te acuerdas
cuando te conté tal y tal cosa?". Ahora, no los conozco hasta que
no empieza el programa.

Hemos tenido panelistas inolvidables. Por ejemplo, una vez tuve
como invitada a una vampira. Se llamaba Raquel Segura, y era una
joven originaria de México que, siendo muy pequeña, abandonó la
casa de sus padres para venir a los Estados Unidos. Jamás me olvi-
daré de esa mujer mientras viva.

No sabía si la mujer era vampira en el sentido de convertirse en
un murciélago o volar por los aires. Tampoco sabía si dormía en
un ataúd. Lo que sí sabía es que chupaba sangre de seres humanos.
Hay gente que se *cree* que son vampiros, e igual te mata uno que
está loco y *piensa* que es vampiro de verdad.

Hasta el día de hoy no sé si Raquel Segura era vampira o no,
pero sí puedo asegurar que ella se lo creía. Según ella, todas las
noches de luna llena tenía que salir a la calle para encontrar a una
víctima que saciase su sed de sangre.

Cuando fuimos a comerciales en ese programa, una mujer del público se puso de pie y le preguntó a la vampira: "¿Y cómo yo sé que tú eres una vampira de verdad?". Y aquella mujer, que tenía los ojos vidriosos y la mirada turbia, y parecía completamente demente, se levantó de su asiento, y le respondió: "Ven acá. Te lo voy a demostrar". Tenía los dientes enormes, no cuadrados, sino fragmentados. ¡Hachas tenía!

La mujer del público iba hacia ella, decidida. Yo tuve que parar aquello y decir, "¡Un momento! Esto es un programa de televisión. Este es un estudio de Univisión. Si a esta señora del público le da rabia o le da SIDA, a mí me van a poner la demanda".

¡Imagínense si yo hubiera dejado a Raquel morder a esa mujer en cámara, cuántos puntos de rating hubiésemos obtenido con ese programa! Y esto lo menciono para todos los que piensan que la motivación del programa es única y exclusivamente lograr los ratings más altos. Hay un momento en que hay que establecer el límite, y ése fue mi momento.

Recuerdo también que agarré al productor de ese programa contra la pared y le dije: "Júrame que esa mujer no es invención tuya. Júramelo". No era.

En una onda más humorística, jamás se me olvidará el cubano que aseguraba haber sido secuestrado por un OVNI. Se llamaba Filiberto Cárdenas, y nos contó que en unas Navidades, él y su mujer iban rumbo a Okeechobee (un lugar de granjas en las afueras de Miami) con el propósito de buscar un cerdo para asar y servirlo en la cena de Nochebuena, algo tradicional entre nosotros los cubanos. Entonces, ¡puf!... ¡se los llevó el platillo! Los marcianos (¡o lo que fueran!) los mantuvieron en la nave hasta que le vieron las uñas de los pies a la esposa de Filiberto. Las tenía pintadas de rojo, y los marcianos se aterraron. ¡Los dejaron ir!

Yo ya no podía más con aquello, y de socarrona le pregunté: "Venga acá, Filiberto, ¿y le hablaron en español?". Y él me contestó: "Si tú supieras, Cristina, no sólo me hablaron en español sino que tenían acento chileno".

PRIMER   ANIVERSARIO   Y   PRUEBA   DE
FUEGO

El programa sobrepasó etapas muy difíciles durante su primer año.

La primera fue asumir control del programa, y quedarme como productora ejecutiva al cabo de los cuatro meses de estar en el aire.

La segunda fue fortalecer y entrenar el equipo periodístico que realizaba el programa.

La tercera etapa fue modificar el formato para poder desarrollar mejor los temas con los panelistas, y recibir las preguntas y opiniones del público.

Ese primer año *El Show de Cristina* se estableció como el programa diurno número uno de la televisión hispana de los Estados Unidos, y a fines de año grabamos un programa de aniversario, el cual celebramos el verano siguiente con una gran fiesta de gala en el glamoroso Regine's del hotel Grand Bay, en Coconut Grove.

Como era la primera vez que me daban una fiesta tan elegante y tan importante, y yo era tan extremadamente tímida y penosa en mi vida personal, recuerdo que me sentía muy nerviosa en el automóvil mientras nos dirigíamos a la fiesta. Le dije a Marcos, que manejaba: "*Baby,* en cuanto lleguemos, vamos directamente para el bar. Saludamos a todo el mundo y vamos corriendo a sentarnos en una esquinita para no estar en el centro de todo".

Marcos se murió de la risa y me dijo: "¡Tú no entiendes! Tú eres la invitada de honor de la fiesta. ¡La fiesta es para ti!". En aquel instante me dio un ataque de pánico en el carro, y creo que ésa fue la primera vez que en verdad me di cuenta de cómo habían cambiado las cosas en mi vida con la televisión, y del lío en que me había metido. Fue la primera vez que comprendí que a dondequiera que llegara en lo sucesivo, iba a ser el centro de atracción, lo cual no me hacía ninguna gracia.

Recordé aquellos días en que negociaba con Joaquín Blaya al comienzo del programa, cuando no tenía representante, y Marcos todavía no era mi mánager. A modo de incentiva, Blaya me dijo: "Vas a tener un programa diario, ¿sabes lo famosa que vas a ser…?". Le respondí: "A mí no me puedes pagar con fama, porque no me interesa. Yo soy una persona muy privada, y para mí la fama va a constituir un problema, no va a ser un premio". Pero su profecía se fue cumpliendo, gradualmente.

En esa época nosotros vivíamos con los niños en Kendall, un suburbio de profesionales jóvenes de clase media en Miami, muy familiar, donde teníamos muchos amigos y los niños jugaban en el vecindario. Eramos gente común y corriente. No lejos había una especie de bosquecito, y durante las Navidades lo convertían en un pequeño parque de diversiones, con luces de colores y aparatos para montar. Los niños me tenían seca porque insistían en ir a montar los aparatos, pero también querían ir con nosotros. Como siempre estábamos tan ocupados, no habíamos podido llevarlos hasta entonces.

Ese año nos sentíamos felices porque teníamos libre bastante tiempo durante las Navidades, y decidimos llevar a los niños al bosquecito que tanto les atraía. ¡Decisión desacertada! Llegó un momento en que me pararon tantas veces para pedirme autógrafos y fotografiarme, que los niños se disgustaron con la situación: en primer lugar, no estaban acostumbrados a ser centro de atención constante; además, no podían divertirse con nosotros, debido a las interrupciones constantes.

El peor momento se presentó mientras nos dirigíamos hacia el automóvil, el cual había quedado estacionado en un sitio oscuro y apartado; ya era tarde en la noche. Nos empezó a seguir un hombre medio demente que me gritaba frases como: "¡Cristina! ¡Tengo fotos tuyas por toda mi casa!". Esa fue la primera vez que nos asustamos, porque todos sentimos el peligro *de cerca*. Lo que sucede es que en ocasiones los fanáticos desarrollan obsesiones con respecto a las personas que admiran, y las acosan en una forma enfermiza. Tuvimos que salir corriendo hacia el carro; todos pasamos un susto muy grande.

Algo que aprendí cuando estuve en el *show* de Oprah Winfrey fue lo importante que es la protección para una celebridad. La seguridad que prevalecía a través de todas sus instalaciones era increíble. Primeramente, un detector de metales antes de entrar al estudio, como los que los pasajeros deben pasar antes de abordar los aviones. Despues de pasar el detector, custodiaban la entrada un par de enormes guardaespaldas, quienes abrían las carteras y los bolsillos de los miembros del público, y confiscaban cualquier contenido que pudiera representar un arma peligrosa (tijeras, por ejemplo).

También estaban terminantemente prohibidas las cámaras. Nos explicaron al respecto que, aparentemente, Oprah había tenido problemas con personas que asistían al *show*, se tomaban fotografías con ella, y luego las fotos aparecían publicadas en artículos adversos, aduciendo que esas personas eran allegadas, lo cual era incierto. Incluso había gente que utilizaba las fotos con fines comerciales, para provecho personal, como si Oprah estuviese respaldando algo que ellos vendían.

Esto lo aprendí con los años, y fue una de las razones por la que tuvimos que apartar al público y prevenir que la gente se tomara fotografías conmigo. Empezamos a ver fotos mías publicadas en los periodiquitos y tabloides locales a través de la nación, como sucedió con un hipnotista de Los Angeles que las usaba para proclamar abiertamente que yo era una de sus clientas.

En los estudios de grabación, y en nuestra vida privada, también hemos comenzado a implementar medidas de seguridad más estrictas, ya que —desafortunadamente— hemos recibido amenazas de bombas, incluso durante la misma semana de la tragedia que se produjo en el Centennial Park de Atlanta durante las pasadas Olimpiadas. Una de estas medidas, aparte de realizar un sueño que anhelábamos, fue mudarnos para una casa en una isla de Miami Beach, donde hay una garita con guardias de seguridad a la entrada, y donde vivimos en un acre de terreno privado con un portón.

Mientras aún residíamos en Kendall, nos dábamos cuenta que de vez en cuando pasaban automóviles llenos de gente con videocámaras, apuntando con el dedo hacia nuestra casa, como si fuéramos una parada de una excursión turística. Una mañana una mujer tocó a nuestra puerta, dijo que quería verme, y mi asistente, Teresita, le permitió que entrara y se sentara en la sala. Recuerdo que era verano, la mujer era sudamericana, llevaba botas, y vestía un abrigo de visón hasta el piso. ¡En Miami!

Teresita le ofreció un café y me llamó. Me acababa de despertar, salí de mi cuarto, me encontré a aquella mujer, y resultó que era una fanática. Nadie la conocía... ¡y se había colado hasta la sala de mi casa!

Ese día nos dimos cuenta que nos teníamos que mudar.

Debo mencionar que esto ha afectado bastante a mis hijos. Por lo general son muy amables con las personas del público que se les acercan, y están muy orgullosos del trabajo que su papá y yo hacemos. Pero de vez en cuando ellos necesitan también que sus padres les presten toda la atención, sin extraños que se inmiscuyan en la vida de la familia.

Un ejemplo de esto se presentó cuando mi hija Titi estaba en octavo grado y llegó el momento de su baile de graduación, antes de pasar a la escuela secundaria. Titi quería ir de compras conmigo, con la ilusión de encontrar el vestido más maravilloso sobre la faz de la Tierra, así que nos dirigimos a una elegante tienda de departamentos. Recuerdo que ella estaba pasando por un minitrauma, porque era muy pequeña y muy delgadita, en esa fase difícil en que se deja de ser niña, pero que todavía no se es mujer. Le probé mil vestidos sin encontrar uno que no luciera muy cursi, pero que le sirviera. En el departamento de niñas no había vestidos lo suficientemente bonitos para una señorita, y en el de mujeres no había nada en su talla. Estábamos en medio de aquella crisis cuando de repente se acercó la enésima mujer de la mañana (porque antes que ella se me habían acercado no sé cuántas señoras más) para decirme: "¡Ay! ¿Tú eres Cristina?". Y recuerdo que mi hija se volteó como una fiera y le contestó: "Hoy no, señora. ¡Hoy es mi mamá!".

Poco a poco me fui dando cuenta de que mi vida había cambiado para siempre.

En noviembre de ese primer año también recibí el honor de ser seleccionada por la prestigiosa revista *Hispanic Business* como uno de los hispanos más influyentes a nivel nacional. Allí figuré junto a personas ilustres y destacadas en su campo, como el entonces secretario de educación, Lauro Cavazos; el presentador Geraldo Rivera, y el comediante Paul Rodríguez. En fin, que todo indicaba un ascenso progresivo en todos los niveles. Yo me daba a conocer cada vez más en los medios, y mi marido continuaba trabajando en su incansable promoción y administración de mi carrera.

ROMPIENDO MERCADOS… Y MATRIMONIO

Pero a medida que el aspecto profesional de mi vida se pulía y avanzaba, el lado personal se iba deteriorando, de una forma tan gradual que ni Marcos ni yo nos dábamos cuenta hasta qué punto se puede perder el control de todo.

Por una parte, celebraba mi primer aniversario en la televisión con un programa que era el número uno en el horario diurno hispano nacional, loca de felicidad y volando sobre las nubes. Por otra, el estrés me empezó a causar estragos: el exceso de trabajo, la hipoglucemia, la misma fama.

Ese año fuimos de gira, grabamos en Nueva York, participamos en el Desfile Puertorriqueño de Trenton (Nueva Jersey); estuvimos en el escenario grande en Fiesta Broadway (en Los Angeles); fui reina del Festival Musical de Huntington Park (en Filadelfia); fuimos a Nueva Orleans, a Tampa… también Gran Mariscal del Desfile Navideño (en Santa Ana, California), del Carnaval de Elizabeth (Nueva Jersey), etcétera, etcétera, etcétera…

En otras palabras, estábamos "rompiendo mercados", como Marcos llamaba a aquel proceso. Romper mercados significaba viajar para que nos conocieran personalmente, y hacer promociones. Aparte de los desfiles, asistimos a fiestas, comparecimos ante asociaciones de hispanos en diferentes ciudades, otorgamos becas universitarias a graduados en diversas ciudades. Viajamos mucho, y siempre lo hacíamos durante los fines de semana. O sea, que grabábamos veinte programas al mes, y en el período que no grabábamos, *rompíamos mercados* para que la gente nos conociera mejor, y para conocer nosotros cuáles eran las necesidades de cada una de las diferentes comunidades a las que llegaba *Cristina*.

Ese año tuvimos tanto trabajo que hasta el especial de Navidad de Univisión decidieron hacerlo con todas las estrellas de la cadena en nuestra casa. Recuerdo que eran las seis de la mañana y tenían a mi hijo abriendo y cerrando una puerta veinticinco veces con la mano derecha y veinticinco veces con la mano izquierda; el niño estaba muerto de sueño. Ese fue el año en que casi nos mataron, como familia.

Ese fue el año en que Marcos y yo, por primera vez desde que nos enamoramos, nos empezamos a distanciar. El trabajo era tanto, y yo tenía a tanta gente arriba de mí durante todo el día, que él empezó a sentir que yo no le estaba prestando suficiente atención. Una de mis empleadas, una asistente de producción, de repente empezó a llamar a mi casa con demasiada frecuencia para hablar con mi marido, y yo estaba tan ocupada y tan confiada que no me daba cuenta de lo que estaba sucediendo delante de mis propios ojos. Aparentemente, a Marcos le halagaba que ella le prestara la atención que yo no le estaba brindando, y mientras tanto ella continuaba, no sólo llamando a mi marido, sino llamando a mi hijo Jon Marcos para hablar con él y congraciarse.

Yo me mantenía al margen de todo esto hasta un día, durante el Desfile Navideño de 1990, en Santa Ana, California. Estaba dormida en la *suite* del hotel cuando me despertaron unas risas. Me pegué a la puerta, y oí a mi marido que hablaba por teléfono con esa mujer en Miami. Por el tono de la conversación me di cuenta que estaba pasando mucho más en aquella situación de lo que a mí me interesaba que pasara. Me lo sentí hasta la médula de los huesos, y muy ofendida, como cualquier esposa agraviada, pensé en dejar a Marcos… ¡ahí mismo! Pero entonces me di cuenta de que si hacía eso iba a echar por la borda todo lo que me había costado tanto trabajo lograr y por lo que tanto había luchado. Enfrenté la situación calmadamente, hablé con mi marido, empecé a prestarle la atención debida, y después de eso —gracias a Dios— no hemos tenido ningún otro problema. Y la mujercita, al sentirse desatendida, salió de mi oficina, y de nuestras vidas, por sus propios pies.

Ese es el consejo que les doy a todas las mujeres que agarren al marido mariposeando con otra. Asegúrense de que la cosa no ha llegado demasiado lejos, y si la crisis no es total, quédense en su casa y luchen por lo que ya tienen. Yo decidí que nadie iba a romper mi matrimonio.

DE GIRA SIN GLAMOUR

El primer año grabamos dos veces fuera de Miami, ya que Joaquín Blaya, el presidente de Univisión, quería que el programa paulatinamente se diera a conocer a nivel nacional y, eventualmente, internacional.

La primera vez grabamos en el Parque de la Raza, en el corazón del sector latino de Los Angeles. Recuerdo que los baños del parque, como es usual en esos sitios, tenían un olor a orina mezclado con un aroma de pino muy fuerte, para enmascarar el aroma de lo otro. Allí nos teníamos que vestir y maquillar. Pero los angelinos nos recibieron con un cariño y una hospitalidad tan grande que todos los inconvenientes quedaron compensados.

La segunda vez que grabamos fue en los Estudios Universal, en pleno corazón de Hollywood. Yo quería pellizcarme, como la Bella Durmiente, porque no podía creer que estuviéramos allí. Pero como consideraron que éramos gente poco importante, además de que hacía poco estábamos en el aire, la Universal sólo nos dio —como un experimento, para ver si atraíamos público— un pequeño parque al aire libre, afuera del restaurante Victoria Station, donde se cena en vagones que simulan un tren. Recuerdo que en la callecita de enfrente había una atracción llamada *Miami Vice* (como el programa de televisión), y apenas comenzamos a grabar también empezaron a estallar bombas y se disparaban rifles semiautomáticos... ¡Era prácticamente imposible que se escuchara lo que decíamos!

A través de los años hemos regresado a la ciudad de Los Angeles a un enorme teatro, también de los Estudios Universal: el Star Trek Theater, en el que nos visita un público de tres mil personas por programa.

En julio de 1990 fuimos a Nueva York. Queríamos grabar, pero no teníamos un centavo. Nos dirigimos hacia los estudios del

Canal 41, la afiliada de Univisión (en Seacaucus, Nueva Jersey), en busca de ayuda. Estábamos visitando a la gerente, Mara Rankin, y recuerdo que un peluquero le estaba cortando el cabello en su propia oficina, al mismo tiempo que yo trataba de convencerla para que nos ayudara a alquilar un local o a buscar un espacio dentro de las instalaciones. Me había fijado en una habitación vacía junto a la del noticiero. En eso Marcos se acercó a la ventana del tercer piso, donde estaba la oficina de Mara, miró hacia afuera, y vio un estacionamiento hermoso, espacioso, invitador. "¿Crees que podemos tirar los cables de las cámaras por la ventana, y grabar ahí mismo?", le preguntó mi marido a Mara de repente.

De más está decir que tiramos los cables por la ventana, grabamos en el estacionamiento del Canal 41 en Seacaucus, y nos fue muy bien.

DE GIRA CON *SONRISAS DEL CORAZON*

En 1991, me convertí en portavoz de la pasta de dientes Crest, de la empresa Procter & Gamble, y según el contrato de un año que firmamos, patrocinaron una gira de *Cristina* a seis importantes ciudades de habla hispana: Dallas, Houston, San Antonio, Los Angeles, Nueva York y Chicago. También haría entrega de los Premios Sonrisas del Corazón, donaciones de dos mil dólares cada una, otorgadas a cinco personas en cada ciudad que hubiesen hecho una contribución meritoria a la comunidad hispana.

En esta ocasión iba con mi "nueva cara" y respaldada por la Crest. Esta gira —que culminaría a fines de 1992— tuvo un carácter muy diferente al de la primera, cuando apenas estábamos dándonos a conocer, y todo era como una prueba.

Nuestro estudio en Miami tiene capacidad para 250 personas. Durante la gira grabamos en teatros con una capacidad para entre 2,000 y 3,000 personas. Afuera del teatro se estacionaba el enorme camión donde trabajan los técnicos. Y, además, viajábamos con un equipo de 49 personas, entre productores, administradores, coordinadores, técnicos, secretarias y maquillistas.

En todas las ciudades que visitamos, hubo noches en que nos quedamos tres horas, después de terminarse el programa, firmando autógrafos y hablando con cada persona del público, aunque fuese por pocos segundos.

Grabamos temas impactantes, absurdos y simpáticos.

- En Houston tuvimos un panelista que confesó haber comido carne humana. Ese *caníbal* es ahora un pastor evangélico. Entró, se sentó en el restaurante del hotel, y la broma de mis productores era ver qué comía.
- Tuvimos un asesino a sueldo, un muchacho joven, guapo y simpático, que parecía ser incapaz de matar a una mosca. Por supuesto, era un asesino "retirado", y ahora se dedicaba a difundir la palabra de Dios en diferentes iglesias cristianas. Cuando terminamos el ciclo de grabaciones en Houston, y estábamos recogiéndolo todo para continuar hacia la próxima ciudad en nuestra gira, nos dimos cuenta de que el *asesino* no aparecía por ninguna parte. Nos había contado que, durante su viaje a la ciudad, iba a hacer una serie de prédicas en varias iglesias, y supongo que todavía andará rondando alguna catedral. El caso es que se nos perdió.
- En otro programa me sometí a una serie de ejercicios sensuales para disfrutar a la pareja sin tener relaciones sexuales. Resultó divertido, pero prefiero la forma tradicional.
- Un hombre se despertó de repente en el depósito de cadáveres porque habían considerado que estaba muerto. Estaba acostado, pensó que iba para el trabajo (porque era lunes), se despertó, levantó las sábanas, y dijo: "¿Qué pasa?". Los empleados salieron corriendo y en eso entraron dos policías que le gritaron: "¡Usted está muerto!".
- En un teatro en Broadway, una doctora explicó cómo colocarse un condón. Cuando empezó a dar las instrucciones — "el pene tiene que estar erecto, y no puede haber aire adentro del condón"— el público se puso tan nervioso que comenzó a escucharse risas. Para ser más explícita, la doctora utilizó un pepino grandísimo para su demostración.

- Una muchacha contó que había tenido relaciones con un extraterrestre. Era una colombianita que aseguraba haber sido violada en su habitación por "una luz verde". Ella quería irse de regreso con el violador a su planeta, pero él le dijo que ella tenía primero que evolucionar en la Tierra. ¡Seguro que era casado!

- Hicimos un programa con la entonces cirujana general de los Estados Unidos, la doctora puertorriqueña Antonia Novello. Hablamos de las ventajas de estudiar ciencias, y Toni me enseñó mucho sobre lo que es ser una mujer luchadora en este país. Es hoy una de las personas que más admiro.

- Entrevistamos a Eddy (Edward James) Olmos, un joven mexicano del este de Los Angeles, que sin poder leer bien (ya que sufre de dislexia), llegó a ser un actor respetado y un modelo a seguir para los jóvenes latinos.

- En Chicago, con Camilo Sesto, fue la primera vez que no pude controlar a un público. Camilo estaba muy extraño; no estaba en sus cabales. Y empezó a pelear con el público, a hacer señas obscenas, a gritarles y decirles cosas. Ellos empezaron a abuchararlo y se le reviraron completamente. Fue la primera y última vez que perdí el control del público durante un programa. Lo aplastaron, lo desbarataron, se lo comieron vivo.

En Chicago también se me presentó una situación inesperada y absurda, dentro del contexto del lema de esta gira. Una noche fuimos a cenar con varios de los productores a un restaurante mexicano. Como los que me conocen saben, la comida mexicana me provoca gula; me encanta comer las tortillitas y la salsa, no me puedo contener, no paro, no tengo fin para ello. Esa noche, durante esta actividad frenética de mojar las tortillitas y comerlas con la salsa, mordí una tortillita, y sentí que era más dura que las demás. Y, en efecto, comprobé que no era una tortillita, sino la mitad de un diente. Se me había partido uno de los dos dientes frontales. Le mostré el diente partido a mi productor ejecutivo, Osvaldo, que estaba sentado frente a mí. Osvaldo se empezó a reír como un idiota, y no había forma en que pudiera contener su risa. Todos en la mesa se contagiaron con él... Luego la mesa de al lado... E incluso mi marido... Hasta que les dije a todos: "¿Ah, sí...? Síganse riendo, porque mañana no grabo".

Estábamos en Chicago, teníamos alquilado un teatro para dos programas diarios, a razón de 5,000 personas por programa; además, eran las once de la noche. De repente se dieron cuenta que al día siguiente yo no iba a grabar. Y a esa hora, Osvaldo Oñoz —sudando tinta, porque estaba en una ciudad extraña, con un frío infernal— comenzó a llamar desde el teléfono del hotel para conseguir un dentista que abriera su consultorio un domingo de madrugada. Por fin él y Marcos encontraron al dentista, nos levantamos a las seis de la mañana, y resolvimos la crisis. Cuando después salí al escenario, como parte de la gira de Crest llamada *Sonrisas del Corazón*, le dije al público: "¿A que no saben lo que me pasó? ¡Se me rompió un diente!". Así concluyó la gira de *Sonrisas sin Diente*.

Durante esa gira me di cuenta de que la logística de nuestro programa se estaba complicando cada vez más, en términos de encontrar a los panelistas para llevar a cabo cada uno de los temas con completa credibilidad. Entonces, por primera vez comenzamos a presentar confrontaciones. Ya no bastaba que habláramos de maridos infieles, presentando al marido que había sido infiel y a la esposa. ¡Ahora teníamos que encontrar a la querida también! Colocarlos a los tres en el panel, y permitir que se produjera la confrontación.

A partir de ese momento, los encontronazos en cámara han sido lo que más ha funcionado en el programa a nivel de teleaudiencia. Así que los que piensen que lo que más vende son los temas de sexo, están atrasados. Lo que más vende son las discusiones en cámara. Por eso muchos de los *shows* en inglés se han convertido en un circo donde la gente se grita y se insulta. Pero nosotros lo hacemos sólo hasta un punto. Como mencioné anteriormente, nadie aprende de un gallinero, aunque las gallinas vendan.

EL EMMY DE MENUDO Y OTROS MAS

Ese año también ganamos nuestro primer premio Emmy por el programa de dos partes sobre el escándalo de Menudo. Para quienes no lo sepan, Menudo es un grupo de *pop* latino de jovencitos que se renovaba periódicamente. Cuando uno de los integrantes cumplía cierta edad, y le cambiaba la voz, lo sacaban del grupo y lo reemplazaban.

El "escándalo" se produjo debido a alegaciones —por parte de los padres de algunos de los integrantes del grupo— de robo, fraude, e inclusive de abuso sexual de menores, contra el mánager del grupo, Edgardo Díaz. Era un embrollo feo que había llegado a los tribunales.

Logramos reunir a algunos de los padres acusadores, a algunos de los niños que se habían ido del grupo, y a Edgardo Díaz con su abogado. Se armó una fajazón tan grande en el programa que uno de los padres de los muchachos amenazó a Edgardo de muerte en el aire.

Utilizamos el sonido famoso del *blip* para omitir los nombres de los menores supuestamente abusados cada vez que se mencionaban, a pesar de que se trataba de muy famosos ex Menudos. Una vez, durante una entrevista, me preguntaron por qué, y respondí que porque yo soy mamá, y pienso que todos los niños adolescentes del mundo corren peligros de problemas sexuales y de drogas, y que ningún padre puede escupir al cielo porque le cae encima. Entonces me parece muy injusto, simplemente porque un señor alegó un cargo que a mí no me consta, perjudicar a un menor de edad, o a su mamá. No pienso que la televisión es el foro apropiado para que salga al público ese tipo de información sobre un niño.

Pero el *blip* a veces ni se oía con la gritería de ambos lados. Me costó tanto trabajo controlar los ánimos en ese programa que al día siguiente me dolía todo el cuerpo, como si hubiese hecho ejercicios en un gimnasio con pesas. Tenía los músculos contraídos con el esfuerzo, la tensión y la preocupación.

Desde entonces nos hemos ganado trece Emmys regionales en distintas categorías. Pero el de Menudo fue el primero, y fue un premio individual que me otorgaron como Mejor Talento. ¡Y eso que no quería que me llamaran *talento!* Creo que lo sudé.

Recuerdo que el día en que se entregaban los Emmys todos los artistas de Univisión nos encontrábamos en Disneyworld (en Orlando, Florida), filmando un especial de Navidad para la cadena. Don Francisco y yo estábamos nominados, uno contra el otro (¡qué ironía!) en la misma categoría. Don Francisco llevaba casi treinta años haciendo su programa, *Sábado Gigante,* mientras que yo llevaba sólo un año haciendo mi programa. Caray, y al principio no sabía ni cómo agarrar un micrófono.

Don Francisco estaba tan seguro que se iba a llevar el premio que le pagó el pasaje en avión a todo su equipo para que lo acompañara en su gran momento de ganarse su primer Emmy.

A mí me tocó sentarme con Don Francisco y con toda la plana mayor de Univisión, e incluso él y yo presentamos otro Emmy juntos. Cuando resultó que la ganadora era yo en esa categoría, la cara se le cayó al piso; yo no sabía dónde meterme. Por un lado estaba feliz con el premio que acababa de recibir; por el otro lado me sentía apenada por haberle ganado a ese gran señor de la televisión que tanto me enseñó, y que me ofreció la oportunidad de incursionar en ese medio.

CAMBIOS, CAMBIOS Y MAS CAMBIOS... O *CAMARON QUE SE DUERME*

A medida que pasa el tiempo, el mismo medio nos ofrece la oportunidad de evolucionar, si nos mantenemos abiertos para captar los mensajes que recibimos.

Recuerdo que una vez le dije a alguien que lo que más me mortificaba de la gente era la brutalidad, que yo no resistía a la gente bruta. Haciendo mi programa me he dado cuenta de que la inteligencia no tiene nada que ver tampoco con la educación, porque hay personas humildes con sabiduría nata y un gran sentido común. Se nace o no se nace inteligente; se es o no se es... y no se aprende. Me di cuenta de que estaba equivocada, porque *ser bruto* o *ser inteligente* es como tener ojos verdes, o pelo negro, o pertenecer a una raza. En otras palabras, uno *nace* así, y yo no tenía derecho a criticar a nadie porque no hubiera nacido con el mismo cerebro que tenía la gente que yo admiraba.

Hoy lo que detesto es la gente intolerante. La gente que se cree que su religión es la única y que el resto se va al infierno. La gente que no quiere escuchar otros puntos de vista, porque el de ellos tiene que ser el correcto. Que no tienen tolerancia para todo lo que encontramos en la viña del Señor y todo lo que El ha plantado aquí, que es tan diverso.

Una vez, durante un programa, una señora en el público comentó que jamás había visto gente tan "baja". Yo le respondí que no había *gente alta* ni *gente baja*, sino personas con problemas.

Cuando me critican porque me "meto" y porque "opino", simplemente respondo que éste no es un programa de noticias; este programa es un *talk show* de opiniones, y yo tengo la mía. Lo que no hago —como subrayé anteriormente— es inclinar el programa para que coincida con mi opinión. Por ejemplo, cuando presento un *show* sobre el aborto, yo tengo, como mujer, una postura bien definida.

Como feminista soy *proelección*, obviamente, pero pienso que es muy distinto someterse a un aborto en las primeras dos o tres meses de embarazo que a los seis meses. Hace falta que las personas se eduquen y que estudien, que sepan química y biología, y que entiendan eso. Pero en el programa no llevo al público hacia mi opinión, y le doy tiempo igual a *provida* y a *proelección*.

También he entendido que el fanatismo ha llevado a algunas personas que son *provida* a asesinar. Para mí, semánticamente es una locura que alguien profese ser *provida* y asesine a otro ser humano porque no lo sea, como ha sucedido ya en muchos casos de médicos que hacen abortos. Pero esas incongruencias las encuentro en mi programa todos los días. Y he aprendido, sobre todo, a no juzgar. Esa no es mi función.

Este programa ha complicado mucho mi vida porque también he llegado a darme cuenta de que nadie es "el bueno", pero tampoco nadie es "el malo". Que la mayoría de los *malos* son seres cuyos padres abusaron de ellos cuando eran niños, que están perturbados mentalmente, y que al no estar bien no pueden juzgar el mal que hacen. ¿Y quién soy yo para juzgarlos a ellos?

Lo que sí quiero es que no estén en la sociedad dando vueltas, sino que se les mantenga guardados, para que no hagan más daño. Pero yo no puedo juzgarlos.

Yo no estoy *llevando* el programa en ninguna dirección; más bien lo estoy *siguiendo*. Cuando *Cristina* fue lanzado al aire, pensé que iba a ser un programa de servicio público; después me sorprendió comprobar las necesidades que había. Es como la ley de la ciencia: la naturaleza aborrece un vacío. Eso pasó con el *show*.

10 | ¡EXPANDIENDO HORIZONTES!

¡HABLANDO EN CHINO!

Mi primer programa en inglés fue tan desastroso como el primer piloto para *El Show de Cristina*. Mi función era servir de presentadora para los hispanos en uno de los canales de habla inglesa en Miami, durante un telemaratón para los niños afectados por la parálisis cerebral, y exhortar al público a que donara fondos. Todos los que se reían de mi acento cubano en español ahora tenían el privilegio de reírse del que tengo en inglés.

La realidad es que aún estaba muy verde, y mi participación no fue del todo afortunada. Pero de los cobardes nunca se ha escrito nada, y quienes se ríen de mí no son los que pagan mis tarjetas de crédito.

Mi mayor desventaja en esa época era que todavía no sabía hacer televisión. Me refiero a la logística de los aspectos técnicos, que para mí era como de repente empezar a hablar en chino. Un telemaratón se hace en vivo, y son horas y horas de trabajo. Muchas veces hay que dirigirse a personas que se encuentran lejos del estudio, vía satélite. En otras ocasiones las tomas se hacen en otra área del estudio, en la pizarra, mientras se contestan los teléfonos. Los requisitos de coordinación y de tiempo en la mente son inauditos, y para llenarlos con desenvoltura hay que conocer el medio a fondo. Es preciso saber leer las señales de mano de los diferentes coordinadores de piso.

Yo no sabía nada de nada, y estaba tan nerviosa, que al presentador de noticias de ese canal, Dwight Lauderdale, insistía en llamarle Dwayne. En determinado momento el hombre se irritó tanto, que en broma comenzó a cambiarme el nombre a mí, y me decía no sé qué rayos, Tina… o Monina. En fin, aquello acabó como una película de los hermanos Marx. Pero sobreviví.

CRISTINA OPINA

En 1991, comenzamos un programa radial nacional y *Cristina La Revista*. Univisión me ratificó su contrato ese año por una cantidad ascendente a medio millón de dólares.

El nuevo programa radial llevó por título *Cristina Opina*, y fue una producción de Marcos, mi marido, a través de la cadena radial nacional Cadena Radio Centro, la única que transmitía en español en todo el país vía satélite.

El programa consistía de cápsulas motivacionales y de mensaje, de dos minutos y medio cada una. Con ellas cubrimos muchos temas de impacto. Hablamos de amores imposibles, de cómo sobreponerse a la envidia, de cuando los celos se convierten en obsesión, y hasta de la controversia sobre el uso del idioma español en los Estados Unidos. Se discutían temas similares a los de la televisión, pero de forma concisa; asimismo, se ofrecían orientaciones.

Esto me brindó la oportunidad de compartir mis pensamientos, sentimientos, preocupaciones y, por supuesto, mis opiniones, con la audiencia hispanoamericana, de costa a costa.

A través del éxito de estas cápsulas, mi esposo Marcos creó una compañía de producción de programas radiales llamada MagikCity Communications, junto a unos buenos amigos, Alan e Ina Stess. Hemos tenido mucho éxito produciendo segmentos radiales como *Somos Hispanos,* con el actor mexicano Ricardo Montalbán; *Automundo,* con el piloto de carreras peruano Jorge Keochlin, y un programa con María Elena Salinas, la presentadora del *Noticiero Univisión,* además del mío.

PERIODISTA OTRA VEZ

Una vez, durante un programa especial, una periodista amiga mía me preguntó cómo yo había podido abandonar el periodismo. Le respondí que si creía eso estaba loca, ya que para mí ser periodista es ser una buena comunicadora, no importa el medio.

En el verano de 1991, firmamos un convenio con mi antigua empresa, Editorial América, para lanzar *Cristina La Revista* en el otoño de ese mismo año, con una circulación de 150 mil ejemplares a nivel nacional. Les costó Dios y ayuda —a mi marido y a la empresa— convencerme para que hiciera la revista. Me tenían loca con sus insistencias, porque todos sabían que era un excelente negocio. En verdad ya tenía más que suficientes trabajos. Pero tanto insistieron que finalmente llegaron a convencerme.

Siempre he vivido rodeada de revistas. Si alguien abre mi cartera, lo más probable es que se encuentre una revista. En mis carros hay revistas. Los closets, los baños, el garaje, mi estudio, mi cuarto… todos están llenos de revistas. En los hoteles y los aviones veo y leo revistas. Una buena parte de los temas para los programas los saco de las revistas. ¡Tengo alma de revistas! Y necesitaba trabajar de nuevo en prensa escrita. A veces siento que si algo no está escrito, no es, no existe. Haciendo el programa de televisión sentía que se me quedaban muchas cosas fuera, porque la improvisación y la espontaneidad son grandes. Por el contrario, cuando uno se sienta a escribir, desarrolla una idea de principio a fin, y tiene una temática y una coherencia. En definitiva, quedé atrapada en el vicio de las revistas.

Al regresar a la Editorial América, la empresa donde crecí profesionalmente, y vi mi nombre en la puerta de la recepción de mi propia publicación, se me llenaron los ojos de lágrimas. La gerencia le había reservado a mi revista la misma oficina donde yo había trabajado diez años como directora de *Cosmopolitan*.

Soy la directora ejecutiva de la publicación. Luz María Doria, una joven colombiana, llegó a mí hace algunos años, como hice yo de jovencita, para comenzar su internado en *Cosmopolitan*. Desde su llegada su luz brilló, y por ello no vacilé en nombrarla directora de *Cristina La Revista*.

Durante los primeros tres años yo tenía que armar cada número, planificar la estructura y las fotografías, e involucrarme profundamente en el resto del contenido editorial. Ya Luz María lo sabe hacer, y hoy me ahorra todo ese tiempo.

Siempre he considerado que mi labor como periodista conlleva una función de motivación. En el programa, yo podía hablar con el público, pero el público no siempre podía hacerlo conmigo. En la revista, sin embargo, pueden hacerlo a través de sus cartas. También el medio impreso me da la oportunidad de explorar a fondo muchos de los temas que sólo puedo tocar en televisión y radio. Inclusive algunas cartas dan pie a temas para el programa. No son cartas corrientes, desde luego. Todas encierran problemas de la vida real. A veces la gente dice que me paso de raya al desarrollar un tema, pero yo no los invento. Yo simplemente sirvo de espejo de la sociedad, y pienso que no se resuelve nada con cerrar los ojos ante lo que sucede a nuestro alrededor. Con no hacer caso del mundo que nos rodea no solucionamos nada.

No pretendo enseñar. Quiero, sencillamente, ofrecer los medios para que los que saben, enseñen. Y yo también aprendo con mi trabajo. Lo que ya he aprendido con *El Show de Cristina* no lo aprende nadie en ninguna universidad, o en la vida, ni siquiera en cien años. El ser humano es infinitamente apasionante y profundamente desconocido. La realidad supera la ficción y hasta la persona más sencilla tiene una gran historia que contar.

Cristina, en televisión, prensa o radio, no es Cristina Saralegui, es el público. La gente real, la gente de verdad, los que viven, trabajan, sufren, gozan, sueñan, preguntan, dudan y siguen sufriendo. En fin, la gente como el vecino, la profesora de nuestros hijos, el jardinero, el estudiante, la secretaria, el albañil, el pensionado, usted y —por último— yo. Mi objetivo es mejorar el nivel de vida de los hispanoamericanos, ayudarlos a elevar su nivel económico y a mejorar sus relaciones personales. Y, por supuesto, ayudarlos también a que sean personas más productivas en sus comunidades.

Los hispanos son grandes soñadores, pero en su mayoría no actúan. Protestan, claman y dicen mucho, pero cuando llega el momento de tomar acción y cambiar el mundo, no lo hacen. Yo los estoy instando constantemente para que participen en todo en la vida, no sólo en política. Que se levanten de su letargo, y que no digan, "Ay, ya terminé mi trabajo, me voy a tomar tres cervezas, déjame sentarme a ver la televisión". ¡Que actúen!

EL COSTO DEL *CROSSOVER*

En junio de 1992, ya establecido *El Show de Cristina* como el número uno en su género de la televisión hispana, y muchos, muchos *shows* después de aquella primera desacertada comparecencia en inglés a nivel local, intenté el codiciado *crossover* al inglés cuando el grupo de canales propiedad de la CBS (Columbia Broadcasting System) produjo, y Columbia Pictures distribuyó, un programa que saldría al aire en el horario matutino en veintiséis mercados norteamericanos, titulado simplemente *Cristina*. El reto me hacía feliz, desde luego. En los *talk shows* norteamericanos jamás se trataban los problemas hispanos, y siempre me había sentido excluida de los temas de programas del mismo formato que el mío. Gracias a Dios que Oprah Winfrey llega a los afroamericanos. Ellos sí están organizados políticamente, desde los años del movimiento de los derechos civiles, y constituyen un buen ejemplo a seguir. Lograron lo que han querido porque integran una minoría que se apoya entre sí.

No obstante, para los norteamericanos es casi inconcebible ver a una persona con acento extranjero conducir un *talk show*. No importa que personas con acentos muy fuertes —como Henry Kissinger y Arnold Schwarzenegger, la doctora Ruth o Deepak Chopra, por ejemplo— sean superestrellas en sus respectivos campos. No importa que vean a un Rubén Blades, a un Raúl Julia, o a una María Conchita Alonso, o un Jean Claude Van Damme en una película, y que todos tengan acento. Para la CBS, tener comunicadores con acento latino en la televisión era poco menos que revolucionario.

De cualquier manera, se lanzaron en el proyecto, y me alegró el haber tenido la oportunidad de ser comunicadora en otro idioma, porque llevé la pelota un poquito más allá, como lo han hecho Gloria Estefan, Julio Iglesias, Paul Rodríguez, Eddy Olmos, Rosie Pérez, Geraldo Rivera, Salma Hayek, Jennifer López, Jimmy Smits, Andy García, Jon Secada, Cheech Marin, John Leguizamo, Rita Moreno, Ricardo Montalbán, Anthony Quinn y Antonio Banderas. ¡Todos somos como los integrantes de un gran equipo de fútbol!

Al principio comenzaron de nuevo las consabidas comparaciones, y los periodistas me preguntaban si yo intentaba derribar a Oprah. "¿Están bromeando?", les respondía con viveza. "Oprah es como un transporte supersónico. Yo soy una mosca pidiendo pista para aterrizar".

El acuerdo original con CBS era por once semanas, durante el verano de 1992, y serviría como una prueba inicial mientras se negociaban los términos del contrato final. Le permanezco agradecida a Jonathon Rodgers, presidente del grupo de estaciones de la CBS, quien me ofreció la oportunidad de trabajar en inglés. También les quedo infinitamente agradecida a Karen Miller, Scott Sternberg y Barry Thurston por su apoyo incondicional en este proyecto. Es también apropiado aquí agradecer el apoyo que me ofrecieron algunos miembros del equipo de mi programa en español, porque cuando la cosa se puso peluda, les pedí ayuda y todos acudieron a mi rescate corriendo. De nuevo, mil gracias, muchachos.

El concepto del programa en inglés consistía en tratar temas que demostraran la pluralidad de las personas que viven en los Estados Unidos, y enfatizar las raíces de inmigrantes que tenemos todos, hasta los más norteamericanos, cuyos ancestros también emigraron de otros países. En otras palabras, el concepto era mi lema de siempre: "En la unión está la fuerza".

Elegimos temas que reflejaran ese concepto en todas sus ramificaciones. Por ejemplo, en un programa titulado *White Like Me (Blanco como yo)*, varios especializados en cirugía plástica explicaron cómo personas de diferentes razas —ya fuesen asiáticos, afroamericanos o hispanos— se operaban las facciones para parecer blancos, porque el concepto de la belleza en los Estados Unidos era pertenecer a la raza aria, ser rubio y de ojos claros.

Tratamos el prejuicio entre los negros. Ya que los afroamericanos se quejan del prejuicio de la población anglosajona contra el color de su piel, presentamos a haitianos negros, inmigrantes a los Estados Unidos, que se quejaban de que los negros nortemericanos discriminaban contra ellos por su nacionalidad y por su acento.

Hicimos otro programa sobre matrimonios entre parejas no sólo interraciales sino interculturales. Y también hicimos muchos programas de información general, como el abuso contra los ancianos, y cómo algunos hijos los mantenían encerrados y solamente los visitaban el día en que les llegaba el cheque del gobierno para quitárselo.

Un programa impactante fue acerca de las llamadas "mulas de cocaína"; es decir, personas que entran la droga de contrabando a este país. Los narcotraficantes le pagan mil dólares, por ejemplo, a un pobre diablo en América Latina para que se trague condones llenos de cocaína y los transporte hasta los Estados Unidos en sus propias entrañas. En muchos casos los condones se destruyen en su interior, y mueren de la sobredosis de la droga que reciben.

El programa reflejaba cómo todos los inmigrantes luchamos por conseguir "el sueño americano" en los Estados Unidos, y cómo algunas veces había finales felices, y otras terminaban en tragedia.

El *show* fue muy bien recibido por la prensa norteamericana, con excelentes críticas en *The Los Angeles Times* y en *The New York Times*. Los ratings resultaron sorpresivamente sólidos por la mañana, a veces arrebatándole la audiencia al ya establecido *Regis and Kathie Lee*, y sobrepasando al pionero Donahue, según las encuestas que miden la teleaudiencia.

Al cabo de las once semanas del contrato original, comenzaron las negociaciones con la CBS para quedarnos en el aire y continuar grabando el programa. Le íbamos a hacer algunas modificaciones, pero la intención era mantenerlo, ya que el promedio de ratings durante esas once semanas auguraba un éxito casi seguro en el mercado norteamericano. Unos años después, Jonathon Rodgers nos explicó que el programa había obtenido el promedio más alto que ningún programa que debutaba, desde entonces, hasta esa fecha. Pero una vez que empezamos a negociar, la gerencia de CBS ofreció un presupuesto que no estimamos adecuado. Al contrario, la cifra estaba por debajo de nuestro presupuesto actual para el programa en español, cuando los del equivalente al formato en inglés se gastan dos y tres veces esa suma, y más.

Nosotros no estábamos dispuestos a meternos en la jaula con los leones sin defendernos siquiera con un tirachinas; era imposible competir con los programas en inglés como un pariente pobre hispano. Entonces Marcos y yo decidimos no continuar, ya que nunca me he involucrado en ningún empeño donde sé de antemano que tengo que perder. Lo que nunca entendí, ni he llegado jamás a entender, es cómo, en las publicaciones especializadas de nuestro giro, se publicara una y otra vez que nosotros habíamos fracasado, y que nos habían cancelado el programa por no tener suficientes ratings.

A quienes así opinaron, les informo: los ratings en los Estados Unidos son propiedad pública, y les llegan a todo el mundo, lo mismo a tus amigos que a tus enemigos, a tus jefes, a tus anunciantes y a los periodistas especializados, diariamente. ¿Cómo es posible que un periodista especializado se defina como tal, cuando está escribiendo una mentira que cobra poder cuando se repite, sin molestarse, antes de destruirle la carrera a alguien, en hacer su investigación y buscar los ratings que pertenecen a esa época, y verificar la información? Si hubiesen investigado debidamente, como les corresponde, se habrían dado cuenta que lo que estaban publicando era incorrecto. Lo que sucedió fue que para quedar bien, alguien involucrado con el proyecto se inventó esa mentira "oficial", el otro la repetía, y otro más atrás copiaba lo que decían los demás, hasta que en todas partes se reproducía una mentira como un cáncer.

Tuve que pagar por todo eso, y todavía estoy pagando, en el sentido de que cada vez que alguien se refiere a nuestra incursión en el mercado norteamericano en 1992, el comentario inevitable es que "fracasamos" y que "nos cancelaron". Esto es inconcebible, en vista de que al año entrante volvimos a trabajar con la misma cadena CBS, y el mismo Jonathon Rodgers, para hacer nuestro primer especial en inglés que se tituló *Latin Lovers de los 90,* y en el cual entrevistamos a Erik Estrada, Plácido Domingo, Ricky Martin y Lorenzo Lamas.

Todos los que me conocen saben que no me doy por vencida, y que vamos a seguir hacia adelante, en inglés y en español. Estamos lanzándonos, de barriga, a la piscina olímpica. Y estoy segura de que esta vez no nos van a poder ahogar.

EL PRECIO DEL ÉXITO

En una ocasión, durante una entrevista que me hicieron para un programa en Puerto Rico durante el segundo año de *El Show de Cristina,* uno de los presentadores me comentó que ya se estaba hablando de lo que podría interpretarse como "la explotación del nombre de *Cristina*". Me dijo: "Se habla de Relojes Cristina, de Espejuelos Cristina, de Pañuelos Cristina, de Muñecas Cristina... ¿Es eso cierto...?". Siempre he dicho que hay que trabajar muy duro cuando uno está pegado, y pescar cuando los peces están picando, porque una vez que dejan de picar hay que cambiar de lugar y de bote. Pero hay ocasiones en que detecto cierto resentimiento en torno a mis actividades, sobre todo cuando se suscitan críticas y ataques irracionales contra mi programa y mi persona. Esto se lo digo a todos los que estén teniendo éxito, para que no se sientan culpables; y a los que los resienten, para que se cuestionen las razones.

Al mismo tiempo que las personas te admiran, les molesta que te vaya bien después de cierto nivel. Al principio todos quieren que triunfes, pero una vez que ven que estás triunfando más y más, y que estás triunfando en grande, entonces empiezan a tirarte y ahí empiezan las críticas y las agresiones. Es como el clásico cuento de los cangrejos que han sido capturados y se hallan en el interior de un cubo. Para escapar, tienen que pararse los unos sobre los otros para llegar al borde del cubo y ayudarse a escapar. Pero lo que hacen los cangrejos es que, una vez que ven a uno que está a punto de salirse del cubo, lo halan para que caiga también.

Con ése, y otros comentarios, empecé a darme cuenta de que la gente no te perdona que triunfes *totalmente*. Quieren que triunfes *un poco*, pero cuando se te va la mano hasta llegar al éxito total, entonces empiezan a tratar de tumbarte… como los cangrejos en el cubo.

11 | CRITICAS

Mi primer viaje con *El Show de Cristina* a México fue muy importante en el desarrollo del programa. Durante mucho tiempo después de estar en el aire, *Cristina* no se trasmitía en México. Cuando Televisa, la compañía más poderosa de la televisión mexicana, todavía no había comprado parte de nuestra empresa, el *show* se veía en Mexico —que es el mercado más importante de América Latina— solamente a través del cable. Entonces, a pesar de que era muy popular (por ejemplo, era el número uno en Guadalajara), no tenía la menor oportunidad de penetrar el mercado mexicano a nivel nacional hasta que Televisa no lo ubicara en uno de sus canales regulares.

En abril de 1992, la compañía Hallmark anunció la venta de la cadena Univisión a un triunvirato autodenominado The Univision Group, e integrado por Emilio Azcárraga, de Televisa; Gustavo Cisneros, de Venevisión, en Venezuela; y A. Jerrold Perenchio, un inversionista norteamericano. Perenchio controlaría 50 por ciento, y Azcárraga y Cisneros 25 por ciento respectivamente, ya que la FCC (Comisión Federal de Comunicaciones) de los Estados Unidos prohibe que un extranjero sea dueño de la mayoría de las acciones en una empresa de comunicaciones.

Una vez que Televisa adquirió participación en Univisión, uno de los beneficios para mí fue poder entrar al soñado mercado mexicano. Me dieron esa oportunidad colocando el programa en el llamado *Canal de las Estrellas,* el Canal 2, que a su vez es una cadena nacional que trasmite las telenovelas y los *shows* más importantes del país.

Como ésa era mi mayor ilusión, viajé a México para el lanzamiento. Tuvimos una fastuosa conferencia de prensa, seguida de un almuerzo, durante el cual me presentaron a la prensa mexicana para que les explicara el concepto del programa. Fue una experiencia agradable y alentadora.

La debacle que se avecinaba se comenzó a fraguar cuando *Cristina* comenzó a trasmitirse en el horario de las cuatro de la tarde (igual que en los Estados Unidos) y reemplazando la programación infantil que existía previamente a esa hora. Es decir, que en un país tan tradicional como México, eligieron para un programa polémico y controversial como el mío, un horario en que quienes veían la televisión eran principalmente los niños. A partir de ese momento comenzaron las quejas de algunas asociaciones de padres de familia, y del público en general, contra el programa y, especialmente, contra el horario del programa.

Uno de los fallos casi irreparables fue que el departamento de programación de Televisa en México había programado temas muy fuertes (homosexualidad, travestís, religión, sexo… ¡todo lo que fuera polémico!) uno detrás del otro, y varias asociaciones de padres de familia empezaron a protestar para que me sacaran del aire.

Ya en esa época había casi mil programas de *Cristina* grabados sobre temas diversos, incluso programas para niños como el que hicimos en Homestead (Florida), durante las Navidades de 1991, después del paso del huracán Andrew por el área. Allí montamos una carpa de circo, hicimos un *show* con payasos, mariachis y personajes de *Plaza Sésamo,* y repartimos juguetes entre los niños de los trabajadores migratorios de la región devastada por el desastre.

Pero en vez de intercalar diferentes temas, como yo trato de hacer en los Estados Unidos, en México lanzaron todos los programas fuertes juntos. Un poco después cambiaron el programa al horario de las once de la noche, y yo, inocentemente ajena a esta cacería de brujas que se estaba produciendo, viajé a México con mi equipo para grabar por primera vez. Me ofrecieron uno de los foros más grandes de Televisa, donde Verónica Castro grababa sus programas de variedades.

Al llegar al estudio, todo fue de maravilla. El foro tenía capacidad para 500 espectadores y estaba siempre abarrotado de personas que esperaban el día entero para poder entrar. Grabábamos dos programas diarios, y cuando se terminaba el primero, no manteníamos al mismo público (como hacemos en Miami), sino que permitíamos la entrada a otras 500 personas que querían también asistir. El programa, que salía al aire a las once de la noche, estaba teniendo entre 25 y 30 puntos de ratings, lo mismo que obtienen las novelas en el horario estelar.

Pero una vez que todas estas asociaciones, que mientras tanto me estaban atacando, se enteraron que yo estaba grabando en la Ciudad de México, enviaron un séquito de periodistas para entrevistarme. Excepto que no me hacían las preguntas normales, como los periodistas en otras partes. Aquello era un ataque frontal, verbal y luego escrito. Yo me preguntaba: Dios mío, pero ¿por qué este rencor? ¡No entendía lo que estaba sucediendo!

ACRIBILLADA POR LA PRENSA

Febrero fue un mes furibundo. Algunos segmentos de la prensa mexicana se dieron a la tarea de destrozar mi imagen, despiadadamente, con burlas e insultos, y críticas exacerbadas por los ánimos de ciertas entidades. Cito fragmentos de artículos publicados sucesivamente:

- "Como si a Televisa le faltara la gente estúpida y por ello carente de juicio moral... dicha corporación importa, ahora de Miami, con bombo y platillo, a dos insignes cretinos: Don Francisco (chileno), y Cristina (cubana)".

- "Lo que irrita es su ignorancia beligerante disfrazada de seriedad... Irrita su morbo de gambusina encubierto con 'temas de interés general'. Su dislexia en tierras donde nos jactamos de pronunciar bien nuestro idioma... sus paleros circenses (que van desde gusanas con pelucas hasta familias de lesbianas)". Nunca comprendí qué quería decir el periodista con "gusanas", si parásitos o cubanas exiliadas.
- "A la señora Saralegui la califican como pedante, sangrona, orgullosa, dominante, creída, prepotente, estereotipada, y a su serial maligno, inmoral, pocho, corriente, vulgar, insulso, trivial, sucio, impropio, desacertado. Pero hay que reconocer que en Estados Unidos, cuando menos entre los teleadictos de habla hispana, o habla pocha, es muy visto".

¡Qué desprecio hacia los hispanos en los Estados Unidos!

Periódicos serios, como *El Universal*, no obstante, a raíz de algunos programas sobre el sexo, la drogadicción y el SIDA, publicaron titulares como GRACIAS POR ADVERTIR EL PELIGRO, CRISTIANA CRISTINA.

EMILIO AZCARRAGA REACCIONA

Un día nos llamó el señor Emilio Azcárraga, el dueño de Televisa. Yo solamente lo había conocido en una ocasión, y siempre me pareció un hombre sumamente inteligente. En aquella oportunidad fui a verlo con Marcos. "Mira todos los ataques que estamos teniendo", me dijo Azcárraga. "Nosotros no estamos acostumbrados a esto en el Canal 2. Queremos que hagas un programa fresa". Para los que no son mexicanos, esto quiere decir un programa completamente ligero, sin ningún tema fuerte.

Yo le expliqué al señor Azcárraga que mi programa de fresa no tenía ni las semillas, pero que la razón por la cual se estaban produciendo todos aquellos ataques en México, era que su propio departamento de programación, y no yo, estaba programando todos los *shows* fuertes juntos.

El resultado fue que los ejecutivos de programación de Televisa —o sea, las personas que en realidad me hicieron famosa en México— consideraron que yo era una malagradecida. Es decir, en vez de recibir elogios por los 30 puntos de rating que tenía el programa, llegaba esta "gringuita" de los Estados Unidos a explicarles, frente al dueño de la empresa, cómo hacer su trabajo.

"Estamos ante una disyuntiva", prosiguió Azcárraga. "Ya yo sé cómo tú funcionas, y creo que te puedes defender perfectamente bien, y explicar el motivo por el que haces tus programas en la forma que los haces. Si tú te atreves, yo te voy a ceder una hora completa, sin comerciales y sin música, en el Canal 2, para que te enfrentes a los que te critican en la Ciudad de México y sostengas un debate con ellos".

EL ENCAUSAMIENTO

En marzo de 1993, la Unión Nacional de Padres de Familia (UNPF), una de las uniones varias que existen en México, demandó ante la secretaría de gobernación de México a la empresa Televisa, por el cese definitivo del programa televisivo *Cristina*, "por la evidente transgresión de los valores, leyes y reglamentos cometidos por la conductora y productores del programa".

El 25 de marzo, jueves, tuvo lugar el debate entre representantes de la Unión Nacional de Padres de Familia y una servidora. Recuerdo que me sentaron solita, como panelista, en el escenario; la silla era tan grande, y yo soy tan pequeñita, que los pies me colgaban y no me llegaban al piso. Había 700 personas en el público, de los cuales la mitad fueron traídos por la Asociación de Padres de Familia, para que participaran en el debate en contra mía y de mi programa. Incluso, cuando el señor Azcárraga le informó a la Asociación de Padres que yo estaba dispuesta a este debate, ellos exigieron que no entrara al estudio público regular de la calle; es decir, exigían que las 700 personas del público fueran todas escogidas por la asociación en contra mía. Yo le respondí al señor Azcárraga que no me prestaba para una crucifixión. Mencioné que yo no quería escoger ni traer a nadie, pero que lo único que quería era que se le permitiera la entrada a cualquiera. Mi interés era hacer un programa no para la Asociación de Padres de Familia, sino para el público mexicano, que me había aceptado con los brazos abiertos.

Logramos que la asociación estuviera de acuerdo en que le anunciáramos al público que íbamos a grabar un programa adicional a los que ya habíamos grabado en México, sin divulgar de qué se trataba. También la mitad de los invitados al estudio era público de la calle, que podía opinar como le diera la gana.

"CRONICA DE UN LINCHAMIENTO FRUSTRADO"

Ese fue el titular de un artículo sobre el debate, y me parece que captó tanto el tono como el desenlace. El público comprendió, y manifestó su aprobación con aplausos. Cuando les dieron la oportunidad a miembros del público a expresar sus opiniones, me sentí confortada por el gran apoyo y solidaridad del pueblo mexicano.

Una señora explicó que era madre, y que el programa había sido muy importante para ella. "Y para ayudar a mis hijos les digo, ¡véanlo!", afirmó. "Vean lo que hay en el mundo y cuídense. ¡Bravo por Cristina!". Varios jóvenes también se acercaron al micrófono para felicitarme; incluso mencionaron que lo hacían "por tener yo los pantalones de estar sentada allí". Me hizo gracia, y se los agradecí.

Traté de concluir mi parte del debate con un mensaje positivo. "Los hispanos tenemos una equivocación sobre cuáles son las funciones de un psicólogo, un terapeuta, un consejero familiar, un consejero matrimonial y un psiquiatra", subrayé. "Y nos divorciamos, tenemos problemas con los niños, y no sabemos que tenemos un problema. Un día, en *El Show de Cristina*, presentamos a tres señoras a quienes los maridos les pegaban, y estaban muertas de miedo ante sus amenazas, porque tenían niños y no sabían cómo escaparse y dónde esconderse. Después que pasamos números 1-800, o líneas telefónicas gratuitas, de sitios de albergue, muchas mujeres me llamaron para decirme: 'Me salvaste la vida porque me pude ir a un sitio donde no me encontró más, y ya no me pega más, ni a mí ni a mis hijos'".

Expliqué que lo que yo quería hacer con *Cristina* en México era tener el apoyo de asociaciones como las que tengo en los Estados Unidos, para que entonces, entre todos, mostremos números telefónicos de ayuda en la pantalla; pero en vez de números norteamericanos, números de asociaciones de México que brindan ayuda y orientación a personas que saben de casos de abuso infantil, a mujeres cuyos maridos les pegan... que sepan dónde acudir.

Un joven del público irrumpió: "¡Ojalá que Televisa no cambie este tipo de temática, ¡ojalá no la cambie! Porque por primera vez en años estamos superando temas, y es bueno que una empresa como Televisa haga ese tipo de apertura, y que todos tengamos el privilegio de escuchar y de ver lo que queremos escuchar y ver. ¡Felicidades, Cristina!".

EPILOGO

Cuando me atacan, sé que estoy ganando. Ese día aprendí a defender las cosas en las que yo creo.

El público televidente que vio este debate en México me entendió perfectamente.

Y el galán de mi novela fue el señor Emilio Azcárraga, quien decidió dejar mi programa en el aire a pesar de las presiones, simplemente limitándose a cambiarlo del Canal 2 a un canal nuevo que Televisa acababa de comprar: el Canal 9.

El Canal 9 fue creciendo, le fueron adicionando torres por toda la República Mexicana, y ya no es sólo una cadena nacional, sino que se ha convertido en la segunda cadena nacional de México, después del Canal 2. De repente me encontré en la posición de ser la pionera del Canal 9, con los ratings entre los cinco más altos de la cadena. Recientemente me gané el premio AMPRYT (Asociación Mexicana de Periodistas de Radio y Televisión) por el programa más humano e instructivo de la República Mexicana. Me pareció increíble que, después de haber caminado por las calles y haberme topado con revistas con mi fotografía en la portada junto a titulares que decían "¡CÓRTENLE LA CABEZA A CRISTINA!", me hubieran dado un premio por el programa más humanitario del país.

Hoy, dondequiera que llego en México, las abuelitas son las mismas que me ven en los Estados Unidos, que me siguen y me llenan la cara de besitos y de cariño. Esas son las consecuencias de hacer las cosas por principio, y no simplemente por dinero, ni por ratings. La cámara no miente, y el público es inteligente y sabe la diferencia. La tiranía más grande que existe no es imponer la ley marcial. Es negarles la información a las masas, y censurar información para así poder controlar mejor a los pueblos.

¿Cómo se expresa una opinión? Primero que todo, hay que en verdad reconocer y afirmar lo que uno piensa. No es tan fácil como parece. Porque la insistencia de la sociedad hoy en día en ser "políticamente correcto" se aprovecha de las inseguridades de cada individuo, al punto de que no nos expresamos por temor a que vayan a atacarnos.

Pero expresar mis principios es mi meta, como periodista y como mujer.

CUANDO LA CRITICA ENTRA POR CASA

Bodas Homosexuales, el programa que ya cité como el más controversial hasta la fecha, me hizo cuestionar muchas cosas. Entre ellas, hasta qué punto se puede correr el riesgo de poner en peligro la estabilidad de la familia, y de seres queridos a un nivel personal, por cuestiones de principios. Esto, por supuesto, se refleja en mi programa.

El programa fue lanzado al aire el 4 de enero de 1996, y aunque fue conducido con decoro y respeto, se suscitó una campaña de odio muy intensa en Miami que desató una desagradable corriente de intolerancia. Esta campaña fue exhortada y orquestada por un pastor evangélico que ha creado un movimiento creciente, y *lucra-*

tivo, que incluye tres iglesias y tres programas radiales. Aunque el pastor confesó haber visto sólo los últimos quince minutos del programa, se dedicó de lleno a la tarea de atacar a *Cristina* y a mi persona, instando a sus feligreses a escribir cartas en contra mía. Incluso, el propio pastor envió una carta a la prensa, insinuando que yo "le había vendido mi alma al diablo por dinero".

"La Biblia enseña que existen principados, potestades, gobernadores de las tinieblas, huestes espirituales de la maldad", comenzaba un párrafo particularmente ofensivo. "Son espíritus que usan a personas que por la avaricia se disponen (sin saberlo algunas, otras sí) a hacer y cumplir el plan del diablo".

Las estaciones de radio hispanas en Miami, en su propio frenesí de obtener ratings, arremetieron también contra el programa. Todo esto culminó en una manifestación frente a los estudios de Univisión en Miami, donde aproximadamente 1,500 personas acudieron con pancartas que decían: "¡ABAJO CRISTINA!", "¡NO A *EL SHOW DE CRISTINA*, SI A CRISTO!".

Sin embargo, la prensa escrita se manifestó a favor del programa y del tema. Un destacado columnista afroamericano del diario *The Miami Herald* concluyó: "Millones de televidentes miran *El Show de Cristina* a través del hemisferio, incluyendo a miles de personas a nivel local. Así que la comparecencia de solamente 1,500 a la protesta del programa de bodas *gays* podría representar un desarrollo positivo: podría implicar que muchas más de las personas que ven a Cristina vieron la boda como un evento feliz".

Otro periodista citó de nuevo el mandamiento "Ama a tu prójimo como a ti mismo", para comentar: "El que cumpla con este mandamiento —que bien difícil es— no tiene tiempo de perseguir o criticar a nadie". Esta editorial motivó a mi padre a escribir una carta en respuesta, primeramente para agradecer las palabras del periodista, y que al final leía: "Y ese predicador, supuestamente entrenado para enseñar el amor al prójimo, debería volver a visitar a sus maestros para que le refrescaran de nuevo el significado de este mandamiento divino".

Mi papá va a misa todos los días. A raíz de este incidente, estaba en la iglesia, y como hacía frío, llevaba puesto una chaqueta del programa, que dice *Cristina* en la parte de atrás. El sacerdote estaba diciendo tantos horrores de nosotros en el púlpito que mi papá, para no causar otro incidente, se quitó la chaqueta y la dobló, para que no se viera el nombre de su hija.

Mi hijo que entonces tenía diez años aparentemente se enteró de los ataques en su colegio parroquial, ya que un día llegó a la casa y me preguntó muy consternado: "Mami, ¿estamos teniendo problemas?".

Estos incidentes desafortunados me hicieron sufrir las críticas en carne propia. Mis padres y mis hijos, y mi familia completa, tuvieron que pagar el precio de que actuara de acuerdo con mis principios.

Pensé que tenía el derecho y el deber de responder a estas acusaciones, y le escribí una carta al periódico expresando mi sorpresa al ver la intolerancia de ciertos religiosos, pero sobre todo la facilidad pasmosa que tienen algunas personas para tirar la primera piedra.

Surgió la consabida pregunta: ¿no me parecía mal que los niños vieran una boda de homosexuales en la televisión, a las cuatro de la tarde? Si me hubiera parecido mal, no lo habría presentado.

Me parecen aún más alarmantes las cifras de niñas prostitutas, de abuso sexual infantil, de drogadicción y alcoholismo entre los adolescentes. Me aterran las estadísticas del SIDA entre los niños y los jóvenes. Pero aunque me alarme y me aterre —dada la profesión que escogí, y la suerte que Dios me ha dado de tener un programa como éste— tengo el deber y el compromiso de informar, y el compromiso de reflejar la realidad que existe en el mundo en que vivimos. Ni mis hijos ni yo vivimos en un mundo ideal. Tal es así que por el hecho de tratar de informar, y simplemente reflejar ese mundo a nuestro alrededor, mis hijos y mi familia están expuestos a incidentes desagradables como éste, donde se puso en tela de juicio mi integridad, y se cuestionan mis motivos con insinuaciones calumniosas.

Es duro enfrentarse a esa realidad; aún más duro someter a los nuestros a que se enfrenten a ella. Pero eso me demuestra una vez más que no nos podemos dar el lujo de sentarnos en la cerca. Hay que salir a la calle, sí, pero no a gritar, ni a criticar, ni a tirar piedras, sino a defender nuestras convicciones, a ofrecer compasión y entendimiento, y a cambiar, con nuestro ejemplo, la realidad.

Don Francisco me llamó inmediatamente para brindarme su apoyo. "Esta es una llamada de solidaridad", me dijo mi colega chileno, quien me llevó en un principio a la televisión. Después me llamó Raúl Velasco para ofrecerme apoyo, pero también para preguntarme: "¿Tú estás segura de que quieres seguir haciendo las cosas como las estás haciendo?". Le respondí lo que quiero decirles a todos ahora: ese enfrentamiento con la intolerancia de algunos, cuando los ataques entraron por mi propia casa y afectaron a mi familia, fue lo que me dio más seguridad de todo. Más segura aún de que tengo que seguir luchando por las cosas en las que creo. Estoy convencida de que Dios nos hizo a todos iguales, de que todos tenemos los mismos derechos, y de que todos tenemos que luchar por todos los demás, en vez de juzgarlos y criticarlos. Que yo no soy nadie para juzgar a Dios, ni sus motivos para crear a los homosexuales.

Mis padres emigraron de Cuba para que yo creciera en una sociedad donde no hubiera censura. Y si los ataques personales eran el precio que yo tenía que pagar —no sólo el precio personal, sino el de mi familia— estaba más que nunca dispuesta a pagarlo por el resto de mi vida. Gracias a Dios, ellos piensan igual que yo, especialmente mis tres hijos.

12 | LOS TUYOS, LOS MIOS Y LOS NUESTROS

NUESTROS HIJOS

Quiero abrir este capítulo citando una carta abierta de Ricardo Montalbán a su hijo:

Muchacho:

Mientras vivas en esta casa tendrás que seguir las reglas. Cuando tengas tu propia casa podrás tú dictar las reglas. En esta casa no existe una democracia. Yo no hice campaña para ser tu padre. Tú no votaste por mí. Somos padre e hijo por la gracia de Dios, y yo acepto ese privilegio y esa enorme responsabilidad. Al aceptarlos, acepté también la obligación de desempeñar el papel de padre. Yo no soy tu compañero ni compinche. Nuestras edades son demasiado disímiles. Podemos compartir muchas cosas, pero no somos compañeros. Yo soy tu padre. Esto es cien veces más que ser un compañero. También soy tu amigo, pero nos encontramos en dos planos diferentes. Tú harás, en esta casa, lo que yo diga, y no puedes cuestionarme, porque todo lo que te pido y

exijo está motivado por el amor. Te va a ser difícil entender esto hasta que
tú también tengas hijos. Hasta entonces, ten fe en mí.

Tu Padre

Esta carta refleja, palabra por palabra, la manera en que Marcos y yo hemos tratado de criar a nuestros hijos.

Titulo el capítulo "Los tuyos, los míos y los nuestros" porque tenemos una hija de mi primer matrimonio, una señorita universitaria que ya va a cumplir veinte años, llamada Cristina Amalia Menéndez, a quien cariñosamente llamamos Titi. Nuestra hija mediana es del primer matrimonio de Marcos, tiene catorce años, y se llama Stephanie Ann Avila. Y el más pequeñito, que es el que sirvió para cimentar y cementar esta familia y nos unió a todos, es Jon Marcos Avila, y acaba de cumplir once años.

En realidad, uno de los motivos primordiales en escribir este capítulo, aparte de que mis hijos son el eje de mi vida, son las entrevistas. Cada vez que nos hacen una entrevista a Marcos y a mí, invariablemente nos preguntan sobre nuestros hijos, pero en términos generales. Por ejemplo: ¿Cuántos hijos tienen? ¿Qué edad tienen? Pienso que ni cuántos son ni qué edad tienen, ni ningunas de las preguntas que se les dirigen, explican ni remotamente quiénes son ni cómo son mis hijos.

Mis hijos son unos seres muy especiales. Los hijos de la gente que trabaja en el negocio de la televisión tienen que adaptarse, muchas veces, a maromas casi olímpicas, y a muchos cambios violentos de personalidad, para poder lidiar con una vida que se desarrolla prácticamente en público.

TITI LA PRIMOGENITA

El instinto materno

Cuando mi hija Titi nació era morenita, con la piel color canela. Y nació con los ojos tan negros que no se le veían ni las pupilas, y los pelitos parados que parecía un bebito esquimal. No había agua de violeta ni colonia con que yo pudiera aplastarle a mi bebita aquel pelo parado. Trataba de peinarla, le echaba hasta laca en el cabello, y le ponía un lazo en la cabeza. Pero media hora más tarde, aquel lazo me hacía ¡POING!. . . como un resorte salía disparado por el aire, y Titi estaba otra vez con su cara de esquimal.

En la familia le decían La Mulata de Fuego de cariño, y porque aquello era extraño, ya que todos los bebitos Saralegui han sido rubios. Esta era la primera bebita trigueña que había nacido en una familia de piojos blancos casi albinos, que se asemejaban más a alemanes y a holandeses que a latinos.

El nacimiento de Titi fue un descubrimiento, porque yo nunca me había considerado una mujer particularmente maternal. Al nacer ella, yo había cumplido los veintinueve años, y quiero mencionar que trabajé durante todo el embarazo.

Recuerdo que cuando llegó la fecha del parto era un fin de semana. Ya había sobrepasado el noveno mes, y estaba en el décimo, porque yo tengo que parir como paren los burros, que demoran diez meses de gestación. Tanto se demoraba que el ginecólogo me mandó a tomarme un pomo entero de leche de magnesia. Cuando una está en estado, no le permiten tomar laxantes, porque cuando se produce la descomposición estomacal, es posible que se desprenda el feto y se aborte. El ginecólogo ya quería que el feto se desprendiera, así que me pasé toda la noche en el baño, y aún así, Titi no salía. Pero la tarde siguiente me empezaron unos dolores muy leves, que se agudizaban por momentos. Recuerdo que estaba sentada en la sala conversando con mi mamá, cuando le dije: "Mami, creo que estoy de parto". Y mi mamá, que ha tenido cinco hijos, me contestó: "Mira que eres exagerada. ¿Cómo piensas que puedes estar conversando tranquilamente conmigo si de verdad tuvieras dolores de parto?".

En fin, que cuando llamé al ginecólogo, éste me dijo: "Mide el tiempo entre dolor y dolor, para ver si son contracciones". Así lo hice, y el resultado fue que mi mamá estaba equivocada. Lo que sucede es que yo tengo un nivel de tolerancia para el dolor tan alto, que tuve que correr al hospital con más de seis centímetros de dilatación. ¡Casi di a luz en el automóvil!

Una vez en el salón de operaciones, entré en tremenda discusión con mi ginecólogo, porque se negaba a darme anestesia y yo sentía unos dolores terribles. Recuerdo que yo le protestaba, después de haber escrito tantos artículos y editoriales sobre temas de mujeres: "¡Yo soy una mujer ejecutiva! ¡Yo conozco mis derechos! ¡Yo pagué por la anestesia general y hay que administrármela!". De nada me valió. Mi ginecólogo me mostraba la jeringuilla con la anestesia y me decía: "Aquí la tengo, pero no te la pongo hasta que no me des un empujón bien grande y la bebita asome la cabeza".

Así, en este duelo de voluntades, y entre gritos y malas palabras, nos pasamos el parto completo de Titi Menéndez y Saralegui, hasta que nació pesando diez libras y media. Era la bebita más grande de toda la enfermería, y las enfermeras mismas se referían a ella como "la bebé grande".

A pesar de haber tenido tantos hermanos y primos, yo jamás había cargado a un bebito, porque siempre me daba miedo que se me cayera. Tampoco soy el tipo de persona a quien le gusta cargar a los bebitos, ni jamás me ha dado por emitir esos peculiares sonidos infantiles cuando veo a un recién nacido.

Cuando una de las enfermeras me trajo a mi hija y la colocó en mis brazos por primera vez, me entregó el pomo de fórmula de leche, y con la misma se marchó. Yo no sabía darle fórmula a un bebito, pero no tenía la cara para decírselo a la enfermera. Recuerdo que le puse la tetera en la boquita, y aquella niña se tomó las cuatro onzas de fórmula de un sólo tirón.

Cuando la enfermera regresó y vio aquello, me gritó: "¿Cómo le ha dado las cuatro onzas, si ésa es su primera toma? ¡Se suponía que se tomara solamente la mitad!". Yo le respondí: "¡Pero usted no me lo advirtió, y yo no soy adivina!". Y, mientras tanto, la chiquita estaba feliz.

Por otro lado, me notaba rara cuando la cargaba y la abrazaba, porque no sentía ese instinto materno que se supone invada a toda madre. "¡Dios mío, qué mujer más horrible soy!", pensaba. "¿Cómo es posible?". Hasta que pasaron las primeras veinticuatro

horas, que es cuando emerge ese instinto, como el de cualquier ani-
mal hembra de la naturaleza, y por instinto sabes exactamente
cómo sacarle los gases al bebé; sabes exactamente cómo cambiarle
los pañales; sabes, si llora, si es que está molesta, si tiene hambre,
o si tiene sueño. Todo eso lo sabes automáticamente, y es puro
instinto. Ese día aprendí a respetar el instinto materno. Porque
comprendí que lo tenemos todas, hasta una mujer de carrera.

Dos mujeres

Recuerdo que cuando Titi era chiquitita, la llevaba a la oficina
en una cesta. Como no tenía dinero, todavía cargaba con la cesta
de recién nacidos, a pesar de que la bebita ya tenía seis meses, y
estaba muy grande. Un buen día la cesta se me desfondó, y la niña
se cayó en la calle, y rodó.

La primera vez que fui a ver a la bebita de Gloria Estefan, Emily
Marie, la tenían en una cesta igualita a la de Titi. Como aquel inci-
dente debió haberme impactado bastante, lo primero que le dije a
Gloria fue: "Oyeme, cuidado no se te caiga en la calle y ruede".
Gloria me miró como si me hubiese vuelto loca; jamás comprendió
por qué le dijo aquello.

Cuando Titi cumplió su primer año, mi esposo y yo no
teníamos un centavo; recuerdo que entregábamos nuestros
salarios completos a una señora colombiana para que viviera en
la casa con nosotros: ella traía a su nieto, y cuidaba a mi hija y a
su nieto juntos. La señora permanecía con la niña los días entre
semana; los sábados y domingos, mientras yo iba a trabajar, me
la llevaba conmigo en su cestica. Todo el mundo la adoraba,
porque prácticamente creció en esa oficina, pero llegó un
momento clave en que resintió el tener una mamá que era la
directora de *Cosmopolitan*.

Ya en el segundo grado, Titi tuvo su primer noviecito porque, al
igual que su mamá, fue enamoradiza desde muy temprana edad.
Pero el muchachito se enamoró de una niña que tenía unas trenzas
muy largas, y dejó de prestarle atención a ella. Basándome en aquella situación, a mí se me ocurrió escribir el siguiente editorial en

Cosmopolitan sobre el supuesto noviecito de mi hija, y cómo ella había llorado porque él la había dejado por otra niña con trenzas.

> *El amor empieza a dominarnos desde muy temprano. Para mi enorme sor-presa, el otro día mi hija Titi (de siete años) vino a enseñarme uno de esos miles de papeles de colegio que los papás tenemos que firmar para hacer felices a las maestras. Sólo que, esta vez, no se trataba de una tarea... ¡era una carta de amor! Su primera, supongo yo, ya que la enanita apenas sabe escribir a derechas... Iba dirigida a un tal "José", el Don Juan del segun-do grado. En la pequeña notita de tres líneas, Titi, furiosa, le advertía al enamoradizo de José que, de aquí en adelante, fuera a encontrarse al bebedero con otra (la "peligrosa" de las trenzas, que está en tercer grado), ya que ella no lo quería más. Ni lo invitó a su cumpleaños. ¡Ni le habló nunca más! ¿Conclusión? Que llegó la hora de ponerla en un colegio de monjas y niñas solas antes que le empiecen a bajar las notas con esas distracciones que nos hacen la vida interesante a las chicas mayorcitas... ya tendrá tiempo para eso después.*

A mí me pareció que estaba haciendo algo simpático al referirme a mi hija, ¡en el segundo grado, por Dios! Pero una vez que la revista salió a la calle, mi secretaria me avisó que abajo, en la recepción del edificio, había llegado una señora que decía que su hijo era "el novio de la hija de Cristina Saralegui", y que quería comprar treinta revistas para regalárselas a todas sus amistades.

Mi hija se enfadó tanto conmigo por revelar su mundo íntimo, por violar su privacidad, y me regañó tanto, que me tuve que callar la boca porque comprendí que tenía razón. Desde ese día jamás me volví a atrever a escribir nada sobre ella sin su permiso.

Cuando le hablé acerca de este capítulo, le aseguré que ella podría revisarlo para su aprobación, y le prometí que no saldría nada impreso sin su consentimiento. Así lo hicimos.

Pienso que la madurez de Titi —lo mismo que algunos de sus problemas subsiguientes— provienen de una serie de circunstancias en nuestras dos vidas, y durante etapas cruciales en su crecimiento.

Yo me tenía que despertar a las 5:30 de la madrugada, para salir y caminar una hora para bajar todo el peso que había adquirido con el embarazo. Después de las caminatas matutinas diarias a la salida del sol, me bañaba y me arreglaba, y la señora que la cuidaba la bañaba y la arreglaba a ella, y me la montaba en el carro.

Tenía la obligación de llegar a mi oficina antes de las nueve de la mañana, porque en la empresa en aquel entonces existía una regulación que establecía que si un empleado llegaba tarde, no le aumentaban el sueldo. De más está decir que me pasé años sin que me aumentaran el sueldo, ya que jamás he llegado a tiempo a ningún lugar en mi vida. Pero de todas formas, esto me creaba una ansiedad espantosa.

Toda la vida me he despertado muy dormida en las mañanas. Ahora mi marido se ríe, porque cada vez que pido huevos pasados por agua en un hotel, uno de los huevos inevitablemente va a parar al piso. Hay una estela de huevos pasados por agua en todas las alfombras de las *suites* de todos los hoteles de los Estados Unidos tirados por mí. Me doy hasta golpes contra las paredes de lo dormida que me levanto. Pues así, por la mañana, dormida, montaba a la niña (también dormida) en el carro, y me acuerdo que casi todos los días chocaba levemente con el carro de adelante y la niña se rodaba. Entonces me decía, con lo poquito que hablaba: "Se lo voy a decir a abuela". Yo vivía amenazada y amedrentada por esa niñita que siempre ha tenido un carácter muy fuerte, aún más fuerte que el mío.

Titi siempre ha sido más madura que yo. Ella era como mi mamacita, y no yo la de ella. Era como una viejita. Recuerdo que mientras atravesaba por todos los problemas de mi divorcio, mi ex esposo viajaba por toda la América Latina. A veces se ausentaba de la casa hasta por un mes, y a mí se me enfermaba la niña. El me había dicho que estaba, por ejemplo, en Santo Domingo, y me dejaba el teléfono de un hotel allí... pero pasaban dos semanas y no nos llamaba.

Con la niña enferma, yo, desesperada, lo llamaba a Santo Domingo, y en el hotel me informaban que no se encontraba allí. Cuando llamaba a casa de su mamá, ella me decía que ya no estaba en Santo Domingo, que había viajado a Colombia. "¿Usted no cree que me lo debería haber dicho a mí?", le reprochaba yo a la pobre señora que no tenía la culpa de nada. El caso es que cada día mi matrimonio iba de mal en peor, y me pasaba noches enteras llorando en mi cama, pensando qué iba a hacer con tantas responsabilidades, y con aquel hombre que se iba alejando de mi vida de una forma tan extraña. En esas ocasiones la niña, que tenía cuatro añitos, se acostaba conmigo en la cama, me pasaba el brazo por los hombros, y me decía: "Mami, no te preocupes, que todo se va a arreglar. Yo te lo prometo". ¡Era ella quien me daba fuerzas a mí!

Rebelde con causa

Entonces entró un nuevo hombre en la vida de Cristina y de Titi: Marcos Avila. El tenía veinticuatro años; yo tenía treinta y cinco; Titi tenía cinco años y medio.

Después de todos los problemas que habíamos sufrido su papá y yo, al principio ella miraba esta nueva relación con muy malos ojos, ya que no quería tener a un suplente para su papá, y de contra ver a su madre otra vez atormentada y llorando.

Cuando me di cuenta de que me estaba enamorando de Marcos fue que le dije: "Tú tienes que ganarte a mi hija, porque de otra forma yo no me caso contigo". Fue durante esa visita que sucedió el episodio de las esposas. Marcos recuerda que la niña se mostró agradable con él, al punto de que comenzaron a jugar. Desafortunadamente, uno de los juegos era el de "policías y ladrones", y Titi tomó la oportunidad para esposar a Marcos, con unas esposas plásticas de juguete, a la escalera de la casa donde vivíamos. Lo dejó allí, esposado, por un gran rato, hasta que nos dimos cuenta que había botado la llave y que aquello no era un juego, sino más bien un reto y una prueba.

Tuvimos que romper las esposas finalmente, pero Marcos piensa que a partir de ese momento entre los dos se estableció un cierto vínculo que se ha ido estrechando a través de muchas dificultades, y de una relación que ha sido positiva, aunque trabajosa, ya que en esta familia todo el mundo tiene un carácter muy fuerte.

Como mencioné anteriormente, una vez que Marcos y yo nos mudamos juntos, la familia entera puso el grito en el cielo… ¡porque yo tenía una hija! Imagínense el ejemplo que le estaba dando, llevándole a un hombre a la casa, que no era su papá, a vivir conmigo.

Pero yo no quería casarme; no quería reincidir porque estaba muy fresco y reciente el fracaso anterior. Y como no quería perder a quien yo ya consideraba el hombre de mi vida, la concesión mutua fue mudarnos juntos.

Al principio no hay duda de que la situación resultó muy difícil para Titi, porque ya ella estaba acostumbrada a tenerme para ella sola. En efecto, ella era el centro de mi vida y de toda mi atención. De repente su mamá se había enamorado perdidamente de este hombre, y ahora la atención se centraba alrededor del amor que nos teníamos él y yo, y ella pasó a ser la hija de la familia, en vez del centro de la atención.

Al principio no lo obedecía para nada, porque ella tiene una voluntad férrea. También tenía problemas en el colegio, como sucede con todo niño cuyos padres se acaban de divorciar.

La situación doméstica se convirtió en un infierno para mí, ya que, aparte de todo esto, cuando entonces Titi tenía una tata nicaragüense llamada Ruth, a quien debo describir como pronóstico a la ráfaga de mal tiempo que se aproximaba. Ruth era como una luchadora de "sumo" japonés, gruesa, más bajita que yo, de padres americanos, y tenía un ojo amarillo y el otro verde.

Cuando eso Ruth estaba —y estuvo durante diez años— tratando de sacar a sus seis hijos de Nicaragua (lo cual logró al fin), y tratando de conseguir su ciudadanía norteamericana, que le correspondía por su padre, y que también obtuvo. Tenía un carácter duro, era muy seca, le daba de paletazos en el fondillo a Titi, y casi me daba de paletazos en el fondillo a mí. En fin, la que mandaba en mi casa era Ruth.

Al llegar Marcos, Ruth me recriminaba: "¡Ay, pero Doña Mati! Acabamos de salir de uno, no vamos a entrar ahora en otro problema". Ruth y Titi formaron una falange contra Marcos, y el pobre hombre tenía por un lado a Titi, que se le cuadraba y le decía

"Tú no eres mi papá", y por otro a Ruth, que no le quería dar ni agua. Aparte estaban los futuros suegros, mis padres, que tampoco lo querían ver ni en pintura, por la simple razón que era un hombre más jóven, y por la preocupación de la niña. Hasta un día que —como dice Marcos— se le "llenó la cachimba" de que la niña se le revirara, comiera con las manos, y dejara sus cosas tiradas en el cuarto. El me dijo, ya bastante enojado, porque pasaba bastante tiempo en la casa, ya que su vida era más bien nocturna debido a sus presentaciones con la banda: "Si yo voy a vivir aquí, y nosotros vamos a ser una pareja, yo tengo que ser el padre de esa niña". Esgrimió una serie de razones por las cuales las cosas no iban a funcionar si continuaban ese curso caótico, y me explicó que si nosotros íbamos a llevar una vida juntos, la niña lo tendría que respetar como si fuera su propio padre.

Yo le di mi voto de confianza, y una vez que tomamos esa decisión, Marcos asumió las riendas en nuestro hogar. Ahí empezaron los problemas y los encontronazos entre Marcos y Titi. Y así comenzó nuestra relación.

La niña tenía problemas en la escuela pública a la que asistía, pero también era la reina en ella, ya que hacía lo que le daba la gana, porque en la escuela todos los niños eran hispanos, y la mamá de la niña era la directora de la segunda revista más importante de América Latina. Pero no bastando con eso, la mamá de la niña se casó con el bajista del Miami Sound Machine. Entonces nos llamaba la maestra de Titi para preguntarnos si los niños de su grado podían bailar la Conga del Miami Sound Machine para Navidad. Y Titi llevaba la música, fotos de Gloria y fotos de Marcos, y además se mostraba oronda porque era hija de personas famosas. Y así empezó a entrar la fama en su vida y en la mía, fama por parte de Marcos, que nos arrolló como la Conga.

Titi se volvió muy coqueta, y esto se fue acrecentando hasta el punto que un día me llamó su maestra a mi oficina para preguntarme por qué yo permitía que mi hija fuese vestida de Madonna al colegio, con el ombligo afuera. "¡Ella no salió vestida así de su casa!", le aseguré avergonzada, y bastante molesta. Resultó que la niña se vestía con pulóveres cortados por debajo, no ya de los senos, porque todavía no los tenía, pero mucho más arriba del ombligo; se dejaba la barriga al aire, y se ponía otra ropa encima de aquélla para que no la viéramos salir así de la casa.

Marcos aún recuerda la primera vez que Titi se dio cuenta que él era un hombre de carácter. La niña tenía que tomar una medicina que ya ni recuerdo para qué era, pero que era muy amarga, así que yo se la daba con un néctar de peras Libby's, que era su bebida favorita. Un sábado por la noche, tarde, le pedí a Marcos que le diera la medicina, pero se nos habían acabado los néctares de peras. Marcos le dijo a la niña que irían juntos al supermercado a comprar los jugos, y se montaron en el carro. Como el supermercado estaba ya cerrado, fueron a lo que los cubanos llamamos La Vaquita, un *farm store*.

Al llegar se encontraron con que no había néctares Libby's, sino de la marca Goya. Titi le advirtió a Marcos que ella no tomaba néctar de pera Goya, solamente Libby's. Pero ambos estaban cansados, y Marcos compró dos laticas del néctar Goya. Regresaron a la casa, la niña subió al cuarto a ponerse su pijamita, y Marcos subió después con un vaso, con el néctar de pera que había comprado, y con la medicina. Pero durante un descuido de él, ella viró el vaso de néctar, y se le sonrió como indicando que no tenía la menor intención de bebérselo. Marcos bajó, le sirvió otro néctar, volvió a subir con el vaso y la medicina, los colocó en la mesa, agarró a la niña por la parte trasera de la pijamita, se la sentó bocabajo en las piernas, y le entró a nalgadas. "¡Niña, ahora te vas a tomar el néctar y no me lo vas a botar más!", le gritó furioso. "Y como me lo botes, te voy a dar otra entrada de nalgadas, ¡y voy a comprar más néctar Goya!". Ella, llorando con soberbia, se tomó su medicina, bebió su néctar, y se acostó a dormir.

Al día siguiente vino a mí. "¿Tú sabes que este hombre me pega?", me dijo. En mi familia nadie jamás le ha pegado a nadie, y a la niña nadie jamás la había tocado ni con el pétalo de una rosa. "Sí", le respondí. "¿Y tú le diste permiso para que me pegara?", siguió preguntando. Le respondí: "Sí".

Desde ese día Titi se empezó a comportar.

El domingo por la tarde, mientras Marcos miraba un partido de fútbol por televisión, la niña se le paró delante y le dijo: "Marc [siempre le ha dicho Marc], ¿tú sabes que el néctar Goya sabe tan rico como el de Libby's?". Con la misma se volteó, subió las escaleras, se fue para su cuarto, y —a partir de ese momento— Marcos dice que sintió que había comenzado una nueva apertura hacia una relación de confianza.

Es gracioso ahora, y entrañable, que en el primer paquete que le enviamos a Titi a la universidad, entre cosas (como una cafetera, café cubano, dulce de guayaba y queso crema, y berberechos, unos moluscos que españoles comen de la lata a pulso con un tenedor) iban varias latas de néctar de peras Libby's.

De "maleante profesional" a reina de la macarena

Como todo es gradual en la vida, las relaciones entre la niña y Marcos se fueron componiendo poco a poco. Los niños se portan mal para medir los límites hasta dónde pueden llegar. Entonces van dando un pasito más hasta que uno los regaña, retroceden un poco, vuelven a avanzar, y así sucesivamente hasta que se toman medidas drásticas.

Eventualmente cambiamos a Titi de escuela, porque seguía persiguiéndola la fama de la orquesta, y de *Cosmopolitan*. La matriculamos en un colegio privado, High Point Academy, recomendado por Gloria Estefan, donde estudiaba su hijo Nayib, y donde la directora era amiga nuestra. Allí asistían otros hijos de famosos, a quienes las maestras tampoco les daban tratamiento especial. Allí cursó Titi sus estudios elementales y su carrera de maleante profesional.

Menos mal que Alicia Casanova era la directora de esa escuela, y que nuestras familias eran amigas desde Cuba, porque si no, hubiésemos pasado el bochorno de que la expulsaran. Al igual que me llamaban del otro colegio, me llamaban ahora de esta academia para citarnos a reuniones. Se reanudó mi largo peregrinaje a la escuela, acompañada de Marcos, para soportar que nos dijeran horrores de *Titi*. Que abusaba de las sirvientas, que las humillaba, que le contestaba mal a todo el mundo, que no hacía las tareas, que no iba a pasar de curso, y que tenía un problema de actitud espantoso.

A esas reuniones fui una vez, diez veces, cien veces... hasta que llegó un momento en que no sabía dónde meter la cara. No podía, además, continuar ausentándome de mi trabajo, y Marcos empezó a ir solo. Fue en esa época que Marcos se convirtió en el Homework Monster (El monstruo de la tarea). ¡Así le puso Titi! Como Marcos trabajaba de noche, estaba en la casa todos los días cuando ella regresaba de la escuela, y él le caía atrás, se sentaba con ella, y la obligaba a hacer la tarea.

Marcos dice que la niña era incontrolablemente rebelde, y no es exageración. Cada niño nuestro tiene algo que le molesta particularmente que le quiten, pero a Titi la podíamos castigar por un año, quitarle el televisor, quitarle los juguetes, y no le importaba. Se cuadraba ante Marcos, y con la mayor desfachatez le preguntaba: "¿Cuántos días tengo de castigo?". Marcos se sentía impotente ante situaciones de este tipo, y no quería volver a pegarle después de aquel incidente. Pero a Titi, precisamente, lo único que le molestaba eran las nalgadas.

Después de una de esas reuniones tan humillantes a la que tuvo que ir solo y de nuevo soportar la letanía de quejas sobre Titi, Marcos sintió tanta ira y afrenta personal, que ese día le dijo a la directora: "Yo voy a sacar a la niña de la escuela ahora mismo". Estaba tan enojado y tan adolorido que ni le dirigió la palabra a Titi. El recuerda que le abrió la puerta del carro, la sentó, cerró la puerta, paró en el primer estacionamiento del primer supermercado que encontró, y ahí mismo le entró a nalgadas, porque no podía contenerse hasta llegar a la casa.

Después de ese episodio, se acabaron los problemas.

Titi empezó a crecer, y llegó a comprender que ahora en nuestra vida existía la disciplina. Además, supo que ella no era la única que había entrado por el aro. ¡Yo también!

Marcos ahora exigía que yo no regresara a la casa a las nueve de la noche, como hace cualquier "trabajólico". "¿Cómo es posible que tú no cenes con tu hija?", me reprochaba a diario. "¿Tú no ves que tu hija come con las manos...?". Era cierto. Entonces me exigió que llegara a la casa a más tardar a las siete de la tarde, para cenar los tres juntos.

Cuando nos sentábamos los tres a cenar, Marcos le preguntaba: "¿Cómo te fue en el colegio?", con un interés genuino. Titi empezó a darse cuenta que éramos una familia de verdad, o como ella se imaginaba que eran las de verdad de verlas en televisión. ¡Qué ironía! Nos contaba cosas increíbles, como que un niño ese día les había enseñado a las niñas su "lapicito", refiriéndose a su pequeño órgano sexual. Nosotros hacíamos el esfuerzo de escucharla, y de tratar las situaciones con naturalidad. Y ella se fue asentando hasta que se niveló.

Por su parte, su propio padre estaba muy resentido conmigo, y se negaba a visitar mi casa porque no quería ver a Marcos. El se había casado con una muchacha colombiana, Alicia, y aunque ahora existe una relación armoniosa entre todos y ya ellos llevan muchos años de casados, cuando aquello Titi no quería ir a la casa de ellos. Me decía que la estaban tratando de envenenar cuando le daban lechuga y otros alimentos saludables, ya que en casa comía lo que le daba la gana y odiaba la lechuga. A veces Toni me llamaba por teléfono para decirme: "Vístemela, que la voy a buscar"... y nosotros vestíamos a la niña, la sentábamos en la sala, y daban las ocho de la noche, y su papá no se aparecía para recogerla. El caso es que Titi estaba atravesando muchos traumas como consecuencia del divorcio, por ambos lados.

La relación entre Marcos y Titi es la más afín ahora. De todos mis hijos, ella es su única compañera de partidos de fútbol, y él la considera como su mejor amiga. Cuando se marchó para la universidad, ya era una muchacha muy alegre, sana y muy cariñosa con nosotros. De todos nuestros hijos, la personalidad de Titi es la más efusiva. Es amigable, amable, cálida, feliz, con una sonrisa que ilumina el mundo, y es siempre el centro de la vida social de todos sus amigos.

En el pueblito de la universidad donde estudia —que está ubicada en el norte del Estado de Nueva York, cerca de las Cataratas del Niágara— hay un pequeño bar donde van los universitarios. Titi llevó la música de Gloria Estefan y de Celia Cruz, y hasta les enseñó a bailar la macarena a todos esos americanos. ¡Titi es la reina de la macarena de la universidad!

LA PRINCESA STEPHANIE, O FAFA

Fafa y Titi

Stephanie, a quien llamamos Fafa, es muy simpática, porque es muy inteligente y ocurrente; además, tiene un sentido del humor totalmente surrealista. Al mismo tiempo es la única de nuestros hijos que mantiene un promedio de A (o excelencia) en la escuela donde estudia, un colegio especial para estudiantes superdotados, donde fue maestra de niños de kindergarten desde que cumplió sus doce años. He tratado de no decirlo hasta ahora, pero Fafa es espectacular. Quiere ser diseñadora de modas, pintora, fotógrafa, y tiene talento suficiente para ser todas esas cosas.

Cuando ella y Titi se reunieron por primera vez, y comenzaron a intercambiar sus experiencias, aquello resultó un evento apoteósico. La esposa de Marcos, al principio del divorcio, no le permitía que sacara a Stephanie de la casa hasta que no cumpliera dos años de edad. Ese fue el acuerdo tomado ante el juez, y Marcos tuvo que visitar a la niña en la casa de su ex esposa (o de su abuela) hasta que Stephanie cumplió sus dos años. Pero una vez que Stephanie llegó a la edad acordada, empezamos a sacarla y a traerla a la casa... y Stephanie Avila entró en la vida de Titi Menéndez.

Recuerdo que Stephanie venía, como en los muñequitos, con un trapito y con un chupete que no se le podía sacar de la boca. Ajustábamos su asientico de niños en la parte trasera del automóvil, y ella no podía dormir si no estaba pegada al trapito y con el tete en la boca. Y fue entonces que la mamá decidió que ésa era la edad perfecta para quitarle el chupete a la niña.

Hasta el día de hoy su madre no lo sabe (aunque se va a enterar al leer este libro), pero Marcos y yo le compramos un trapito y un chupete a Fafa, y los manteníamos en nuestra casa. Cuando ella llegaba, Marcos se los mostraba y le decía: "¿Tú quieres?", a lo que ella inmediatamente respondía: "¡Sí, sí!"... y se pasaba el día en nuestra casa con el trapito y con el chupete.

La primera vez que Marcos se apareció en nuestra casa con Stephanie, se suscitó un inevitable problema de celos entre las niñas, hasta que se acostumbraron la una a la otra. Entonces, cuando íbamos a cenar los cuatro, teníamos que estar acompañados por las dos muñecas *Cabbage Patch* de nuestras hijas que, aparte de que son de por sí impresionantemente feas, no había dónde rayos sentarlas a la mesa de comer.

Por fin se acostumbraron la una a la otra, hasta que Stephanie se convirtió en el rabo de Titi. No solamente la seguía a todas partes, porque era su hermana mayor y la adoraba, sino que la copiaba. Si Titi se peinaba de una forma, Stephanie se peinaba igual. Si Titi decía algo, Stephanie lo repetía. Si Titi se reía sangronamente, Stephanie se reía igual. Pero Titi, lejos de pensar que esto era halagador, se atacaba de los nervios. Y así se pasaron un largo tiempo, hasta que por fin se acostumbraron.

Stephanie y yo: Fafa y Pati

Cuando Fafa era chiquita y me empezó a conocer a mí, tuvimos una relación muy diferente a la que yo tuve con mi propia hija Titi.

Stephanie era *exacta* a mí. Se metía en mi closet, agarraba todas mis carteras, y se las colgaba al hombro. Agarraba una boa de plumas que yo tenía, y se la enroscaba al cuello. Se ponía mis blusas de lentejuelas, y como eran tan grandes y ella tan pequeñita, parecía una novia arrastrando aquella cosa por el piso. Se ponía botas, se ponía tacones, y se sentaba horas y horas a mirar cómo me maquillaba.

Si me lavaba los dientes, ella venía con su cepillito en mano, y como no podía decirme "Mati", me llamaba Pati: *"Pati, ¡pasta! ¡pasta!"*... y yo le untaba pasta en el cepillo para que ella se pudiera lavar los dientes conmigo.

Describiendo a Stephanie Ann Avila, o Fafa, yo siempre le digo a ella que, de mis tres hijos, es la única que no es hija mía, pero es la que más se parece a mí. Le gusta la moda, no le gustan los deportes, y es *comprajólica*. Cada vez que se entera que yo voy de compras, se me pega. Stephanie y yo somos expertas en hacer las compras de la familia entera.

A Fafa le encanta todo lo que sea moda y maquillaje. La suscribí a la publicación de modas *Women's Wear Daily,* a los trece años. Stephanie es también muy fantasiosa, y siempre ha querido ser princesa. Todos los días de *Halloween,* mientras que Titi se disfrazaba de payaso, de gato, de fantasma o de Drácula, Stephanie se disfrazaba —año tras año— de princesa.

Le gustaban mucho unos muñequitos de una muchachita que se llamaba Jem, una princesita que además era cantante... y eso era lo que ella quería ser: Blancanieves, la Cenicienta (convertida en princesa, por supuesto) o Jem.

Mientras que Titi es muy deportista, Stephanie es la niña más femenina que yo he visto en mi vida. Ambas son completamente opuestas, excepto en cuestiones del amor. Lo mismo que Titi me salió enamorada de chiquita, Stephanie también ya ha tenido novio formal a los catorce años.

Un día, cuando aún estaba en el segundo grado, me confesó que estaba "saliendo" con dos muchachos al mismo tiempo. "¡Stephanie, eso esta muy feo!", le dije. "¡Eso no se hace!". Me respondió, casi que en mi mismo tono: "¡Mati... pero es que son gemelos!". No pude menos que echarme a reír.

Las peripecias y percances de un papá soltero

A Marcos le correspondía ver a Stephanie un fin de semana sí y otro no, pero como él tenía que viajar tanto, muchas veces no la podía ver cuando le tocaba. Entonces trataba de sacarla entre semana y llevarla a almorzar, y su ex esposa se portó muy bien una vez que la situación se normalizó, accediendo a este tipo de flexibilidad.

Marcos cuenta que a la niña le encantaba ir al restaurante Denny's, y que siempre sabía lo que iba a pedir: una sopa de vegetales y un sandwich de queso derretido. No importaba que él le preguntara si quería otra cosa, o le sugiriera algo. Siempre era: "Sopa y *sammich*".

Nosotros seguíamos viviendo en el pequeño reparto donde yo tenía mi casita de soltera, y en esa misma casita; nuestro punto de reunión era el restaurante Friday's, porque quedaba en la esquina de la casa, y porque mi hermano Iñaki, que cuando eso asistía a la universidad, era camarero allí para ganar dinero extra. Es un restaurante de gente joven, que atrae a parejas jóvenes, y está decorado para niños. Y, por supuesto, cada vez que le preguntábamos a Titi y a Stephanie a dónde querían ir, las dos decían al unísono: "¡A Fridays!".

A veces Marcos se preocupaba por el hecho de que no disponíamos de mucho dinero, y a Titi le encantaban los camarones. Pero no pedía el plato de camarones para niños, sino dos docenas de camarones de adultos. Y nosotros veíamos cómo nuestro presupuesto volaba con aquellos camarones.

Marcos recuerda anécdotas simpáticas, típicas del padre que tiene que salir solo con la hija. Desde que Fafa cumplió los dos años hasta los cuatro, salían todas las semanas, para que él pudiera verla más a menudo, porque siempre estaba ocupado con la banda los fines de semana. Cuando salía solo con ella, y Fafa tenía que ir al baño, muchas veces él tenía necesidad de ir también, pero no podía dejarla sola. La Fafa le hizo infinidad de maldades a su padre en los baños de los hombres. Una vez que Marcos tenía que ir, le dijo: "Mi amor, espérate aquí tranquilita, que yo tengo que hacer pipí". De repente, sintió una bulla tremenda, y era que la niña se había agachado y estaba saludando, desde abajo, a un señor que estaba haciendo sus necesidades sentado en el baño de al lado.

De nuestros tres hijos, Stephanie siempre ha sido la que ha tenido más pataletas. En una ocasión fuimos al zoológico en familia. Ella se había caído en la casa de su mamá, y tenía un pequeño chichón en la cabeza. A la salida del zoológico, a ella le dio una pataleta porque no se quería ir, se echó a correr de la soberbia, se cayó, y se dio un golpe sobre el chichón que ya tenía. Nosotros le miramos bien la frente, nos aseguramos de que el golpe no era serio, y la llevamos de regreso a su casa.

A la media hora nos llamó la mamá para preguntarnos si la niña se había caído, porque tenía la cabeza como un Minotauro y la iba a llevar al hospital. Tuvimos que correr para allá, pero resultó no ser nada de gran consecuencia.

No obstante, Fafa era casi tan enfermiza como Jon Marcos. De pequeña, tuvo una hernia en el ombligo. Después sufrió una infección de las meninges, las membranas que cubren el cerebro. Cuando sucedió esto, los médicos se dieron cuenta de que algo no andaba bien, porque la niña no mantenía debidamente el equilibrio, y se iba de lado. Presentaba todos los síntomas de un tumor en el cerebro, y yo pensé que Marcos se iba a volver loco. Después de muchos diagnósticos falsos, descubrieron que era algo más leve, y con el tratamiento debido se podía recuperar. Así sucedió, y gracias a Dios, hasta el día de hoy, Fafa nos sigue deleitando con su originalidad.

Tal vez por causa de esa sensibilidad extraordinaria, Stephanie nació con miedos. Su padre recuerda que le tenía miedo a todo: al ruido, a los automóviles; si volaba un avión sobre la casa, le daba pánico; si entraba alguien a la casa, empezaba a llorar. Una vez la llevábamos a una fiesta de piratas, y ella iba de lo más contenta. Pero en cuanto vio al primer pirata parado en la puerta, se le colgó a Marcos del cuello como un oso koala y se negaba a entrar a la fiesta. Ya ha cambiado, y hoy no le tiene miedo a casi nada. Sé que esta hija nuestra se va a comer el mundo cuando crezca.

JON MARCOS, EL PRINCIPITO

Inspector Pipicaca

Cuando Jon Marcos nació le decíamos The Peanut (El maní) porque era muy chiquitico y flaquito. Pero después que lo operamos de la hernia engordó tanto, que llegó a tener como tres barbillas; entonces Gloria lo bautizó Winston Churchill.

Como nació tan enfermito y tuvo tantos problemas de pequeño, estuvo muy malcriado, por su papá y por mí. Siempre tuvo que tomar medicinas, siempre estaba enfermo, y como tenía alergias, ni siquiera podía correr. Era alérgico a todo, especialmente al polvo y al aserrín, y siempre tenía agua por la nariz, hasta el punto que le decíamos Mr. Moco.

Jon Marcos adora a Marcos, y los dos tienen una relación muy especial. Marcos es el "Señor Mom" con los niños, porque es quien más tiempo ha pasado en la casa, y el que más los cuida. Es más, hay veces que Marcos me trata a mí como un niño más, y nos cuida, nos quiere, nos enseña, y nos disciplina a todos.

A pesar de esto, cuando Jon Marcos se enfermaba de gravedad, el niño solamente se calmaba conmigo, y lo único que hacía era pedirme que lo meciera en el sillón durante toda la noche. Esa fue otra prueba para mí de la fuerza irrefutable del instinto materno, y me enseñó que los roles sociales que se desarrollan por conveniencia mutua, se desplazan con mucha rapidez ante las necesidades de la especie. Aunque yo no había sido una mamá en el sentido convencional de la palabra, cada vez que mi hijo necesitaba cariño, y cuando necesitaba sanar, la única persona a quien acudía era su mamá. Así que siempre me he sentido correspondida y realizada con ese amor.

Jon Marcos siempre ha tenido una serie de obsesiones singulares. Cuando era bebito, le dio una especie de fijación con el logotipo de la Pepsi-Cola. Le decía Pichicoca, y tenía tal apego al logo, que nosotros le pusimos una lata vacía en su cunita, con la parte superior sellada (para que no cortara), y él dormía abrazado con aquello.

Desde que nació, esa criatura toma café cubano. Una noche yo le estaba sirviendo a Marcos un café cubano después de la cena, y Jon Marcos, que era un bebito, se lanzó detrás del café cubano, se cayó de la mesa, y se dio un golpe en la cabeza contra el piso. Tuvimos que correr para la sala de emergencias del hospital, mientras el niño sangraba con la cabeza partida. Después de que le dieron puntos en la frente y salíamos del hospital, de repente vio una máquina de Pepsi-Cola… grande, linda, llena de luces. Al instante se le olvidó el llanto, los puntos, la sangre, ¡todo! Caminó solito hacia donde estaba aquella enorme máquina, le puso sus dos bracitos gorditos alrededor, le pegó la cara como si hubiese visto a la Virgen de Guadalupe, y le decía: "Pichicoca ...Pichicoca", con un cariño tan grande que me llegó al alma.

Cuando llegó el momento de entrenarlo para que hiciera pipí y caca dentro del inodorito de niños que se coloca encima del normal, Marcos ya se había retirado de la orquesta, y tenía su propia agencia, MagikCity Media, en la casa. Para reforzar el comportamiento, cada vez que el niño hacía pipí y caca dentro del inodoro, le dábamos una galletica. Un día, Marcos estaba atendiendo a unos clientes en su oficina (una habitación en la casa), cuando entró corriendo Jon Marcos, feliz, con los pantalones cortos por los pies, con todo al aire, y le anunció al padre: "¡Papi! ¡Pipí! ¡Caca! ¡Cookie! (¡Galleta!)".

También se confundía, y hacía pipí en todas las macetas de las plantas interiores en la casa, en los cestos de la basura del cuarto de la hermana... ¡en todo lo que fuera redondo! Nosotros nos sentábamos en la sala, olíamos, y nos preguntábamos: "¿Por qué hay tanta peste aquí?" Y fue Titi quien se dio cuenta de lo que hacía Jon Marcos, al examinar el cesto en su cuarto.

A partir de estos percances le pusimos el apodo Inspector Pipicaca. El mismo se lo dice.

Como mi vida personal se refleja tanto en mi programa de televisión, cuando estaba atravesando por el problema de entrenar al niño a ir al baño, hice un programa sobre este tema. Invité al programa a un pediatra muy competente, joven y muy simpático, quien aconsejó a las madres sobre la terminología que debían usar. "Miren, señoras", les advirtió, "usen las palabras *pipí* y *caca*, que son palabras aceptables, que se entienden en inglés y en español, y que si el niño las utiliza en público no les va a hacer pasar una vergüenza".

Así que yo fui la primera presentadora en televisión en cuyo programa se dijeron las palabras *pipí* y *caca*.

Jon Marcos tuvo una época, cuando cumplió sus cinco años, en que le daba por quitarse los pantalones, quedarse en calzoncillos, y empezar a bailar lambada como veía que otros lo hacían en la televisión. Como las mujeres la bailaban en tanga, él pensaba que tenía que hacerlo así también. A veces estaba con una visita, o teníamos una cena, y Jon Marcos se aparecía en el lugar donde nos

hallábamos, se quitaba los pantalones, y empezaba a bailar lambada en calzoncillos… como un loco, con esos muslos gordos y ese
fondillón blanco que tiene, delante de todo el mundo. Y la bailaba bastante indecentemente, igualito que en la televisión.

Jon Marcos es el único de mis hijos que sabe lo que es vivir con
los dos padres en la casa. Como consecuencia, está tan apegado a
su padre que cuando Stephanie nos visita, los celos no solamente
son terribles, sino que él no hace esfuerzo alguno por reprimirlos.
Por ejemplo, cuando Stephanie está en la piscina con su padre, y él
la abraza, Jon Marcos comienza a gritar: "Por favor, paren eso ya,
que me estoy poniendo muy celoso. ¡Me siento muy mal!".

El primer día que fue al colegio, se sintió muy feliz; estaba
loquito de alegría. Fue cantando, contento. Pero al día siguiente,
cuando la tata lo vistió por la mañana, nos vino a buscar, porque
el niño estaba renuente a regresar a la escuela. Su papá y yo, para
vestirlo, tuvimos que ponerlo contra el piso, y Marcos le ponía la
camisa mientras yo le subía los pantalones. Pero en lo que yo le
subía los pantalones y el padre terminaba de ponerle la camisa, él
se bajaba los pantalones y el proceso se repetía *ad nauseam.* ¡Ni
hablar! El niño parecía Linda Blair en la película *El Exorcista*, poseí-
do por Satanás, con la espuma verde saliéndole por la boca. Al fin
lo vestimos y lo mandamos a la escuela. Pero al llegar al automóvil,
se aguantaba de los lados con las piernas y con las manos para no
entrar. La escena se repitió varias veces. Lo dejábamos en el colegio histérico, gritando, y al padre le daba un remordimiento de
consciencia terrible.

Un día la directora llamó a Marcos y le dijo: "Ven para acá, que
te quiero enseñar una cosa". Marcos no tardó, y pudo apreciar que
en cuanto él dejaba al niño en la escuela, se volteaba y se marchaba, Jon Marcos estaba feliz, muerto de risa, jugando con sus amiguitos. "Mira, para que compruebes que el llanto y la actuación del
niño son para ti", le dijo la directora.

Y es que Jon Marcos ha sido siempre un niño increíblemente
sociable, desde que nació. Por supuesto, ayudaba el hecho que era
precioso, gordito, con los ojitos verdes, con el pelito lacio y rubio,
y tenía unas salidas muy originales.

Su mejor amigo, cuando era más pequeño y aún vivíamos en la casa en Kendall, era un vecino, Pepe, que vivía con su esposa en la casa de enfrente. Lo inusual es que Pepe y Teresita tenían sesenta años, con hijos y nietos, y que Jon Marcos no era amigo de los nietos, y ni siquiera de los hijos. El era amigo de Pepe y de Teresita, y conversaba con ellos constantemente.

Aparte de tener amigos que eran personas mayores, las mujeres lo adoraban, y él lo sabía. Una vez estábamos sentados en un restaurante, las dos niñas, Jon Marcos, Marcos y yo. En eso entraron tres señoritas como de dieciocho o diecinueve años, se sentaron a una mesa, prendieron cigarrillos, y pidieron tragos. Con la misma Jon Marcos, que sólo tenía tres años, se dirigió muy dispuesto a la mesa donde estaban sentadas las tres muchachas, se sentó él también a la mesa, y se pasó la noche entera conversando con ellas, que estaban encantadas con él; no hacían más que decir: "¡Ay, qué lindo!".

Jon Marcos habla con su padre de hombre a hombre, y le dice que le encantan las mujeres con los fondillos y los senos grandes. En una ocasión nos quedamos en un apartamento en Miami Beach para disfrutar de la playa. Jon Marcos estaba construyendo un castillito de arena, y tiraba unas piedrecitas al agua. Cada vez las lanzaba más lejos y las iba a buscar, hasta que nos dimos cuenta cuál era la maniobra en que se hallaba involucrado: había unas modelos alemanas asoleándose sin sostén, y Jon Marcos ya estaba casi sentado encima de una de aquellas mujeres.

Un Romeo de marras…

Yo creo que el denominador común entre mis hijos es ser enamoradizos, porque Jon Marcos tenía novia formal… ¡a los diez años! El es novio de esa niña —quien, por cierto, también se llama Stephanie como su hermana— desde el kindergarten. ¡Imagínense lo que cinco años significa en la vida de una personita!

En estos momentos atraviesa por una edad por la que pasan todos los niños: no se quiere bañar, no se quiere lavar los dientes.

Pero si se enteraba que Stephanie venía a jugar a casa, o que él podía ir a casa de Stephanie, no sólo se bañaba, sino que se lavaba la cabeza y los dientes, se vistía con pantalones largos, se ponía medias y zapatos, ¡y hasta se echaba colonia! Le compraba regalos con su propio dinero... y eso que Jon Marcos es más tacaño que ningún otro niño que he conocido.

Marcos recuerda que cuando regresamos de uno de nuestros viajes, la tata de Jon Marcos le dijo muy seria: "Señor Marcos, usted no sabe lo que pasó aquí. Vino Stephanie con su hermanito [de cinco años] para jugar. Mientras jugaban fui a la habitación, y comprobé que la puerta está cerrada. Entonces fui por la puerta del baño, y me encontré que el hermanito estaba sentado en la litera de arriba, y en la de abajo estaban Stephanie y Jon Marcos dándose un besito".

Aquel día, cuando la tata tocó en la puerta, el romance se truncó. Al día siguiente, Marcos fue a buscar al niño a la escuela para ver si le contaba lo que había sucedido.

"Jon, ¿cómo pasaste el fin de semana?", le preguntó como de costumbre.

"Bueno, papi, muy contento", le dijo el niño. "Vino Stephanie aquí con Mikey, y estuvimos jugando".

El padre siguió preguntándole: "Bueno, pero... ¿qué más pasó?".

Jon Marcos le contó que jugaron Nintendo y miraron televisión, pero no mencionó nada más; se quedó muy callado. El usa espejuelitos para ver, y Marcos veía en el espejo delantero del carro como el niño movía los ojitos de un lado a otro, en duda sobre qué más decir.

De repente irrumpió: "Mira, papi, yo tengo que decirte un secreto, pero tienes que prometerme que no se lo vas a decir a nadie".

Marcos le aseguró: "Jon, yo soy tu padre... puedes contar conmigo para todo. Los secretos tuyos son sagrados para mí".

Jon Marcos le antepuso, muy firmemente: "No papi, tú no puedes decírselo a nadie, incluyendo a mami, porque ella tiene un programa de televisión que es un *talk show*".

Marcos le prometió no decírmelo, y le cumplió su promesa, ya que, por supuesto, yo lo sabía de antemano por la tata.

Jon Marcos continuó: "Mira, papi, yo este fin de semana le di un besito a Stephanie. Pusimos a Mikey en la litera de arriba, lo dejamos ver televisión, y estuvimos dándonos besitos abajo". El padre escuchó esta historia de los pequeños Romeo y Julieta con la cara muy seria.

En otra oportunidad, los padres de Stephanie me pidieron permiso para invitar a Jon Marcos a ir con ellos y sus dos hijitos, Stephanie y Mikey, a los Estudios Universal, en Orlando. Nosotros no acostumbramos a dejar a nuestros hijos ir de viaje con nadie, pero los padres de Stephanie son una pareja joven, excelentes personas, y como ellos nos confían a su hija a nosotros, también le confiamos a nuestro hijo a ellos.

Poco después de la invitación, me enteré por las tatas, que son las chismosas de América, que Jon Marcos no podía dormir de lo excitado que estaba, porque él no sabía cómo iba a ser el arreglo de las habitaciones, y no entendía si es que él iba a poder dormir con Stephanie en la misma habitación, como en las escenas de todas las telenovelas que había visto. También le dijo a la tata que había mandado a pedir un panfleto con las diferentes atracciones para saber cuáles eran oscuras y poder darle un beso a su novia en ellas.

Después del incidente previo, Marcos estaba muy preocupado porque no hubiese una falta de respeto. Y aunque ese día teníamos grabaciones, él decidió no ir al estudio conmigo esa tarde, para tener su primera conversación con Jon Marcos, de hombre a hombre, leerle la cartilla, e inculcarle que fuese respetuoso.

Cuando el niño llegó de la escuela, Marcos lo llamó a su oficina. "Siéntese aquí, por favor, que necesito hablar con usted muy seriamente", le dijo con toda formalidad, para sentar el tono. "Me he enterado que usted está muy preocupado acerca de dónde va a dormir, y sobre las atracciones oscuras, y quiero decirle que le prohibo terminantemente que usted le falte el respeto a esa niña. Le exijo que se porte como un caballero, y no le haga pasar una pena a su familia. Y usted me tiene que prometer ahora mismo que se va a comportar debidamente, y no va a hacer ninguna locura". Jon Marcos así prometió. Se comportó bien, y Stephanie, sus padres y mi hijo regresaron felices de su visita a los Estudios Universal.

Pero quiero añadir una anécdota final, para que no quepa la menor duda de este temperamento apasionado de mi hijo. Cuando tenía dos años, la directora de la edición en alemán de *Cosmopolitan* vino de visita a mi casa. Era una mujer muy atractiva, y a Jon Marcos le encantó desde el primer momento. Entonces, ni tonto ni perezoso, en la primera oportunidad que tuvo, le puso la mano en el muslo, y acto seguido le pegó un besito en los labios. Mi colega se quedó asombrada; ¡nosotros ni hablar! Nos preguntó si todos los niños cubanos eran como Jon Marcos. El niño, por su parte, aprovechó el descuido de nuestro asombro, le arrebató la copa de vino a la alemana, y se empinó un sorbo. Marcos y yo no sabíamos cómo excusarnos.

Este es un niño que siempre ha dicho que los besos en la boca son "besos de telenovela", porque desde pequeñito las está viendo con la tata. Este es un niño muy especial, muy precoz y muy romántico. ¿Se nota que es muy especial para mí, verdad?

Un don de Dios

Jon Marcos fue mucho más verbal a su edad que sus dos hermanas. Una vez le preguntó a Marcos: "Papi, ¿de qué murió Papá Dios? Porque nadie se muere porque le pongan dos clavos en una cruz".

En otra ocasión me dijo que quería saber cómo se hacían los bebés. Yo me dije a mí misma, "Bueno, llegó el momento", y me embarqué en mi disertación completa, la cual ya tenía más o menos organizada en mi cabeza. Aparte de que tuve un poco de ayuda, ya que él nació por una operación cesárea, y por lo tanto, tenía una cicatriz que mostrarle. "Mira, los bebés se van desarrollando en la barriga de la mamá", le expliqué, mostrándole mi cicatriz. "Por ahí saliste tú". Mi hijo me miró con una gran atención y me dijo: "No, pero yo no quiero saber por dónde salen… lo que quiero saber es por dónde entran". ¡Imagínense!

Aparte de todo esto, el atributo más singular de mi hijo Jon Marcos es que desde muy pequeño es capaz de detectar eventos paranormales; es decir, tiene un don psíquico muy especial, el cual heredó de mí y de mi mamá, aunque en él está mucho más desarrollado.

Por ejemplo, cuando compramos la casa de cuatro dormitorios en Kendall, el dueño nos explicó que en el primer cuarto había muerto su suegra, una señora bastante anciana, de un ataque al corazón. El hombre nos lo advirtió de buena fe, por si teníamos algún problema con eso. En realidad, a mí aquello no me afectaba, y fue precisamente esa habitación la que destinamos a Jon Marcos y a su tata. Para mi sorpresa, con el tiempo llegué a darme cuenta que el niño hablaba con esa señora, además de que la veía, porque me la describía perfectamente.

Mis dos abuelas están muertas, pero mi abuela materna, Mamamía, ya cuando estaba mayor, tenía que utilizar un andador para poder caminar. En una oportunidad Jon Marcos me dijo: "¿Sabes quién me vino a ver? Aquella señora que caminaba con un *walker* y que tenía los ojos azules". Y con la misma, me relató todo lo que Mamamía le había dicho.

No tengo que aclarar que yo tenía muchos problemas con estos incidentes cuando nos mudamos para la casa de la isla, ya que Jon Marcos comenzó a sufrir de pesadillas debido a las cosas que veía, las cuales no podía entender... No sabía qué eran aquellas apariciones, quiénes eran, y qué querían de él. Con los años se le ha ido disipando un poco la intensidad de sus visiones, se ha ido tranquilizando, y ha encontrado paz. No obstante, él ve esferas de luz que bajan del cielo y le hablan; también ve ángeles. Por ello, siempre que puedo, le regalo angelitos de la guarda, y rezo con él por las noches.

Un atardecer de verano estábamos cenando su papá, él y yo, solitos junto a la bahía, contemplando la caída del sol. "¿Qué sería de mí sin ti, mami?", me dijo de repente. "Tú eres la única persona que me explica sobre las relaciones entre los seres humanos, sobre el amor y sobre Dios. ¿Qué fuera de mí sin ti? Porque de eso no me habla más nadie que tú". Me quedé con la boca abierta, y conteniendo los deseos de llorar, de felicidad.

Por cierto, nosotros somos muy amigos de Raúl Velasco, el periodista mexicano que conduce *Siempre en Domingo*, y de su esposa Dorle. Ellos también tienen un hijo, Diego, que es tan especial como Jon Marcos, y que tiene esa misma facultad. Hemos hablado con ellos de llevar a Jon Marcos al maestro que tuvo Diego cuando era pequeñito, para que lo enseñe a utilizar esa energía positivamente.

La revancha de Rambo

Cuando estábamos tratando de vender la casa de Kendall para mudarnos a la isla, tuvimos varios problemas, porque Jon Marcos no quería desplazarse de su barrio, donde tenía todos sus amigos. Para demorar la venta, empezó a hacernos sabotaje con el vendedor de bienes raíces que habíamos contratado.

Jon Marcos tenía seis años cuando eso, y el corredor de bienes raíces, Miguel Hernández, era un buen amigo nuestro. Así que todas las tardes nosotros permitíamos que Mike mostrase la casa, ya que salíamos al estudio a grabar. El niño estaba renuente a mudarse, e hizo unas cuantas maldades, hasta que la situación empezó a ponerse fea con Mike.

Su primer intento fue decirle a Mike que él quería acompañarlo a mostrarles la casa a los primeros compradores en potencia que llegaran. Así, esa tarde empezó a enseñar la casa con Mike. Sin embargo, no le bastó con eso, sino que comenzó a hacer una serie de comentarios: "Esta es la sala, éste es el comedor, aquí es donde yo veo televisión". Entonces, al llegar a la piscina, anunció trágicamente: "Esta es el área de la piscina, y aquí es donde amanecen, todos los días, los ratones muertos... ¡ahogados!". Mike, por supuesto, se puso muy nervioso, porque los compradores se miraban entre sí. Pero aparte de esto, dio la casualidad que la señora que estaba mirando la casa les tenía fobia a los ratones, no se pudo contener un momento más, y salió huyendo de Kendall, despavorida. Entonces la corredora que acompañaba a la señora también se puso nerviosa y empezó a comerse, compulsivamente, unos chocolates que teníamos en la cocina. Jon Marcos le advirtió: "¡Señora! ¡No coma tanto chocolate, porque eso estriñe!"

En otra ocasión le advertimos al niño que se portara bien, además de mencionarle que no podía volver a enseñar la casa. Llegaron unos nuevos posibles compradores; Jon Marcos permaneció tranquilo mirando la televisión, mientras Mike mostraba las habitaciones. Pero la alarma de seguridad de la casa de al lado se disparó y empezó a sonar estruendosamente. Jon Marcos agarró un casco de guerra y un rifle de mentira, salió corriendo hacia la habitación donde estaban los compradores, y les gritó: "¡Escóndanse! ¡Escóndanse! ¡Yo los voy a proteger! ¡Yo soy Rambo! ¡En este barrio hay muchos ladrones!".

De más está decir que cundió el pánico de nuevo entre los compradores, y se cayó una vez más la venta de la casa. No cabía duda alguna de que el niño era capaz de tramar cualquier cosa con tal de no mudarse. Entonces decidimos llevarlo a la casa nueva, la cual le mostramos, habitación por habitación. "Mi amor, esta casa es más grande", le dijo su padre. "Aquí vamos a poder tener un bote, la piscina es más bonita, y puedes traer a más amiguitos de visita". Una vez que hicimos esto, nuestro hijo no se volvió a inmiscuir más en la venta de la casa.

Aparte del casco de guerra, Jon Marcos tiene todo un vestuario. Su primer trajecito de pelotero se lo regaló Samy, el afamado estilista de las estrellas de Miami. Después de eso le entró una fijación por disfrazarse de cualquier cosa, de mago, de Rambo, de pirata. ¡Ay, la época de los piratas con el parche en el ojo! ¡No me quiero ni acordar! Entonces me robaba todas mis joyas de fantasía que yo usaba para salir de noche, las metía en una caja, y jamás podía encontrarlas cuando las necesitaba. Para él, la caja con mis joyas eran "el tesoro del pirata". En fin, Jon Marcos es un niño que toda la vida ha estado sumergido en un maravilloso mundo de fantasía, muy vívido y muy real. Cada vez que yo lo llamaba y él se aparecía, nunca sabía *quién* se me iba a aparecer… ¡todo dependía del disfraz del momento!

Jon Marcos es también muy activo en el teléfono; llama a las tías, a las abuelas, a mis amigas, a todo el mundo. Un día llamó al número de emergencia 911 para amedrentarnos. Yo no recuerdo qué fechoría había hecho ese día que Marcos lo regañó con dureza. El había visto en televisión que si los padres abusaban de los hijos, éstos podían llamar al 911, y a los padres se los podían llevar detenidos. ¡Hay que tener mucho cuidado con él, porque sabe más que uno!

Le encanta hacer comerciales. También le fascina ir a mi programa y que le den un micrófono para ayudar a sentar al público en el estudio, y hablar con los invitados. Y a pesar de que siempre ha repetido que quiere ser médico, yo lo veo en una carrera en el campo de las comunicaciones. En este momento está escribiendo una obra de teatro y un libro de terror, y practicando con una amiguita para ambos producir un programa de televisión. ¿Qué les parece?

REFLEXIONES SOBRE LA CRIANZA DE LOS HIJOS

No solamente al escribir este libro, sino una y otra vez durante el transcurso de los años, me he puesto a reflexionar sobre lo que es criar a los hijos cuando se es famoso.

Yo he visto de cerca a Julio Iglesias pasar por traumas con sus hijos por ser un padre ausente.

También he visto, muy de cerca, a Gloria Estefan llorando en un viaje, porque a Nayib, su hijo, le había dado un ataque de asma, su suegra había tenido que cargar con él para el hospital, y ella no podía estar a su lado.

He comprobado cómo Natalia Figueroa, la esposa del cantante Raphael, ha tenido que trabajar tan duro para criar a los tres hijos de ambos, los cuales están tan bien educados.

Para enseñarles a nuestros niños que no abusen de la fama de los padres, y que se motiven a pesar de que lo tienen todo, nosotros siempre les decimos que no les vamos a dejar ni un centavo como herencia, sino las enseñanzas y una buena educación, para que se aprendan a defender solos. ¿El dinero...? Quedará para obras de caridad. Así que después de que ellos se casen y se vayan de la casa, tienen que buscar la forma de costearse su propio medio de vida. Y más vale que no se les suban los humos a la cabeza.

Para los hijos de los famosos, las ausencias durante fechas importantes es una de las situaciones más difíciles de comprender, como los cumpleaños, las graduaciones, los eventos de la escuela y los días festivos. Por ejemplo, un día de Halloween, Jon Marcos quería ir a pedir caramelos con todos sus amigos, pero quería que su papá y yo lo acompañáramos. Nosotros siempre vamos juntos a las grabaciones, pero en ese caso decidimos separarnos. Yo fui a trabajar sola, y Marcos fue de puerta en puerta con el niño para pedir caramelos.

Otro factor importante es mantener la estructura de ellos intacta. Con esto quiero decir la hora de acostarse, la hora de rezar, el colegio, las actividades, la persona que los cuida y sobre todo la familia extendida: mi mamá, mi papá, la mamá de Marcos, la señora que me cuida la casa y me vigila por mis hijos, y las amistades. Todo debe ser mantenido en equilibrio; la estabilidad es fundamental. Es más, Marcos y yo salimos con los mismos tres matrimonios desde hace trece años: Gloria y Emilio; Fral Zarraga, jefe de producción para Editorial Televisa, y su esposa Vivian; y la diseñadora colombiana Fini Lignardo y su esposo Mario.

Mi asistente, Teresita, hace diecisiete años que trabaja conmigo. Cuando Titi tuvo su fiesta de quince, fue Teresita quien planificó el evento. Por supuesto, Titi y yo hablábamos sobre lo que ella quería, los colores y el vestido, pero la persona que tenía que zapateársela, ir a ver las flores e ir a ver los globos, era Teresita.

Betty del Río, la asistente de Marcos, que es como si fuera hija mía, durante años llevaba y recogía a Jon Marcos de la escuela y de las clases de karate, y su nana Miriam es quien lo cuida. Además, Rolando Alea, mi coordinador de audencia, es como un tío sustituto de Jon Marcos y lo lleva a montar a caballo los fines de semana. Todas esas personas tienen que mantener su estabilidad, porque ellos son la familia de los hijos de los artistas.

Hasta ahora, la decisión más difícil que hemos tenido que tomar como familia, fue permitir que Titi se fuera a una universidad que se encuentra tan lejos de nosotros. Estoy consciente de que a los hijos no se les puede cortar las alas, sino que hay que permitirles que vuelen por sí mismos... pero también hay que enseñarles antes a abrir el paracaídas para los casos de emergencia.

Junto a la cafetera de café cubano y los casetes de música latina, Titi se llevó una serie de recomendaciones y de enseñanzas que su papá y yo nos hemos ocupado de proporcionarle. Pero yo me quedo con todas las preocupaciones propias de tener una hija tan lejos, y con el miedo de que se me enamore por allá, se me case por allá, y no regrese a vivir en Miami cuando se gradúe.

Cuando Titi se fue para la universidad, nosotros no la *mandamos*... nosotros la *llevamos* al pueblito universitario donde ahora vive, con todo lo que le era necesario. Y fue tan difícil esa última partida, que nos sentamos en el restaurante del hotel donde nos hospedábamos, ubicado junto a un lago muy lindo, le dimos una última cena a Titi, y como somos latinos cenamos tarde, a las nueve de la noche. El restaurante estaba vacío excepto por los camareros, nosotros tres, y un pianista y un violinista que tocaban música clásica. Nosotros estábamos despidiéndonos de Titi, Marcos le leía una carta que le había escrito, y los tres nos echamos a llorar, altísimo, y a moco tendido, al punto que tuvieron que acudir los camareros. Algunos nos decían: "No se preocupen, yo empecé aquí en la universidad y me acoplé. Es un buen lugar".

Como madre, quisiera ofrecer algunas recomendaciones sobre cómo hablarle a una hija mayor:

- Jamás le digan, "No me gusta el muchacho con quien estás saliendo". Lo único que se gana con eso es que ella lo defienda, y se empeñe más en salir con él.
- Es también muy importante preceder cualquier consejo diciendo: "Esto es lo que te digo como madre, y esto es lo que te diría como amiga, y a veces son recomendaciones diametralmente opuestas".
- Lo más importante es ser honesto, aunque cueste una pelea. Es a veces un tanto duro tener que decir las cosas más banales del mundo, como "Tienes que bajar de peso", o "¿No crees que debes arreglarte un poquito más?".

Si su propia madre no le dice la verdad a su hija, ¿quién se la va a decir?

13 | EDUCACION SEXUAL: LA DE MIS HIJOS Y LA MIA

Uno de los beneficios, para mí, que ha tenido hacer *El Show de Cristina* durante tantos años, es precisamente haber aprendido sobre la educación sexual. En esa materia admito que era bastante ignorante desde pequeña, porque en la época en que yo estaba creciendo en Cuba, esos temas eran completamente prohibidos. No se hablaban en conversación abierta en ningún sitio, y mucho menos con los padres.

Pero a pesar de que yo estaba bastante atrasadita mentalmente en lo que a información se refiere, mi cuerpo, no obstante, siempre estuvo muy adelantado. A los diez años tenía los senos casi desarrollados, del tamaño que los tengo hoy; por consiguiente, mi primer período arribó cuando tenía sólo nueve años. Por supuesto, ni mi mamá me había hablado nada al respecto, ni se me había mencionado jamás algo en la escuela, ni ninguna de mis amigas tenía senos ni período, así que yo era completamente inocente sobre esta experiencia. Hasta que un buen día me desperté por la mañana, y me encontré con que tenía los pantaloncitos llenos de sangre.

El que a una le brote sangre por un lugar tan delicado, especialmente a esa edad, es bastante traumatizante. Presumí que me había reventado por dentro y que me estaba muriendo. Empecé a dar gritos y a llorar en mi cama, y recuerdo que desperté a mi hermanita menor, Vicky, que tenía siete años, y me miró como si yo fuese un ser patético. Me dijo: "No te preocupes, mija, que no tienes nada. Ve y pregúntale a mami. Eso es tu primer período".

Otra de las ironías de mi vida familiar fue que Vicky, a esa edad, supiera bastante más que yo; fue ella quien me enseñó esa asignatura extracurricular que en inglés le llaman "las abejas y los pajaritos". Mi primera maestra de educación sexual fue Vicky Saralegui, a los siete años de edad.

Después de aquella experiencia le preguntaba cosas tan ingenuas a mi mamá como si yo podía montar bicicleta con una toalla sanitaria puesta, ¿se imaginan? Mi mamá me explicó, en la mejor forma que pudo, que el período era la forma en que las mujeres podían traer bebitos al mundo, y era el proceso que la preparaba a una biológicamente para el milagro de la maternidad. Pero al explicarme el aspecto femenino de la cuestión, muy convenientemente se olvidaba explicarme sobre el papel que desempeñaban los hombres en la vida reproductiva de la mujer. Tuve que enterarme de una manera más brusca y chocante.

Ese año, cuando nos fuimos de temporada a la playa de Varadero, yo acababa de cumplir diez años. Uno de mis amiguitos en la playa se llamaba Boris, tenía mi misma edad, y los dos formábamos parte del grupo que andaba mataperreando y montando bicicleta, patines y moto por toda la playa. Boris fue la primera persona que me dijo que los papás tenían relaciones sexuales, que me explicó lo que era una relación sexual, y cuál era el rol del papá. Y me aseguró que él sabía esto con conocimiento inmediato, porque había pescado a sus propios padres haciendo el amor.

Recuerdo que me quedé en estado de shock, ya que hasta ese momento había estado convencida de que si yo rezaba y le pedía a Dios un bebito, El me lo mandaría, como por correo. Entonces me le reviré a Boris y le grité como una fiera: "¡Mis papás no hacen esa cochinada! ¡Serán los tuyos!". Estaba renuente a aceptar que mis padres pudieran hacer una cosa tan baja y tan extraña como juntar sus órganos genitales.

Mi subsiguiente revelación sexual se produjo una vez que llegamos al exilio; yo tenía doce años y vivíamos en Key Biscayne. Los varones de mi grupo, que eran todos muchachitos cubanos entre los doce y catorce años, preferían salir con las americanitas que con nosotras, porque ellas eran mucho más liberales en cuanto a demostraciones físicas. Las americanas tocaban, las americanas besaban, y se dejaban tocar y besar, en tanto que las cubanas estábamos adoctrinadas por nuestras madres, que nos repetían, como una *mantra*: "Si te dejas tocar y besar y te le entregas a un hombre, no te va a respetar ni se va a casar contigo".

La mejor lección que me enseñó mi madre en mi vida fue que yo tenía que darme mi lugar y darme a respetar con los hombres, ya fuese en el amor o en las relaciones profesionales. Y la verdad que el consejo me ha servido muy bien. Pero las americanas estaban criadas con otro punto de vista, y los muchachos solamente querían salir con ellas.

Otra costumbre que teníamos era que las amigas nos reuníamos y salíamos a caminar, por millas y millas, por las calles de Key Biscayne, conversando eternamente sobre los varones, y sobre quién estaba enamoradita de éste o del otro. Había uno que era la pata del diablo, cuyo nombre era Raúl. Durante una de esas largas caminatas, algunas de mis amigas, escandalizadas, revelaron que Raúl le había tocado "el pipí" a su novia americana. Al escuchar esta barbaridad, recuerdo que les pregunté a mis amigas: "Pero, ¿la americana se dejó tocar el pipí...? ¿Con qué fin?". No solamente no sabía que *eso* tenía algo que ver con procrear, sino tampoco sabía que era rico. ¡Yo no sabía absolutamente nada de nada!

PRIMER BESO Y CORAZON ROTO

En Cuba, a los diez años, ya estaba requeteenamorada perdida de un "galanazo" de doce años apodado Kiki, que vivía en mi misma cuadra. Entonces yo salía a patinar con mi pelo largo por la cintura, por mi cuadra, por las aceras del barrio de Miramar en La Habana. Kiki tenía una moto Victoria Avanti roja, y siempre se ponía pantalones de mezclilla negros y una camisa de cuadritos que le quedaba pintada. Tenía el cabello rizado y negro, y una mirada que mataba. A los doce años me dio mi primer beso de amor, y después me rompió el corazón.

Por las tardes, después de la escuela, todos los niños del barrio salíamos a la calle a jugar, acompañados por nuestras tatas, con sus uniformes blancos almidonados. Montábamos bicicletas, empinábamos cometas (que en Cuba se les llamaba papalotes), y bailábamos la suiza (es decir, saltábamos la cuerda)... mientras las tatas nos vigilaban desde la acera, conversando a la sombra. Una tarde, agarré mi bicicleta y me aventuré hasta el final de la larga cuadra. Al llegar al final, se apareció como una visión mi galán en su moto roja, y para mi asombro se estacionó al lado mío bajo la sombra de unos inmensos árboles que rompían las aceras con sus imponentes raíces. Debajo de esos troncos simbólicos, yo en mi bicicleta y él en su moto, Kiki me pasó el brazo por el hombro, y me besó por primera vez.

Me emocioné tanto, que casi me caí de mi bicicleta; él casi se cayó de su moto. Entonces nos reímos, me recuperé un poco, y les di con rapidez a aquellos pedales hasta regresar junto a mi tata, quien jamás se percató de que yo había perdido mi virginidad bucal en la arboleda.

Anteriormente, mi única "experiencia sexual" había sido jugar a "los doctores" con mis hermanos y mis primos, en una casita de muñecas que había en el jardín de la casa de mi abuela; muy lejos de un beso de amor. Entre peleas y reconciliaciones, fui novia de Kiki por siete años. Nos separamos durante el exilio, cuando yo tenía doce años y él catorce. Al salir de Cuba, la familia de él se fue a vivir a Palm Beach, y yo lo llamé por teléfono para que fuera mi compañero en mi fiesta de quince. Ahí reanudamos el noviazgo hasta que cumplí los diecisiete años, y nos peleamos, ya no recuerdo ni por qué.

Pero él fue el primer amor de mi vida.

En esos tiempos, los amores se resumían a besos furtivos, caricias y muchas, muchas ilusiones, pero sin el menor aspecto físico.

Ese muchacho me rompió el corazón por primera vez a los diez años, en Cuba. Durante un tiempo me dejó por una "mujer mayor", de quince años, que ya usaba maquillaje... y yo no; que ya fumaba cigarrillos... y yo no; que ya bebía alcohol... y yo no; y que ya bailaba... y yo no.

Recuerdo cómo abracé a mi mamá llorando ante mi primer desencanto amoroso, y recuerdo mirarme en el espejo, con el pelo tan largo y con el corazón tan roto, y decirme a mí misma: "Déjame recordarme bien cómo se siente estar tan enamorada y tan destrozada a los diez años, para cuando mis hijos tengan diez años, acordarme que a esa edad también son capaces de amar". Sé que suena a demasiada madurez, pero así me sentí, y así sienten los niños de diez años. Ojalá los padres lo supieran. Que supieran que a tan temprana edad, esas personitas son capaces de albergar sentimientos tan profundos.

¿CÓMO SE LE EXPLICA EL SEXO A UN NIÑO?

Explicar la sexualidad humana a un niño... ésa es una de las cosas que he aprendido a través de mi programa, habiendo entrevistado a tantos sexólogos y psicólogos infantiles.

Durante mi experiencia como directora de *Cosmopolitan*, una de las cosas que más me llamaba la atención era la completa y total falta de educación sexual que había en América Latina. Yo, por mi parte, era una latina típicamente ignorante en materias sexuales cuando empecé a dirigir la revista, lo confieso. Incluso, antes de que comenzara *El Show de Cristina*, mi hija Titi —que tenía nueve años en aquel momento— en una ocasión se me acercó muy preocupada. Me dijo: "Mami, tócame aquí", y me puso mi mano sobre su pecho izquierdo. A pesar de que todavía no tenía senos, le sentí una bola, como un tumor, debajo de su pezoncito, y me puse histérica pensando que aquel abultamiento pudiera ser un cáncer en el seno. Entonces reaccioné y me dije, pero, ¿cómo es posible que tenga cáncer del seno, si ni siquiera tiene seno?

Se la llevé al pediatra, el Doctor Pérez-Farfante, a quien no sé cómo no enloquecí durante todos los años que se ocupó de mis hijos. Como era muy buen amigo de la familia, le apodábamos Popo. Le dije: "Popo, tiene cáncer". Me respondió muy pausadamente: "¿Cómo es posible que ya se te haya olvidado cómo a las mujeres les sale el equipo? ¿No te acuerdas cuando te crecieron los pechos a ti...? ¡No salen al mismo tiempo! Sale uno a la vez. Primero empuja un poquito uno, luego empuja un poquito el otro, después otra vez el uno y el otro, hasta que sale el andamiaje entero. Lo que le está pasando a tu hija es que le están saliendo los senos". Me sentí como una hormiga, ridícula e ignorante. Yo creo que a la que más falta le hacía *El Show de Cristina* era a mí. Como me eduqué en un convento, mi ignorancia era apabullante en estas cuestiones.

En mi programa aprendí cómo se les habla de sexo a los niños. Aprendí que solamente se les contesta lo que ellos preguntan, y jamás se les explica más allá de lo que son capaces de entender de acuerdo con su edad.

La primera vez que mi hija Titi me preguntó acerca del sexo, yo estaba pelando camarones para hacer el único plato que sé preparar: enchilado de camarones. Ahí en la cocina, de sopetón y a boca de jarro, fue que me preguntó cómo llegan los bebés al mundo. Simplemente le entregué una cazuela y un puñado de camarones, y así, mientras las dos pelábamos camarones, fue que se lo expliqué, sin tapujos ni eufemismos.

Antes de que se fuera a la universidad, yo misma la llevé a su primera visita al ginecólogo, porque como madre moderna me considero responsable —con todos los peligros y problemas que existen hoy en día a nuestro alrededor— de que mi hija no se críe expuesta e ignorante, como me crié yo. Resiento todavía que mi madre nunca me haya dicho nada acerca del sexo; incluso jamás me habló sobre la menopausia. Yo sí le estoy informando a mi hija lo que creo que es el deber de toda madre moderna informarles a las suyas. Prefiero mil veces que se me vaya la mano y exagerar por el lado de demasiada información, que a un hijo mío le cueste la vida el que yo no le haya informado sobre un peligro crucial que pudiera presentarse en su camino.

Muchas veces Titi me ha regañado cuando le doy consejos, más allá de lo que me pide, sobre los hombres y la vida. "Mamá, ¡por Dios! ¡Esto no es un *talk show!* Esto es la vida real", protesta. Precisamente por eso es que me preocupan tanto mis hijos, porque la vida real es —muchas veces, y desafortunadamente— lo que refleja *El Show de Cristina.*

14 | EL MATRIMONIO

Toda mujer que trabaja necesita una buena "esposa"... y lo afirmo en el mejor sentido de la palabra. La "esposa" es la que se ocupa de la casa, la que lleva los niños al médico, la que paga las cuentas a fin de mes... y que está al tanto de los seguros... y que hace las maletas... y que cocina de vez en cuando...

Yo tengo una excelente esposa; se llama Marcos Avila. Marcos cambia pañales, cocina, pelea, es jefe... y para mí es el hombre perfecto. Todas las cosas que a mí me faltaban, a él le sobraban. Por eso aconsejo que hay que tener mucho cuidado en la vida al elegir con quién nos vamos a casar, sobre todo en el caso de una mujer que tenga ambiciones profesionales. Hay que invertir en un hombre que nos apoye, y no malgastar el tiempo en uno que nos haga sabotaje y que se convierta en un obstáculo en nuestro camino hacia las metas que nos hayamos trazado.

A pesar de que me he casado dos veces, nunca he podido dar pie con bola en cuanto a ser una buena ama de casa. Sencillamente, me falta un gene o una hormona que me impide hacer esas cosas bien. Yo no sé usar ningún aparato electrodoméstico. Cuando hervía huevos, se me olvidaba que los tenía al fuego, y explotaban. Una vez traté de tener una demostración de cariño con mi ex esposo Tony, y decidí lavarle todas sus camisas de salir. Se las puse a remojar en jabón de lavar, todas juntas, y como eran de diferentes colores, quedaron rosadas.

Confieso que soy una de las personas más despistadas del mundo, lo cual no ayuda en lo más mínimo a hacer cosas prácticas. Por ejemplo, me pierdo en Miami, una ciudad donde vivo hace treinta y ocho años; me tomó tres años aprender a escribir a máquina en la universidad; me tomó unos cinco años aprender a conducir un automóvil de cambios mecánicos. La única persona más despistada que yo conozco es Don Francisco. Recuerdo que una vez se subió al asiento de atrás en su carro con las llaves en la mano, y trató de arrancarlo.

Pero yo no me quedo muy atrás. Un día fui a llevar a Marcos al aeropuerto; de nuestra casa en Miami Beach, el recorrido toma aproximadamente diez minutos. Por supuesto, de casa al aeropuerto manejó Marcos, y en diez minutos nos pusimos allí. De regreso no tuve la misma suerte: me confundí de puente, crucé el puente de la isla donde vive Julio Iglesias, y el viaje de regreso me tomó una hora y diez minutos.

Tampoco recuerdo el número de mi propio teléfono. Antes, cuando iba de tiendas, entregaba mi tarjeta de crédito y no era capaz de recordar el número de teléfono, el cual me pedían como identificación. Desde luego, más de una dependienta debió haber pensado que estaba usando una tarjeta robada.

Situaciones de este tipo abundan en mi vida diaria. Un día me llamó una enfermera de un hospital donde le habíamos hecho unos exámenes a mi hijo Jon Marcos para el seguro; necesitaba la fecha de nacimiento de mi hijo para incluirla en la hoja clínica del niño. De contra que soy despistada, cuando me llamó yo estaba dormida: "¡Ya sé…ya sé… empieza con un nueve!", le dije. Después que nos pasamos como veinte minutos tratando de adivinar, le mencioné la fecha de mi aniversario de bodas. Cuando esa enfermera se dio cuenta de que las fechas no coincidían, llamó indignada a mi asistente, Teresita, para preguntarle, intrigada: "¿Ella no es la madre del niño…?"

Es un milagro que una persona con un grado de despiste como el mío pueda coordinar un programa de televisión, dirigir una revista internacional, hacer un programa de radio y estar involucrada activamente en todas las demás actividades que llevo a cabo. Es como si Dios me hubiese creado nada más que para hacer esas cosas; si me aparto del camino trazado, me pierdo. Y estoy convencida de que nadie debe acomplejarse por no lograr la perfección en todo lo que hace en la vida. Yo estimo que a cada persona Dios le entrega su rayito de luz, y que cada quien debe hacer en la vida lo que le viene por naturaleza, y no romperse la cabeza tratando de ser todo para todo el mundo.

He mencionado que el único plato que yo sabía cocinar era un enchilado de camarones. Al principio, cuando Marcos y yo iniciábamos nuestras relaciones, todos los fines de semana le preparaba el consabido enchilado de camarones... hasta que me prohibió seguir cocinando y confirmó que él sería el cocinero de nuestra casa.

También es Marcos quien empaca nuestras maletas cuando nos vamos de viaje. Antes, cuando yo le empaquetaba sus cosas mientras que él viajaba con el Miami Sound Machine, se le regaba todo: el champú, las vitaminas... ¡hasta las camisas llegaban arrugadas! Llegó un momento en que la situación hizo crisis, y me relegó de la posición que ocupaba de empacadora de maletas. Ahora, cuando nos vamos de gira, yo coordino con Teresita las diferentes actividades en que vamos a participar, la ropa que considero que voy a necesitar para cada una... Sólo que todo lo coloco sobre la cama para que sea Marcos quien lo empaque, ya que ni siquiera permite que yo toque una maleta antes de irnos de viaje. Y también ha resultado un genio en esto: antes, llevaba tres maletas; Marcos se las ha arreglado para incluir lo mismo en una sola pieza.

Marcos también se ocupa de todos los detalles del manejo de nuestra casa y de nuestro negocio.

Hoy en día se me hace más factible compartir mis labores entre dueña de casa, madre, esposa y conductora de un programa de televisión, debido al engranaje que hemos creado, que funciona con precisión absoluta. Mis preocupaciones son mínimas porque detrás de mí está Marcos. No me preocupo de su ropa, ni de la comida de los niños, ni del aseo de la casa. Nosotros integramos una pareja poco convencional. Si mi marido saca una camisa arrugada del closet, no es mi culpa. Yo no cocino, ni plancho, ni voy al supermercado. Esas son funciones de la *nanny*. ¿Qué hago yo entonces? Trabajar bestialmente, como una mula, hasta el agotamiento total, todos los días del año, desde las nueve de la mañana hasta las doce de la noche... para mi familia, y con mi marido, con quien comparto los mismos sueños y las mismas ambiciones.

Tratamos siempre de avanzar hacia nuestras metas, lograr que nuestros hijos siempre se sientan seguros, que nuestro hogar sea como un nido y un refugio para que ellos estén contentos en su casa. Que puedan traer a sus amigos, y cuando sean mayores, que traigan a sus novios. Que vengan a besarse aquí, y no a oscuras en el interior de un automóvil. Nuestra meta es siempre crear un ambiente de amor y de amistad entre nosotros y nuestros hijos.

Nuestra casa es como un club al que pertenecemos los miembros muy queridos de mi familia: mi papá; mi mamá; y las tres señoras que criaron a mi esposo (porque él no tiene papá), que son su abuela, su tía y su mamá. Y, desde luego, también pertenecen mis hermanos, y mis amistades más íntimas, que son muy poquitas.

Como en la actualidad tenemos tanto trabajo, tuvimos que decidir dejar algo fuera, y no tuvimos más alternativa que limitar nuestra vida social para poder estar más en familia y cuidarnos como pareja. La pareja tiene que atenderse el uno al otro, porque mientras mayor sea su solidez, más sólida será la familia. Recuerden que cuando uno tiene una planta y no le echa agua, se seca.

Ahora, el trabajo nos mantiene juntos porque lo hacemos juntos, y nos gusta lo que hacemos. No obstante, siempre hay que considerar que la televisión es un negocio altamente competitivo y muy difícil, que absorbe un tiempo considerable. Pero si cuando regresamos a nuestra casa, ya cansados de una grabación a medianoche, una vez que me quite mis pestañas postizas y nos acostemos en la cama, Marcos me dice, "Dame cariño", ¡se lo doy!

DETRAS DE CADA MUJER EXITOSA...

Quiero hablar un poco sobre mi marido Marcos, porque supongo que la mayoría de las personas que ve a *Cristina* en televisión, tan segura de sí misma, tan decidida, tan agresiva, no tiene la más mínima idea de lo que representa ese hombre en la vida de Mati, en el área tanto profesional como conyugal. Voy a ser brutalmente honesta, como lo he sido a través de este libro.

Cuando conocí bien a Marcos y me enamoré de él como una loca, no tenía la menor idea de que iba a acabar haciendo este tipo de trabajo. Estaba simplemente dirigiendo revistas, como siempre. No sabía que Marcos iba a resultar un genio para los negocios y que iba a terminar manejando mi carrera y siendo responsable por el éxito que he alcanzado.

Marcos era simplemente un jovencito *rockero* de veinticuatro años; me enamoré de él y me casé con él por amor y por el sexo. Me gustaba y me gusta, increíblemente; me parecía maravillosamente sensual y viril, y aun llevándole yo once años, era —y sigue siendo— un hombre fuerte, protector. Me enamoré de él porque siempre he sido una mujer bastante conservadora en lo que a cuestiones íntimas se refiere, y Marcos era un aventurero en el amor, a quien le gustaba chuparme los dedos de los pies, uno por uno. Para una mujer que se crió en un convento y que se pasó toda su vida adulta trabajando en una oficina, que le chupen los dedos de los pies es un acto sexual sorprendente. Yo jamás había conocido a alguien tan lanzado en asuntos del amor. ¡Marcos me liberó!

Aparte de ser serio y responsable para sus cosas y las nuestras, cuando estaba con el Miami Sound Machine, era superdivertido... loquísimo, diría yo. El me hizo saber lo que es la diversión. Antes de conocer a Marcos, no era capaz de entender lo que era divertirse por divertirse. Siempre tuve que ser responsable, tenía que trabajar constantemente, y no concebía hacer algo únicamente por el hecho de que "era divertido". Marcos, en cambio, correteaba por los hoteles donde se hospedaban cuando estaban de gira con un calzoncillo amarrado a la cabeza diciendo que era "el Chef Lafita", el chef de la banda. ¡El más loco de todos era él!

Cuando yo era jovencita y los Beatles estaban de moda, no me gustaba Paul McCartney, que era el buen mozo, sino John Lennon, porque me parecía el más inteligente, además de que lo consideraba como el líder del grupo. Siempre he tenido un sentido raro de lo que me gusta en los hombres.

El artista que me parece más *sexy* hoy es el cantante y compositor británico Phil Collins, que es calvito, gordito, bajito, y tiene un talento increíble. Me gusta por las mismas razones que me gusta mi marido. Mis hijos detestan a Phil Collins porque, bromeando, a veces les digo que será su próximo papá.

No hay duda de que una de las decisiones más inteligentes que he tomado en mi vida fue casarme con Marc, como siempre lo llamo. El, y nadie más que él, es responsable por cada pedacito de felicidad y de éxito que he tenido en mi vida. Marc me ha hecho reír; me ha enseñado a no tomar la vida tan en serio. A veces me pone tan brava que me entran ganas de matarlo. Y así es como sé que lo quiero. Mi romance con Marcos ha sido —y sigue siendo— el más intenso de mi vida.

Créanlo o no, cuando nos conocimos, Marcos era flaco y tenía pelo. Todos los días pasaba no menos de ocho horas practicando su instrumento, el bajo. Después, en las tardes, jugaba tenis; por las noches trabajaba con la banda, tocando cuatro horas seguidas.

Hoy es uno de los gordos más ágiles que yo he visto. Cada vez que juega tenis —con Don Francisco, por ejemplo... o cuando jugó con El Puma en la Argentina— estoy convencida de que su oponente lo ve en la cancha en pantalones cortos y se piensa "a este gordito lo voy a desbaratar". Entonces Marcos agarra su raqueta, y no hay quien lo venza. No hay quien se mueva con su rapidez, en todos los sentidos y direcciones.

Lo llamamos el Señor Mom porque Marcos es el único miembro de esta familia que sabe cocinar, y porque nos cuida a todos, incluyéndome a mí. Marcos me vigila el sueño; desconecta todos los teléfonos e impide que nadie haga un ruido que pueda despertarme.

Además de haberme liberado y enseñado a divertirme, Marcos, sin proponérselo, me enseñó también a valorar las cosas importantes en la vida. Cuando nos íbamos a casar, apenas teníamos dinero. No obstante, me compró un anillo de compromiso en una casa de antigüedades, con unos brillanticos diminutos, como chispitas. Al entregármelo, me desilusioné completamente. "Quiero un anillo de verdad", le reproché vilmente. El no me respondió. Se tragó su orgullo, y nos dirigimos a una joyería para comprar un anillo de un tamaño decente.

Seleccioné un anillo con un brillantón grandote, él entregó un cheque (que hasta el día de hoy no sé si tenía fondos), y nos subimos al automóvil de regreso a nuestra casa. No nos dijimos nada durante todo el trayecto, y comencé a sentirme avergonzada de lo que había hecho. En verdad había sido una tonta por haberles dado importancia a cosas equivocadas, tal vez uno de los motivos del fracaso de mi primer matrimonio. No quería fracasar en éste, y en ese momento supe que si iba a cambiar, tenía que hacerlo ya. Dimos la vuelta, regresamos a la joyería, devolví el anillo, rompí el cheque, y me puse, con el mayor orgullo, el anillo de uso de otra persona que Marcos me había comprado inicialmente. Me imagino que la mujer que usó ese anillo antes que yo tiene que haber sido muy feliz, porque estos últimos trece años han sido los más felices de mi vida.

Después que el Miami Sound Machine hizo su *crossover* y Marcos tuvo dinero, me compró un solitario con un brillante de cinco quilates; sin embargo, aunque lo aprecio, no es ni la mitad de lo importante que es el anillito chiquito con que empezamos nuestra vida de casados, y que todavía llevo puesto.

A pesar de a veces prestarles atención a las cosas equivocadas, error que trato de no repetir, siempre he sido muy soñadora. Durante mi primer matrimonio, mientras leía y recortaba artículos de revistas para mantenerme informada y realizar mi trabajo debidamente, también admiraba las mansiones de los ricos y famosos, y soñaba con un futuro mejor. Mi ex esposo se frustraba terriblemente conmigo y me forzaba a no compartir mis sueños con él, porque pensaba que los sueños irreales nos hacían daño, que soñar de ese tamaño era dañino para una persona común y corriente, y que personas como nosotros nunca podrían llegar a alcanzar semejantes cosas.

En cambio, Marcos es diferente. Si yo tenía sueños grandes, él los tenía aún más grandes, y siempre me ha hecho sentir como una reina. Hoy estoy convencida de que Dios va poniendo las cosas en nuestro camino a medida que las vamos necesitando, y así nos permite realizar muchos de nuestros sueños.

EL SUEÑO DE VILLA SERENA

En 1986, mientras Marcos y yo recorríamos Miami Beach, visitamos una de las muchas islas que integran la ciudad, Palm Island. Allí nos enamoramos de una casa que tenía por nombre Villa Serena. Entramos, recorrimos aquella mansión maravillosa, e incluso nos fotografiamos en el interior, lo cual jamás habíamos hecho antes. No pudimos comprarla porque no disponíamos de los fondos necesarios, pero conservamos las fotografías en un viejo álbum con nuestros recuerdos de ese año.

En 1992, ya con *El Show de Cristina* varios años en el aire, decidimos que teníamos que mudarnos de la casa en que vivíamos, mayormente por razones de privacidad. Pasamos un año entero recorriendo Miami en busca de una casa que se adaptara a nuestras necesidades, pero no encontrábamos nada parecido a lo que evidentemente ya habíamos definido en nuestros sueños. Fue tanta la búsqueda, que un fin de semana le sugerí a Marcos que fuera solo en su largo peregrinaje en busca de una casa, porque ya yo estaba harta de tantas visitas infructuosas. Marcos, movido por sabe Dios qué intuición, llegó solito a Palm Island, y se encontró con que Villa Serena había sido remodelada y que de nuevo estaba a la venta. Me llamó por teléfono, entusiasmado. Le pedí que la comprara en seguida, y así —sin volver a ver la casa— el sueño de toda mi vida de vivir junto al mar se convirtió en realidad, seis años después.

El día que me mudé a Villa Serena surgió en mi mente, como si fuera una película, la escena en que tuve que ir a vivir a casa de mis padres en estado de mi hija Titi, porque no tenía fondos para pagar la renta.

Marcos me enseñó que si uno lucha por alcanzar sus sueños, éstos siempre se van a volver realidad. Y como mi revista siempre ha sido testigo silente de mi vida real, voy a reproducir una carta abierta que le escribí a mi marido el día 14 de febrero de 1986, el Día de los Enamorados. Se titula "Carta de amor de una mujer liberada":

Mi gordo adorado:

No sólo con palabras se dice "te quiero", sobre todo en el caso de las mujeres como yo, que trabajamos en la calle, que tenemos la cabeza tan llena de preocupaciones y responsabilidades como cualquier señor, que llegamos a la casa a las siete de la noche, con la espalda hecha un mueble roto, un corto circuito en el cerebro y la lengua afuera... muertas.

¡Agotadas, sí, pero jamás amargadas! Las mujeres que trabajamos en la calle no hemos perdido el romanticismo, simplemente nos hemos convertido en mujeres de pocas palabras. Y a pocas palabras, buen entendedor... ¿Eres tú, y todos los demás esposos de las mujeres que trabajan, un buen entendedor?

Por ejemplo, en este momento miro hacia abajo y no puedo creer el rollo en que me he vuelto a meter a mi edad. ¡Otra barriga! Ya se me había olvidado lo que pesaba, y el sueño que da. Y ni hablar de los mareos, las náuseas. (Yo que antes vivía en un avión, ahora vivo en el baño de un avión...). Porque mi amor, para nosotras las profesionales, las responsabilidades no se aligeran con esos nueve meses; al contrario, se complican. Y cuando nazca nuestro bebé pasarán muchas noches antes de poder dormir a pierna suelta, a pesar del horario de trabajo. Pero ni a mí, ni a ninguna de mis colegas en la misma situación se nos ocurriría quejarnos si lo hicimos por amor. Para una mamá profesional agotada, el amor se demuestra oyéndole con atención y paciencia los larguiíiisimos cuentos de colegio a los niños, y a los parientes, los tuyos o los míos, ya que las madres, por norma, encabezamos el departamento de relaciones familiares. Y por último, para alguien como yo, que vive montada sobre unos eternos pero rápidos patines, amor es apartar un tiempito para arreglarme, elaboradamente, las uñas de los pies, comprarme unos pijamas de ésos que quitan la respiración, perfumarme antes de ir a la cama y no antes de ir a la calle, y nunca, nunca, usar como excusa el exceso de trabajo cuando lo que tú pides es un poco de amor.

Te adora,
Tu mujer

SECRETOS PARA MANTENER UN MATRIMONIO FELIZ

Cuando Marcos y yo nos casamos, al principio, pienso que era bastante tonta. No es que no tenga mis tonterías en la actualidad, pero con los años he ido aprendiendo, a base de palos. Por ejemplo, le daba mucha más importancia a mi trabajo que a mi vida personal, un error que no cometo ahora.

Una vez, al principio de vivir juntos, Marcos casi me dejó. Acababa de mudarse a mi casa, tenía problemas con mi hija y con la criada, estaba enfermo con varicela (que le había pegado mi propia hija, y que es una enfermedad bastante seria cuando se es adulto), y yo estaba —a las diez de la noche— con Lucía Méndez involucrada en una sesión de fotografías para la portada de *Cosmopolitan*.

Aparte de ser inconsecuente, también era muy celosa al principio. Como había conocido a Marcos cuando era músico, me recordaba de todas las mujeres con quienes salía antes. Si íbamos juntos a la misma peluquería, mientras que yo permanecía en el secador llegaban hasta él otras mujeres para sacarle fiestas, porque era el bajista del Miami Sound Machine, una banda famosa, cada vez más popular. Después, una vez que empecé a hacer mi programa en la televisión, todas las mujeres querían al marido de Cristina, en una capacidad u otra. Incluso tenía amigas periodistas a quienes no les iba tan bien como a mí, y que en todas partes repetían que querían tener un marido como el mío para que las manejara, porque si una tonta como yo había logrado entrar a la televisión, ¿qué no podrían hacer ellas con un marido así?

Con el tiempo me fui dando cuenta de que la manera más efectiva de mantener la felicidad en mi matrimonio, y conservar a mi marido, era darle espacio. Darle privacidad, para sus cosas y para él. No vigilarlo, no tenerlo enfermo, y no enloquecerlo con mis celos, sino darle espacio para que él pudiera desarrollarse y crecer.

Me gustaría ahora compartir una serie de pequeños secretos que he aprendido en los trece años de matrimonio con Marcos, y que creo que han contribuido enormemente a nuestra felicidad conyugal.

En una ocasión, la directora de arte de la revista *TV y Novelas* vino a quejarse de lo mismo que sucede en la mayoría de los casos cuando se llevan muchos años de casados: el marido quiere hacer el amor un día más a la semana de lo que quisiera la mujer. Yo le ofrecí el mismo consejo que me había dado años atrás una amiga chilena, Pilar del Solar, quien era directora de una elegante revista de modas en nuestra empresa, *Harpers Bazaar*, y a quien respeto muchísimo: "Siempre dile que sí. Sí, mi amor... ¡mientras no me despiertes!".

También mi amiga Pilar me dio otro consejo sabio, que comparto con las mujeres que han cometido el grave error de serles infieles a sus maridos. Y utilizo el término "grave error" porque después de la infidelidad, aunque no te pesquen en el acto, de todas maneras es muy difícil volver a recuperar tu matrimonio como era antes de que metieras la pata. Primero que todo, no cometas el desliz; no es coherente con nuestros principios y no vale la pena. Pero si por casualidad caes en el error y te pescan en el desliz, niégalo, niégalo hasta la tumba. Pilar me dijo una vez: "Si por casualidad te pescan en la bañera con un hombre, tú aseguras que él te estaba enseñando a nadar".

Otra amiga, Sara Castany, la actual directora de *Vanidades*, me enseñó a estar orgullosa de mi cuerpo. Sara cuenta que cuando su marido, Carlos, le preguntaba: "Mi amor, ¿qué es celulitis?", ella le respondía que era "una enfermedad del corazón". Sara me enseñó que cada persona tiene un "envoltorio" diferente, que es un cuerpo distinto, y que todas debemos estar orgullosas de lo que tenemos. Cindy Crawford podrá hacer el amor con *su* cuerpo, pero a lo mejor no hace el amor tan bien como lo hacemos el resto de nosotras con *nuestros* maridos.

Jamás pienses en el divorcio; yo nunca lo hago. Pensé en el divorcio la primera vez que me arrimé al altar: "Si esto no funciona, pues me divorcio". ¡Y me divorcié! Si estás pensando en el final cuando apenas entras al matrimonio, las posibilidades de que éste no dure son grandes. Presume que tu matrimonio es de por vida. No importa cuánto peleen, nunca jamás incluyas la palabra *divorcio* en tu vocabulario.

- Respeta tu privacidad y la de él. Dale su espacio, y defiende el tuyo.
- Si surge una pelea, no trates de tener siempre la razón. Trata de ser justa.
- Nunca se acuesten a dormir como pareja enojados y resentidos.
- En las peleas, nunca pierdas la oportunidad de quedarte callada. Ese es el consejo más sabio que puedo dar a toda mujer casada. No quiero decir que se deban aguantar las borracheras, tolerar las faltas de respeto, las humillaciones o los golpes, pero en una pelea verbal, lo que se dice después no se puede echar para atrás. Por lo tanto, nunca pierdas la oportunidad de quedarte callada.
- Para las personas que están casadas por segunda vez, nunca cometan el error de poner al cónyuge a pelear contra el ex o la ex por inseguridades propias. Créanme, la situación ideal es mantener a los niños centrados y felices, y la única forma de hacerlo bien es que todos los adultos involucrados en un divorcio se lleven civilizadamente, que sean amables los unos con los otros, y —sobre todo— que conversen mucho y abiertamente sobre los niños en común.

- No le hables de tu vida íntima a tu mamá. Isabel Allende, la escritora chilena, me contó que cuando ella termina el primer manuscrito de una novela que esté escribiendo, se lo envía a su mamá, a Chile, para que la ayude a editarlo (desde San Francisco, en los Estados Unidos, donde ahora reside). No obstante, antes de mandárselo, elimina todas las escenas de sexo fuertes, y todo lo referente al Papa y a la religión, para que su mamá no le pelee y no se ofenda. Moraleja: no le hables a tu madre de tu vida sexual, y jamás se te ocurra contarle una pelea con tu amante o tu marido. Tu mamá va a odiar a esa persona hasta el resto de sus días. Es más, la va a continuar odiando hasta mucho después que ustedes ya hayan hecho las paces. Es importante ser honesta, pero desarrollar un sentido de lo que no debes de decirle.

Los mejores y los peores consejos que mi madre me ha dado en mi vida son bastante reveladores:

- **El mejor:** "Siempre date a respetar por los hombres, lo mismo si se trata de un romance o de una situación de trabajo". Tenía razón.
- **El peor:** Me dijo que no dejara mi trabajo de veinte años, donde me iba tan bien y estaba ganando tan buen dinero, para meterme en la televisión. También me recomendó que no me casara con Marcos en 1984, porque él era músico y once años más joven que yo. Esas dos decisiones que tomé en contra de la voluntad de mi madre cambiaron mi vida para siempre, y me han convertido en una mujer feliz y realizada. Esto te demuestra que mamá no siempre tiene la razón. Pídele consejos, pero no los sigas ciegamente si tu corazón no los aprueba.

- Asegúrate que a tu marido le guste tu tipo físico. En mi caso, se trata de "mujeres de nalgas abundantes", como describe Isabel Allende a determinado tipo de mujer en su biografía, *Paula,* que es una característica de nosotras las cubanas. ¡A mi marido le encantan! Búscate a uno que le gustes por quien tú eres y que consideres que te va a amar por el resto de tu vida, aun cuando ya no estés joven y fresquecita.

- Nunca te cases si no es por amor, y nunca cometas el error de casarte con alguien con quien no te llevas sexualmente. Sobre todo, no te cases con alguien que no te gusta. No importa cómo nos llevemos espiritual o emocionalmente, si la atracción física no existe, la relación no va a funcionar debidamente. ¿Para qué correr el riesgo…?

15 | FIN DEL CICLO

Al igual que mi mamá no me explicó lo que era la menstruación cuando tenía diez años de edad, tampoco me mencionó nada acerca del cambio de vida que estoy experimentando ahora que me aproximo a "la media rueda"; es decir, a los cincuenta.

No me gusta, y nunca me ha gustado, que las situaciones me sorprendan. "Guerra avisada no mata soldados" es un refrán muy cierto, y siempre he creído en que es importante estar preparada para toda eventualidad. Pero cuando se me comenzaron a manifestar los cambios de la menopausia (o la premenopausia), a los cuarenta y tres años, la realidad es que no estaba preparada para enfrentarme al cambio de vida. Nadie me había explicado que a los cuarenta y tres años, o antes, las mujeres experimentan una fase llamada la premenopausia, durante la cual una llega a pensar que se está volviendo loca. Empecé a sufrir síntomas de todo tipo. Experimentaba bajones de azúcar, temblaba de pies a cabeza, me daban ataques de pánico y de ansiedad, se me nublaba la vista... Tampoco podía hablar de una forma clara y coherente, porque las palabras no me salían de la garganta, y quien no me conociera, seguramente pensaría que estaba borracha. ¡Nunca me había imaginado que la menopausia comenzara de esta manera!

Toda la vida, desde jovencita y con mi feminismo furibundo, cuando me decían algo como "las mujeres no pueden llegar a ser presidentas de una nación, porque atraviesan una etapa en la vida en que se vuelven locas", yo atribuía ese punto de vista a prejuicios retrógrados del machismo. Jamás pensé que los cambios hormonales que ocurren en toda mujer alrededor de la menopausia llegan a volvernos tan vulnerables. Es como un infierno en vida para muchísimas mujeres, aunque los síntomas no son tan severos en todas.

Cuando le pregunté a mi madre cómo había sido su menopausia, me respondió al instante: "No sé. Ni me acuerdo. Sí, sudaba un poquito, pero nada más". ¡Es una especie de conspiración de silencio que mantienen las mujeres mayores! Y las más jóvenes nos sentimos desconcertadas por falta de información.

De joven, en mi inocencia, pensaba que una tenía el período durante unos años, al cabo de los cuales desaparecía de inmediato… ¡puf! Jamás sospeché que la "desaparición" no era inmediata, que la fase de ajuste emocional y hormonal se prolongaba hasta por diez años, y que era acompañada por grandes cambios físicos y emocionales.

Recuerdo haber leído que la antropóloga Margaret Mead fue una pionera del método de reemplazo hormonal, ya que logró que su médico le inyectara estrógeno, y continuó menstruando hasta que cumplió los sesenta y ocho años de edad. Por eso ella pudo estudiar todas las culturas primitivas que investigó, y escribir una serie de libros que cambiaron el concepto de la antropología. Hoy en día, la mayoría de las mujeres utilizan este método de reemplazo de hormonas, pero yo todavía no he llegado a esa etapa.

A mí lo que me mató fue el silencio. Nadie me explicó que cuando los cambios hormonales empiezan a manifestarse en la mujer, todo cambia en ella, incluso la piel. Y pude comprobar esos cambios en mí misma. Siempre me había visto unos diez años más joven que mi edad cronológica. Toda la vida había sido muy juvenil. Siempre había sido la directora más joven, tenía un marido once años más joven que yo, y mi grupo de amigos era también más joven. Y no entendía por qué las mujeres mayores se aplicaban tantas cremas en la cara, porque pensaba que lo único que conseguían era que los maridos se les alejaran por las noches.

A pesar de que ya tenía más de cuarenta años y dos hijos pequeños, yo siempre presumí que iba a seguir luciendo diez años más joven. Tampoco nadie me explicó que una mujer se ve joven hasta que, de pronto, cuando se aproxima a esa década entre los cuarenta y cinco y los cincuenta y cinco años de edad, los años le caen encima, ¡y de sopetón! Las manos se empiezan a secar, y una no puede menos que recordar las manitas de niña, que ya no existen. Aparecen las primeras arrugas, porque la piel comienza a secarse. ¿Y qué se puede hacer ante este deterioro...? Pues halar por los potes de cremas, y convertirse en una de las tantas mujeres mayores que se embadurnan de cremas, de pies a cabeza, y que tan ridículas me habían parecido años atrás.

Gracias a Dios, todo lo que mi mamá no me advirtió lo encontré en un libro titulado *Silent Passage* (o *El Paso Silente*), de la escritora Gail Sheehy, el cual se convirtió en mi Biblia. Mientras lo leía no sólo me di cuenta de la etapa que estaba atravesando en mi vida, sino de lo que tenía que hacer para sobrellevarla para triunfar y para seguir triunfando, sin permitir que este bache amargara mi existencia.

Me compré diez copias del libro, y se lo empecé a regalar a mis amigas, muchas de las cuales no se podían explicar por qué no podían dormir plácidamente en las noches, por qué se despertaban a orinar, ¡mil veces y empapadas en sudor! También le regalé un ejemplar a mi mamá, en *venganza...* por todo lo que no me dijo.

ENVEJECER BIEN...

Se *envejece mal* sólo si no se ha sabido aprovechar la vida.

Con todo lo que se habla acerca del miedo que tienen las mujeres a envejecer, y que recurren a cualquier estrategia para deshacerse de sus arrugas y pellejos, no conozco a ninguna mujer que se cambiaría —tras el trecho recorrido, y después de lo aprendido— por su versión más joven.

¿Cómo me siento al acercarme a los cincuenta años de edad…?
Corriendo un maratón, aproximándome a la recta final. Mi graduación de la vida tomará lugar el día que cumpla los cincuenta
años, cuando de verdad me sienta que he llegado a ser una mujer
adulta.

¿Cómo es un adulto moderno? ¿Cómo soy yo en esta etapa de
mi vida…? Vigorosa, curiosa, sensual, sexual, en buenas condiciones físicas, flexible y creativa.

¿Qué es lo que sucede cuando se va envejeciendo? Se pierde el
miedo. La experiencia da valor, porque hace que una esté consciente de la brevedad de las cosas, el saber que nada, ni lo bueno
ni lo malo, dura para siempre; tampoco dura demasiado tiempo.

El paso del tiempo es lo que nos permite eliminar lo que sobra
y quedarnos con lo esencial.

Me defino a mí misma como una mujer de mediana edad que
ha luchado mucho para poder decidir el destino de su propia vida
en todos los sentidos, tanto el personal como el profesional.

Con la experiencia que he acumulado durante todos estos años
considero que todo en la vida es un ciclo, y que se puede lograr
todo lo que uno se proponga, aunque no siempre a la misma vez.
Ese es el secreto. Yo cumplí un ciclo de comodidad, al trabajar
durante veintidós años en la misma compañía donde me formé
profesionalmente. Pude tener mis hijos, quedarme en mi casa,
casarme dos veces, cocinar para mis papás… ¡Todo eso ya lo hice!
Cumplí ese ciclo. Ahora estoy cumpliendo otro, y no me importa
quemarme ni cansarme para alcanzar las metas que me he propuesto en esta etapa de mi vida.

He debido tomar muchas decisiones para poder tener un hogar
feliz y una carrera exitosa. Dicen que uno no puede tenerlo todo
en la vida. ¡Eso es mentira! Se puede tener todo (o bastante), siempre y cuando sepamos elegir. La vida no es nada más que un
rosario interminable de elecciones y lecciones, una detrás de la
otra.

¿Mi futuro…? En un futuro no muy lejano me veo en Villa
Serena, mi casa de Miami Beach, con mis tres hijos y mis nietos,
escribiendo mis libros. Veo a mi Marc feliz, como está hoy en día,

con su compañía exitosa, y realizándose cada vez más en lo personal al poderse involucrar en todo aquello que realmente le interese. Me veo recordando lo que ha sido esta locura de ser la conductora de un programa de televisión diario, aunque considero que ha sido una locura divertida, altamente positiva. Y me veo dando gracias a Dios por lo feliz que he sido.